本书系2021年度浙江省哲学社会科学规划后期资助课题"公用事业契约规制研究"（21HQZZ014YB）研究成果

Contract Regulation
The New Tendency of Government Regulation

契约规制
政府规制的新趋势

陈学辉 著

图书在版编目(CIP)数据

契约规制：政府规制的新趋势 / 陈学辉著. -- 北京：北京大学出版社，2024.6. -- ISBN 978-7-301-35735-4

Ⅰ．D630.1

中国国家版本馆 CIP 数据核字第 2024C8A693 号

书　　　名	契约规制：政府规制的新趋势 QIYUE GUIZHI: ZHENGFU GUIZHI DE XINQUSHI
著作责任者	陈学辉　著
责 任 编 辑	孙维玲
标 准 书 号	ISBN 978-7-301-35735-4
出 版 发 行	北京大学出版社
地　　　址	北京市海淀区成府路 205 号　100871
网　　　址	http://www.pup.cn　新浪微博：@北京大学出版社
电 子 邮 箱	zpup@pup.cn
电　　　话	邮购部 010-62752015　发行部 010-62750672　编辑部 021-62071998
印 刷 者	天津中印联印务有限公司
经 销 者	新华书店
	730 毫米×1020 毫米　16 开本　16 印张　287 千字 2024 年 6 月第 1 版　2024 年 6 月第 1 次印刷
定　　　价	62.00 元

未经许可，不得以任何方式复制或抄袭本书之部分或全部内容。
版权所有，侵权必究
举报电话：010-62752024　电子邮箱：fd@pup.cn
图书如有印装质量问题，请与出版部联系，电话：010-62756370

序

近年来，随着我国政府"放管服"改革以及公共服务与基础设施领域破除垄断、引入社会资本参与竞争，推进公共服务供给方式市场化进程的不断深入，政府规制的方式、规制工具以及规制目标等方面发生了深刻的转变。为应对社会变迁，法学理论研究与司法实践对政府规制出现的新趋势进行了积极回应，形成了合作规制、协商规制、自我规制以及契约规制等新兴理论，出现了行政协议的法律适用转向等司法新动向。学术界对政府在公共服务与基础设施领域如何进行规制，如何达到规制效果，以及如何保障被规制对象合法权益的研究变得愈加活跃。这些研究进一步创新了我国政府规制理论、行政协议相关理论，对相应的司法和立法实践产生了积极的影响。本书就是其中的一个重要代表。

陈学辉博士是我带出来的第一位博士，他入学之时恰逢国家以PPP模式为重要抓手推进公共服务领域的供给侧改革，政府吹响了以契约方式与社会资本展开合作的号角，由此产生了政府契约规制丰富的社会实践和复杂的理论纷争。他敏锐地捕捉到这一社会热点的学术诉求，十余年来一直坚持对政府规制领域进行深入、全面的思考，并产出丰厚的学术成果，其研究具有较高的学术价值和学术影响。本书是陈学辉博士在其博士论文研究基础上，增加了新近数字公共服务的研究所形成的成果，亦得到浙江省哲社项目的后期资助。本书系统地讨论了数字经济时代政府规制新趋势的经济与社会基础，规制理论的新发展以及面临的挑战，并结合政府特许经营协议与国有企业公司章程两种契约规制形式，深入分析了政府规制从"控制—命令模式"到"契约规制"的时代变革，形成了创新性的理论观点。主要体现在：

一是从规制实践中归纳了政府规制理论发展的新趋势。本书认为，法律发展需要回应社会现实的变革。自20世纪70年代全球出现公共服务与基础设施领域公私合作的变革以来，政府逐渐放松规制，在规制方式、规制目标以及规制程序等方面均发生一些变化和发展。为应对这些变化，法律规制理论上出现了合作规制、协商规制、自我规制以及契约规制等理论研究，并逐渐形成了对政府规制的技术和价值的系统性规制理论研究。通过对社会实践与理论研究的归纳与总结，本书勾勒了政府规制行为与立法跟随社会变迁而进化的过程，并对出现的新趋势进行反馈，对于政府规制理论与实践均具有重要启迪意义。

二是提出政府规制中的契约规制理论。本书从契约规制实践出发，系统梳理了契约规制出现的背景以及动因，总结了规制理论的进化规律，挖掘了规制过程中私人参与的重要性，并通过对规制性契约这一重要工具生成的细致论证，分析规制性契约运用所蕴含的政治、经济意义，较为详尽地描绘了契约规制理论的框架体系。从早期的命令与控制模式，到如今的契约规制、合作规制等新型规制实践，政府规制出现了长足的进化与多样性。在此背景下，探索契约规制的理论构成、法律适用等法律课题具有重要的理论与现实意义。

三是将政府特许经营协议以及国有企业章程纳入规制性契约范畴进行研究。政府特许经营协议作为内容庞杂、夹杂着公法与私法要素的混合体，是否具有规制属性，哪些条款具有规制性的要素，或者说必须赋予一定的规制性效力，是存在争议的难题。本书从规制目标、规制内容以及规制塑造等方面，对政府特许经营协议条款作了类型化区分，有利于推动我国政府特许经营协议制度的进一步完善。在国有企业法中，众多学者提出应设立双层股权结构，以增加国有股权的控制力。本书将混合所有制公共企业双层股权结构与政府规制相结合，探寻混合所有制公共企业章程的规制属性，其研究路径和相关观点具有创新性。

总之，本书的出版将促进政府规制理论的研究与争鸣，也将会对我国政府规制工具、政府特许经营制度和国有企业公司治理的理论研究与司法实践产生积极的促进作用。

陈学辉博士治学严谨，勤勉善行，求真务实。值此著作出版之际，以序为贺并祝再创佳绩。

陈婉玲

2024年4月20日

目 录

导　言	……………………………………………………	001
第一章	**政府规制在公用事业领域的变革** ……………	015
第一节	公用事业之范畴界定 ……………………………	015
第二节	政府规制的内涵分析 ……………………………	034
第三节	我国公用事业规制方式考证 ……………………	048
第二章	**契约规制的构成** ………………………………	062
第一节	产生于社会变革的契约规制 ……………………	062
第二节	契约规制简史 ……………………………………	074
第三节	契约规制的规制主体 ……………………………	079
第四节	契约规制的媒介——规制性契约 ………………	085
第三章	**契约规制正当性的理论支撑** …………………	095
第一节	依宪治国视野下公用事业契约规制的合理性证成 ……………………………………	095
第二节	公用事业契约规制的法经济分析 ………………	103
第三节	契约规制的争议与回应 …………………………	110
第四章	**契约规制的规制技术** …………………………	118
第一节	契约规制中的不对称规制 ………………………	118
第二节	公用事业契约规制的原则和要素 ………………	134
第三节	契约规制的程序控制 ……………………………	144
第四节	契约规制的争议解决途径 ………………………	151

第五章　政府特许经营协议的规则设计 …… 158

第一节　政府特许经营协议中规制性条款与任意性条款的区分 …… 159

第二节　政府特许经营协议的规制属性 …… 163

第三节　政府特许经营协议的缔结与规制权控制 …… 190

第四节　政府特许经营协议中当事人的权利与义务条款 … 201

第五节　财务平衡原则：规制权与私权的缓和 …… 206

第六节　政府特许经营协议的单方解除 …… 210

第七节　我国政府特许经营协议制度的完善 …… 212

第六章　混合所有制公司章程的规制 …… 220

第一节　公司章程的契约属性 …… 221

第二节　混合所有制公司章程的规制性内容 …… 225

第三节　公司章程规制条款的实现途径 …… 229

第四节　混合所有制公司双层股权结构：章程规制的核心 …… 233

结　语 …… 239

主要参考文献 …… 241

导　言

一、问题的提出

在政府与社会资本展开广泛合作的历史背景下，政府部门对公用事业的规制方式无疑需要得到进化。尤其是在数字化时代，数字公共服务蓬勃发展，民营互联网平台企业等承担着大量的公共服务供给任务，政府部门对从事公共服务的民营企业进行监管出现了新的变化。由此，政府规制亦出现了新趋势：政府部门越来越多地与民营企业订立契约，并在这些契约中设置具有规制属性的条款。但是，理论上对于这种契约属性的认识长期以来无法达成一致。笔者从实证主义角度出发，将契约、规制与政府部门的职能等联系起来，提出契约规制理论，并试图论证契约规制的构成、执行以及其在公用事业领域的正当性等问题，以期有益于我国今后的政府规制理论和实践。

公用事业是关系众多利益主体的基础性经济领域，是经济学中自由主义与国家干预主义产生激烈碰撞的重要领地，也是法学中公、私法交融的例证，更是规制与竞争理论的核心区域。通过实证主义考察可知，在当今主要国家，无论采用何种经济体制，公用事业均是受到国家干预最多的产业领域。自20世纪80年代始，公用事业民营化成为全球不可逆转的潮流，各国对公用事业的规制逐渐转型，总体上表现为放松管制，强调法律治理；政府公权力管制有所松动，市场规制的主体从单一的行政机关向包括社会自治组织在内的多元社会主体分散。这一趋势虽使人们产生一种公权力衰退的印象，但合作治理伴随这一趋势而生，在国家治理结构中发挥着关键作用。

在中国共产党十一届三中全会确立了改革开放的政策后，我国的政治、经济均经历了一轮又一轮改革。改革前，公用事业均由国家设立的国有企业垄断经营。改革的主要方向表现为两点：一是在某些公用事业领域引入私营部门，以提高行业的竞争性；二是对国有企业进行改革，允许私人主体持股。这一系列改革在立法上表现为，破除行政管制，适用于公用事业的规制法松动，行政管制手段放松。整个市场监管或政府规制放松已成为我国学术界和司法界的共识，公用事业规制法亦同。对公用事业进行规制的必要性和正当性已为众多学者所证明，但在行政管理放松之后，公用事业规制法将呈现何种态势却未得到应有的重视。换言之，对公用事业的规制是政府部门的主要职责，其本身也是保障公民以合理价格获得公共产品和服务，而政府在放松规制之后，仍应保障规制目的的实现。

在公用事业民营化时代，原本由政府部门提供的公共服务大量地转由私人主体提供，在此过程中，契约发挥着极其重要的作用。一方面，契约成为一种重要的法律治理方式；另一方面，它又成为国家权力行使的载体和市场规制的工具。在这种情形下，契约成为可能给其公、私双方主体规定责任的关键工具，是总体责任性制度的重要组成部分。此外，契约被作为一种治理方式的原因在于，契约可以体现所有参与者就政策及其实施进行的协商，从而提供一种新的探索，以及提供一种让我们重新思量公用事业规制的方式。本书将研究重点置于政府规制放松之后公用事业规制法发展趋势的探寻，进而有针对性地提出契约规制的新进路。

二、研究价值及意义

（一）探寻规制权的范围

在公用事业领域，政府部门设立之企业往往会受到高密度的法律监管，被视为"政府伸出去的手"。在公用事业公私合作背景下，私人主体进入公用事业领域，原来单纯针对国有企业的命令与控制规制模式已无法适应新的规制要求。政府提供公共产品和服务是公民基本权利的体现，关涉人民福祉与社会稳定之能效，依照洛克政府论中关于政府权力是接受人民委托而实现特定公共利益目的的观点，政府规制权力不可缺失。同时，政府规制方式发生了重大变化，即将契约这种私法手段作为公用事业的规制工具，以提高公共产品和服务的提供效率，节约公共资源。因此，应当探寻代表公权力的规制权与契约当事人的私权之间的平衡与协调，划定公权力的作用领域与范围。其中，规制权与私权的边界问题,就其本质而言,是公法规范的边界所在。

(二)探寻契约中规制权的表现形式

公用事业契约规制以各种形式的契约为载体,规制性的规则表达于这些契约条款之中。本书以政府特许经营协议和混合所有制公共企业章程这两个最主要的规制性契约为考察对象,研究如何将具有规制性的具体规则安排于契约之中。在此之前,由于契约中既有规制性条款,也有任意性条款,还应当对这两类条款加以区分,抽象出规制性条款的范围与作用领域。由于政府特许经营协议和混合所有制公共企业章程规制性条款的设计标准是公共利益的保障,而公共利益本身又是通过各种具体的规则和制度呈现出来的,因此,在具体讨论规制性规则时,对其进行类型化将具有重要意义。

(三)为立法与司法提供理论支撑

由于我国公用事业规制法尚不完善,政府频繁出台涉及公用事业规制的法律规范,而这些法律规范的制定需要充足的理论作指导。例如,财政部2016年10月29日公布《政府和社会资本合作项目信息公开暂行管理办法(征求意见稿)》,将所有公共服务领域的公共企业一刀切地视为应承担信息公开义务的公共部门,未考虑有的行业领域内公共企业并不具有公共部门的地位,对其进行直接规制显然密度过高。此外,在境外司法实践中,对于因公共企业监管而提起的诉讼,法院亦多以强行法的适用边界作为裁判的主要理由。我国在将来的司法实践中必将遇到类似的难题,希望本书的研究能够对司法实践具有一定的指导意义。

三、文献综述

当前,我国国内没有直接与本书论题相同的论著,间接与本书论题相关的现有国内文献涉及公用事业公私合作监管、国家担保理论、合作行政以及国有企业监管等。虽然这些文献都提及公用事业民营化或公私合作、规制等关键词,但大多仅在宏观层面探讨变革规制模式,未深入研究变革的原因,更未深究强行法规范如何作用于私法组织,甚少论及这种监管扩大的边界何在。国外对本书论题的关注也是近二十年左右的新景象,但已产生了丰富的研究成果,主要集中在民营化与管制革新、私人主体参与公共产品提供的法律规范、公法规范的边界、私人主体参与民营化的管制体例安排、监管机制的二元化趋势。

(一)政府规制在公用事业领域的基本理论

我国较早提出应对公用事业进行规制的学者是刘飞,他在《试论民营化对中国行政法制之挑战——民营化浪潮下的行政法思考》一文中提出,在传统体制中,被监管者通常是监管机关的直接下属,常常把监管视为一种日常履行的内部手续,但启动民营化进程之后可能出现监管缺失。章志远在《民营化、规制改革与新行政法的兴起——从公交民营化的受挫切入》一文中提出,应对民营化的热潮,应变革传统的命令性的监管,依次解决好市场准入、特许经营合同规则、价格规制、质量规则、市场退出规制五个环节的规制问题。石佑启、曾鹏在《公共事业民营化的行政法规制》一文中提出,在民营化背景下,行政法的规制应重视信息公开、招投标、听证等程序的控制,政府角色要从执行者转变为监督者、利益协调者。陈婉玲在《公私合作制的源流、价值与政府责任》一文中指出,从公私合作的源流上看,其实质是强调公共部门与私人主体之间的合作伙伴关系,因此,政府责任亦应有所转变,更强调从原来的直接参与转变为监督和协调。上述这些国内研究成果无疑已经意识到公用事业中政府规制方式应当转变,但是这些研究可能囿于篇幅的限制,都仅仅对规制方式转变作了初步的探讨,并未真正触及规制式转变的内在深层次的原因,也囿于传统公、私法二元区分模式进行分析。詹中原先生在《民营化政策——公共行政理论与实务之分析》一书中提出,真正的民营化政府责任是不能被转移的,所转移的只是透过民间功能所表现出来的绩效。同时,真正的民营化并不会造成政府角色的消失,而只是减少而已。因为政府仍要承担政策说服、规划、目标设定、监督标准拟订以及执行、评估及修订导正等功能,民营化的成功,是建立在一个健全的政府功能基础上的。陈爱娥教授在《国家角色变迁下的行政任务》一文中指出,政府将公共任务转由民间执行之各种现象,隐含国家与社会间关系之重大转变,乃至于由国家转向私人主体之重分配过程,应考虑到国家就其原有任务与私人主体间之责任分配下,以特定事务领域作为掌握划定行政部门之责任范围不复可行,而应将行政任务理解为行政权限,并与私人主体基于基本权之行为相区别。詹镇荣教授在《民营化后国家影响与管制义务之理论与实践——以组织私法化与任务私人化之基本型为中心》一文中指出,国家的保障责任是民营化中作为对私人主体管制义务的基础理论,并且介绍了德国经济行政法领域出现的行政公司法理论,用以说明行政上的管制在私法主体上如何发生作用。

相比之下，境外相关理论成果较为丰硕，不论是大陆法系的德国还是英美法系的英国和美国，都有很多处在研究前沿领域的学者嗅到了公用事业规制法的变革趋势，并提出了契约规制的新模式。德国学者 E. H. 里特（E. H. Ritter）在 "Das Recht als Steuerungsmedium im kooperativen Staat" 一文中提出，不管公用事业公私合作的形式为何种，为确保国家任务的执行和责任的实现，都要受到法律的规制，仅是其规制的形式发生了变革而已。P. J. 特廷格（P. J. Tettinger）在 "Die rechtliche Ausgestaltung von Public Private Partnership" 一文中归纳了公私合作中对私人主体监管的法律依据，分别为：规范公权力主体行为的一般性法规、规范各种公私合作任务领域的专门性立法、为规范公私合作中私法主体在经济生活与自由市场上免于造成竞争不公平之一般经济监管法规。然而，特廷格教授归纳的监管依据仍然局限于传统的经济行政法视野，引发了学界的批判与反思。R. 施托贝尔（R. Stober）教授在 *Allgemeines Wirtschaftsverwaltungsrecht: Grundlagen des Wirtschaftsverfassungs-und Wirtschaftsverwaltungsrechts, des Weltwirtschafts-und Binnenmarktrechts* 一书中提出，就公私合作中的管制而言，除了一般行政法行为形式论下所包含的古典行政处分手段外，近年兴起的引起经济行政法学界与实务界重视并热烈讨论的"非型式行政行为"或"非正式行政行为"在经济管制手段上的运用日益重要，并逐步扮演更重要的角色。为了避免传统的支配与命令行政行为使得受管制的私人主体产生抗拒，导致管制目的无法有效达成，不以强制、命令为后盾的间接管制手段或称"柔性法"更是逐渐被管制立法者与行政机关采用，作为经济管制中的新兴管制手段。施托贝尔教授的观点正是对德国自 20 世纪 80 年代以来大规模公私合作开展的回应，更新了公共服务领域中政府监管的传统观点，于是为大量学者所支持，并在此基础上更加深入地探讨这种"契约规制"或"柔性法"的内涵。此后，德国经济法学界的代表性人物弗里茨·里特纳（Fritz Rittner）在其经典著作《欧洲与德国经济法》一书中提出了应当超越经济法传统的经济公法、经济私法及经济制裁法三分法的理论，而将经济法中的公法与私法进行融合研究。其中，行政公司法理论就是公法与私法融合研究的结果，即研究如何将公司法作为行政管制的重要载体，发挥公司法的监管职能。除此之外，国家担保理论、合作行政理论、自我监管理论也致力于这方面的研究。

契约规制：政府规制的新趋势

英国学者彼得·霍格（Peter Hogg）等人在 Liability of the Crown 一书中指出，由普通法院将普通法律（私法——笔者注）适用到政府行政上去，符合我们普遍认同的政治观念，也使得我们免于卷进很多实际问题中。同时，大部分的普通法律的确能够圆满地解决政府与公民之间出现的冲突，最不令人满意的那部分，恰好是那些法院拒绝将普通法律适用到政府身上而造就出来的法律。这为公权力运用到私法组织或者私法规范运用于公共部门提供了理论上的可行性，打破了传统的政府监管观念。此后，英国学界针对不断壮大的民营化趋势对公权力的行使方式展开了批判与反批判。卡罗尔·哈洛（Carol Harlow）、理查德·罗林斯（Richard Rawlings）在 Law and Administration 一书中总结，随着公私合作的进行，仅关注对公共利益的司法监督是不够的，因为这种监督正随着政府不断通过私法模式展开行动而弱化，那么我们就不仅有必要把两套制度联合起来，而且还应鼓励公法与私法之间的相互促进，同时该书提出了行政权力应在私法组织中运用。曾任牛津大学法学院院长的 A. C. L. 戴维斯（A. C. L. Davies）可以说是英国契约规制的代表性学者，他在 The Public Law of Government Contract 一书中将公用事业的规制置于政府合同的治理下，认为这是适应新时代的必然要求。鉴于我国经济行政法领域正在发生从经济管制到管制与私人主体权利保障并重的转变，他们的论著在我国经济行政法学界引起巨大反响，很多学者将其作为经典论著引用。

美国虽然属于英美法系国家，但是面对公私合作模式下由私人主体承担公共任务的不断扩展，学界产生了到底是放松管制还是公法规范在私人主体上的扩大适用的讨论。伊夫·马里克（Yseult Marique）在 Public-Private Partnerships and the Law: Regulation, Institutions and Community 一书中认为，从事公共服务领域的私人主体，如果其受到的管制密度很高，并且享受了授权和补贴等国家扶持，则其在本质上被视为公共部门，其行为属于国家行为，不能排斥国家的经济管制。阿尔弗雷德·C. 阿曼（Alfred C. Aman）教授在 "Globalization, Democracy, and the Need for a New Administrative Law" 一文中提出，行政法领域中"公私交融"的特征不断凸显，这一趋势要求学界提供新的应对措施，并对传统的监管方式加以调整。在美国公法学界引起较大反响的当属朱迪·弗里曼（Jody Freeman）教授在 "Extending Public Law Norms through Privatization" 一文中全面地阐述的公私合作中对从事公共服务的私人主体进行监管问题，她认为，与其说民营化是政府放松监管的表现，不如说其是公法规范的扩展适用；将私人主体引入原来由政府独占的国家任务虽然可以提高效率和节约公共资源，但是这并不意味着放松管制，因为管制方式可以变革。这种变革可以通过立法和司法手段实现。弗里曼教授的观点在某种程度上与大陆法系的德国的主流学者的意见不谋而合，得到大量支持者的响应。其后，她又继续深入地探讨了这种监管方式的变革以及政府监管与私人主体利益之间的平衡点。总之，美国学者较多从实用及实证的角度分析民营化中监管的松紧问题，政府监管与私人主体对监管的排斥问题，监管与效率问题等，在主流上形成不能放弃监管与监管有边界的共识。

（二）关于公共企业的规制

我国学者胡敏洁在《履行给付行政任务的私人之法律地位——以养老保障行政为例》一文中指出，私人参与给付行政的法律依据在于宪法对给付行政中国家和社会二元关系的确立。私人可能作为被授权者、被委托者、提供协助者或监督者进入给付行政法律关系之中。私人若基于法律法规的授权承担给付行政任务，则会具有行政主体地位。私人可能享有防御权利与积极的受益权利这两种形态的实体权利，而私人履行给付行政任务则需要承担程序与信息披露义务。袁文峰在《论公私合作案中公私行为的判断标准——以德美公私行为理论的比较为中心》一文中提出，以公共利益与私人基本权的平衡为视角，应运用如身份标准、授权标准等对公私合作中的公私行为进行判定，以确定不同的监管方式。我国大陆地区学者对于该问题的分析成果较少，上述两篇文章是笔者找到的两篇稍有影响力的专论文章，可见当前我们的研究尚属滞后。我国台湾地区学者詹镇荣在《从民营化观点论公民合资公司之基本权能力》一文中指出，应以作用法理论判断项目公司的基本权能力，而其中的核心在于项目公司是否有行使行政权力：如果有，则其为公法上的组织，不享有基本权能力；反之，则为私人主体，享受基本权的保护。进行这样的认定之后，显然公法规范的作用表现是不同的，公法组织应受到高密度的监管，私人主体受到的监管密度显然更低。詹镇荣教授的该论点厘清了对监管进行差别区分的重要性，使得监管技术和手段更加科学。

德国学者主要从公民合资公司（混合所有制公共企业——笔者注）的身份标准和任务属性标准判断其法律地位，进而分析不同类型的公民合资公司应采用不同的监管密度。身份标准的代表性观点由 G. F. 舒伯特（G. F. Schuppert）在

契约规制：政府规制的新趋势

Die Erfüllung Öffentlicher Aufgaben durch verselbständigte Verwaltungseinheiten 一书中提出，如果国家对公民合资公司具有支配性的影响，则该公司不具有基本权地位，反之则具有。即以支配性作为公民合资公司在组织法上应归属国家的独立行政单元或社会组织的关键标准。而 M. 穆斯托尔（M. Möstl）则持任务属性标准的观点，他在 "Renaissance und Rekonstruktion des Daseinsvorsorgebegriffs unter dem Europarecht" 一文中指出，应当从公共服务的属性来判断公民合资公司的法律地位，仅仅从事"生活照顾"并不是行使行政权的行政任务，应当以实定法规范是否将其指派于行政主体或其所参与私人主体权限之下而定。德国经济行政法和经济宪法学者秉持公私二元分立的标准，从公民合营公司的基本权地位入手认定其法律地位，进而区分不同的公私合营公司应该适用的不同监管标准。显然，如果被认定为具有行政主体地位，则其应受到更强烈的监管，反之则应适用不同的监管方式。不仅德国理论界对该问题进行了深入的争论，实务界的典型案例如汉堡电力公司案和德国电信案中就出现了这些公民合营公司对于行政监管的厌恶，以至于诉求法院要求得到基本权的保障。而德国宪法法院与行政法院的裁判标准不一，进一步引发了理论上关于对公民合营公司监管的争论。但是，对于项目公司进行二元化监管机制的变革几近达成共识。

美国学者达芙妮·巴拉克-厄瑞兹（Daphne Barak-Erez）在 "A State Action Doctrine for an Age of Privatization" 一文中认为，从事公共服务领域的私人主体，如果其受到的管制密度很高，并且享受了授权和补贴等国家扶持，则其在本质上就被视为了公共部门，其行为属于国家行为，不能排斥国家的经济管制。亦即判断其是否处于公共地位的标准是其与国家监管密度，以及与国家行为的紧密程度的综合认定。无独有偶，戴维·H.格彻斯（David H. Getches）在 *Water Law* 一书中指出，在供水这一公共服务领域中，私人供水公司为了获取进行排他性的供水或者在某一领域内取得垄断性的地位，将受到州供水委员会、州供水协会以及州政府的监管。这种监管表现在，私人供水公司必须在特定区域内提供服务，并应无差别地对待消费者。更为重要的是，私人供水公司的主要交易（包括大宗财产交易、兼并和解散等重要事项）应取得监管者的同意。该书从实证的角度探讨了不同地位的私人主体的法律地位，这种法律地位导致了不同的监管。总之，美国的行政法学界已经意识到公法和私法的交融，公共部门和私人主体之间的认定变得困难，私人主体是否应承担公法上的责任可以从其外在的法律监管密度判定，而外部的监管及私人主体与政府的紧密程度又使得公共部门和私人主体之间相互转化。英国学者托尼·普罗瑟（Tony Prosser）在 *The Regulatory Enterprises: Government, Regulation, and Legitimacy* 一书中强调，公权力在介入私人主体相关事务时，应从权力范围、程序等方面对公权力的行使进行控制，即应注意公权力与私权利的交融问题。

（三）契约规制方式

我国学者章志远在《公用事业特许经营及其政府规制——兼论公私合作背景下行政法学研究之转变》一文中指出，在公用事业中政府对特许经营的监管应作为政府监管的一种方式，以保障特许经营公共利益的实现。徐健在《行政任务的多元化与行政法的结构性变革》一文中提出，在民营化背景下现代行政法面临结构性的变革，以回应社会发展对行政任务多元化的诉求。在一定程度上实现从控制行政权取向向行政任务取向转变，即监管方式应多元化。王锴在《公用事业民营化探讨——基于公法学的思考》一文中，从合作国家和自我管制等方面探讨公用事业的监管方式，提出了行政行为选择自由的观念，即通过私人主体的内在制度与外部性建立监管。周游在其博士论文《担保行政：公用事业公法治理模式探析》中提出，应对公用事业的民营化，国家应该运用担保理论进行监管和管制。总之，我国大陆地区学者对于民间机构的监管提出一定的监管变革观点，但是由于限于篇幅或仅仅是将监管方式作为论文的一部分，而未进一步探究变革之后的监管与传统监管有何不同，以及不同的监管方式如何交融。我国台湾地区学者詹镇荣教授在《德国法中"社会自我管制"机制初探》一文中介绍了德国关于社会自我管制制度在公私合作中的新作用，并从合作原则等出发，提出了自我管制的法理基础，区分了自我管制的界限。他在介绍德国经验的同时，就如何在财务保障与自主性保障之间确定监管边界提出了自己的观点。

德国学者施托贝尔在《经济宪法与经济行政法》一书中探究了经济宪法或经济行政法与经济私法之间的交融，发现了民营化中私人主体也应受到监管的必要性，并进一步探究了以私人主体自主性保障作为这种监管的边界。M.舒尔特（M. Schulte）在"Schlichtes Verwaltungshandeln"一文中指出，私人主体在公私合作中进行自我管制时，如果其并非出于事实上的完全自愿而为自我管制，则国家之正负面诱引措施亦有可能对受管制对象之基本权实践造成事实上的重大影响，而构成对私人主体基本权的侵害。舒尔特其实就是在论证，即使在私人主体的自我管制中，也透露着国家的监管。如果国家的不当监管造成私人主体不自愿地陷入自我管制，则应当视为国家使用强制性的公权力侵害了私人主体的基本权，这从本质上说就是监管的边界所在。综上所述，德国学界在监管方式和监管边界方面的探讨都在不断深入，研究成果丰硕。

美国学者理查德·B. 斯图尔特（Richard B. Stewart）在《美国行政法的重构》一书中指出，当代行政法面临的极大挑战是国家任务理论所受到的冲击，面对公私合作的发展，行政法需要寻求替代性的监管方式，如通过政府部门与私人主体的协商等方式进行新的监管形式探寻。弗里曼教授在"Private Parties, Public Functions and the New Administrative Law"一文中深入探寻了私法主体在公共治理中的作用，认为私法主体不断融入公共服务领域，出现了公私之间的相互依赖。这种依赖性打破了传统的监管的对抗性，迫使政府与私人主体的合作行政，公法规范扩大到私法上，私法主体与公法主体共同参与行政。她还列举了监管方式革新的表现，认为除了传统的监管之外，公司法其实还具有行政法的功能，契约法也可以作为政府监管的一种方式。更为关键的是，该文从公私之间相互依赖的角度论证，打破了以往的仅仅从行政监管单个视角观察监管，并开创性地提出了不同的监管方式。弗里曼教授在《合作治理与新行政法》一书中专门花费大量笔墨深入论证了协商行政与正当性收益的关系，认为在新的行政法视角下私法主体与政府共同参与行政，其方式是协商。通过协商，政府完成公共产品和服务的提供，节约了公共资源，私法主体获得了正当性收益，并可在协商行政和正当收益之间找到平衡点。综上，美国学者的研究触及了公用事业公私合作中契约规制的正当性，从公私两个方面探讨原有的监管制度的二元化变革，深入地探讨了监管的边界，对公私合作的进一步发展大有裨益。

此外，英国学者戴维斯在其代表性著作 *The Public Law of Government Contracts* 中对契约规制的具体表现形态作了类型化区分，指出了契约规制方式相对于传统规制方式的进步意义。澳大利亚学者彼得·文森特-琼斯（Peter Vincent-Jones）在其代表性著作 *The New Public Contracting: Regulation, Responsiveness, Relationality* 中将基于合同的治理称为"一种革命性变革"，并区分了三种具体的适用情形，强调经济性合同中政府部门与私人主体之间的权利配置。澳大利亚学者彼得·凯恩（Peter Cane）在 *Controlling Administrative Power: An Historical Comparison* 一书中基于比较法的视野，就在政府部门大量使用契约规制的境况下如何控制政府规制权提出了具体的应对方法,即除了传统的通过立法、司法控制方式之外,还可以通过行政指导以及公布典型案例的方式统一各个政府部门行政裁量权的行使,以确保私人主体以及公众的利益。

四、主要研究方法

(一)案例分析方法

公用事业规制问题既是一个具有极其深厚理论基础的课题,也具有很强的实践性。因此,案例分析尤其是典型案例分析的应用对于此论题的研究至关重要。具体而言,案例分析方法在本书中的应用主要体现在以下几个方面:(1)对最高人民法院公布的指导性案例与最高人民法院公报案例中涉及公用事业的案例进行了较为细致的个案分析;(2)对国外判例法上的典型案例进行了引证试分析;(3)在部分论题的展开中,通过假设性案例的分析对相关理论进行证成或证伪。

(二)比较分析方法

"不识庐山真面目,只缘身在此山中。"比较分析方法是研究者跳出思维认知的时空局限,从一个更广泛、高远的层面认识眼前问题的一种重要方法。在本书的研究中,笔者亦着重应用了比较分析方法,具体体现在:(1)将国内外有关公用事业契约规制的立法文本与典型案例进行比较分析;(2)将契约规制与合作治理、自我规制等容易混淆的法律概念之内涵与外延进行比较分析。

(三)交叉学科和跨学科研究方法

运用交叉学科和跨学科研究方法是本书一个最大的特色,亦可能是本书最具有创新点之一。具体而言:

首先,公用事业规制法涉及国家权力行使与公民基本权利保障,因此必然涉及依宪治国层面的问题。在分析契约规制的合理性时,本书运用了国家治理权去中心化、公共选择理论以及公众参与机制等理论。

其次,公用事业规制法具有极强的效率导向性,这意味着法律经济分析方法对公用事业规制法领域内问题的研究具有很强的可适用性。法律经济学分析方法在本书中的应用主要体现在:(1)运用法律经济分析方法阐释公用事业契约规制的理论依据;(2)运用法经济学分析方法阐释公用事业契约规制目标的确定;(3)运用法律经济分析方法调和公用事业契约规制与传统规制方式。

最后，在法学研究方法上，打破了公、私法二元划分的魔咒，以公权力与私权利协调为轴心，综合运用公法与私法的基础理论，系统性地分析公用事业契约规制这一新的规制模式课题。

五、框架结构

本书主体部分共分为六章，这六章是层层递进的关系。具体如下：

第一章，政府规制在公用事业领域的变革。本章主要讨论在公用事业公私合作变革后，传统的以命令与控制为特征的公用事业规制方式逐渐显现其不足，无法达到有效的规制效果。由此提出，契约规制作为一种"第三种规制路径"逐渐得到重视。在此过程中，需要对研究范围进行限定。因为无论是"公用事业"还是"规制"，均不是能轻易确定内涵与外延的概念。公用事业的核心在于其提供的产品和服务具有公共属性，其规制属于跨学科与交叉学科的问题，本章以比较政治学、经济学为基础，聚焦于法学领域内以规制政策为导向的研究。

第二章，契约规制的构成。本章主要讨论契约规制的构成要素。契约规制即以契约为规制工具的规制模式。作为与传统的以命令与控制为特征的规制手段相区别的一种新型规制方式，契约规制的主要特征表现为政府通过与私人主体签订涉及公共企业的契约，以实现规制的目标。从这种规制方式产生的历史来看，新公共管理改革带来了规制哲学的进化，其本身包含规制媒介、规制权主体、规制对象、规制目标的实现进路等内容。本书中的契约是指法学意义上的契约，包含行政契约、民事契约与其他性质的契约。其中，相比较其他规制性契约，政府特许经营协议与混合所有制公司章程具有典型的规制性，因此，这两类规制性契约及其构建是本书讨论的主要场域。

第三章，契约规制正当性的理论支撑。本章主要分析契约规制成为最为重要的规制工具之理论依据。在依宪治国视野下，无论是从国家治理去中心化趋势还是从公共选择理论以及公众参与理论的兴起潮流所承载的价值考察，契约规制理论均具有足够的生命力。在法与经济学领域，运用交易成本理论、规制效率以及激励机制等经济分析工具衡量公用契约规制，亦同样可以得出其是比传统的命令与控制规制模式更具有经济效率的结论。虽然契约规制存在契约不公平性、自由减损以及公权力不受约束等争议，但这些担忧均可通过相关制度的构建予以消除。

第四章，契约规制的规制技术。在利用契约进行规制时，由于契约规制是一种灵活的规制工具，因此其本身具有较强的专业技术性。这些规制技术包括不对称规制、规制目标设定、规制过程的行政程序控制以及争议纠纷解决机制的设定。首先，不对称规制是依据市场结构区分不同规制政策的一种规制技术，目的在于提高效率和保护有效竞争。其次，公用事业契约规制目标包括准入与退出、价格控制以及公共服务维持原则。再次，对规制过程的行政控制包括植入公众参与程序、制定行政程序法、构建司法审查制度等。最后，基于规制过程引发的纠纷主要通过谈判机制以及行政诉讼解决。

第五章，政府特许经营协议的规则设计。政府特许经营协议中既有规制性条款，也有任意性条款，故而应当对这两类条款进行区分，抽象出规制性条款的范围与作用领域并进行类型化。在政府特许经营协议中，涉及政府规制权行使的内容包含缔结程序、合同权利义务、财务平衡原则、单方解除契约等。这些问题的核心在于协调公权力与私权利的平衡，因此规制性条款的形成既要使公权力在维护公共利益的目标下进行，又要考虑被规制对象合法权益的保障。在分析我国政府特许经营制度存在问题的基础上，本章提出了有针对性的完善建议。

第六章，混合所有制公司章程的规制。首先，在梳理混合所有制企业公司章程属性相关案例的基础上，从规制法的角度观察，认为这类章程具有契约属性，是政府部门进行规制的重要手段。其次，从公司的设立、解散以及公司运营两阶段分析和考证了混合所有制公司章程中具有规制属性的内容。再次，这类章程中规制性条款的表现形式有内部治理规制、外部规制的引入以及表决权机制。最后，重点分析双层股权结构在这类公司章程规制中的核心地位，并提出了制度设计构想。

六、主要创新

（一）赋予公用事业不对称规制新内涵

在讨论对公共企业进行规制时，我们应当特别注意，这类企业分别具有不同的法律地位，因此应当依据其不同的法律地位适用不同的规制政策。基于此，本书引入"不对称规制"的概念。"不对称规制"本属规制经济学的概念，是对不对称竞争的回应，旨在培育市场竞争机制，对原有企业和新企业进行不对称规制，对新企业给予一定优惠政策，以便其能够与原有企业展开势均力敌的对称竞争，以实现公平、有效的竞争。在本书中，"不对称规制"指的是针对不同市场地位的公共企业采用不同的规制密度，其目的在于在公共企业之间形成有效的竞争，以提高公用事业的效率。

（二）首次对政府特许经营权的规制性条款进行类型化

政府特许经营协议无疑具有规制的特征，但是作为内容庞杂、夹杂着公法与私法要素的混合体，其哪些条款应具有规制性的要素，或者说必须赋予一定的规制性效力，则是一个难题。本书从规制目标、规制内容以及规制塑造等方面，创新性地对政府特许经营协议条款作了类型化区分，即将其区分为具有规制属性的条款与不具有规制属性的条款，其中前者为政府特许经营协议的强制性条款，并提出了标准化设计的基本框架。

（三）首次将混合所有制公共企业双层股权结构与政府规制相结合

在国有企业法中，众多学者提出应设立双层股权结构，以增加国有股权的控制力。基于公司行政法理论，本书创新性地将混合所有制公共企业双层股权结构与政府规制相结合，在此基础上探寻混合所有制公共企业章程对国有特别股的相关规定，提出并非所有混合所有制公共企业均可采用双层股权结构。同时，在采用该股权结构时，应注意国有特别股与一般股权之间的利益平衡。

第一章
政府规制在公用事业领域的变革

公用事业属于自然垄断产业,涉及公共利益,故而国家要对其进行规制。"规制成为一种当代政策工具,其核心含义在于指导或调整行为活动,以实现既定的公共政策目标。"① 然而,随着政府规制革新与新公共管理理念的全球化趋势,对公用事业放松管制已成为各国的普遍做法。这种放松管制体现在对特定公用事业去除管制、规制方式转变等方面。其中,公用事业规制方式转变的过程伴随着公用事业民营化,而民营化本身为契约规制方式的使用提供了广阔的空间。相比传统的以命令与控制为特征的规制方式,契约规制更具有灵活性,既可提高规制效率,又可保证规制政策制定与执行的合作性。我国公用事业规制也经历着从严格管控到逐步去除管制的变革,其中契约成为政府选择的重要的规制工具。

第一节 公用事业之范畴界定

虽然我们对"公用事业"一词耳熟能详,但在不同语境的学理和立法例中,它具有不同的含义。在展开下文论述前,本书将在考察该研究对象的具体内涵和外延的基础上对其作必要的界定。

---

① 〔英〕科林·斯科特:《规制、治理与法律:前沿问题研究》,安永康译,清华大学出版社 2018 年版,第 3 页。

一、公用事业的定义

（一）传统的公用事业界定

在中文语义中，"公用事业"又称"公营事业"，来源于英文 utility 或 public utility。《布莱克法律词典》对 utility 或 public utility 有两种定义：其一，指发挥对社会有益、有价值的功能的特质；其二，指提供公共服务并受政府规制的商业公司，如电话线路或服务、电力或自来水公司等。[①]《韦氏法律词典》中对其也有两种界定：其一，utility 等同于 public utility，指"提供公共服务，并接受特殊政府规制的商业组织（如电力公司）"[②]；其二，指"由公共企业提供的服务或产品，或者也指为提供这些服务或产品而使用的设施或原料"[③]。《元照英美法词典（缩印版）》将其理解为一种企业，"指以实现实质性的公共服务为目的的企业，其业务受政府监管"[④]。由此可见，"公用事业"的通行定义有两种：一种指提供公共产品或服务之企业；另一种则指向公共服务或产品本身，或者公用设施与原料。

从立法实践看，我国的相关立法并未直接界定公用事业的概念，公用事业法较为发达的英国和美国亦未直接对公用事业下定义，而是通过列举的方式规定公用事业的具体类型。英国虽然于 2000 年颁布了《公用事业法》（Utility Act），但该法的主要调整对象是燃气与电力两大行业，其他行业的公用事业立法则以单行法形式出台，如《自来水法》《铁路法》等。[⑤]美国没有统一的联邦公用事业立法，而是由各个州独立地分别立法，考察其各主要州的公用事业立法亦可发现，均通过列举的方式对公用事业进行界定。

在美国法学理论中，较主流的观点为，公用事业包括"在供应商与消费者之间，经由具有耐用性的基础设施，普遍、持续地直接或间接提供公共服务与产品的行业；涉及公共利益的公共运输或输配业务"[⑥]。即公用事业通常与公

[①] *Black's Law Dictionary* (9th Ed), Thomson Reuters Co., 2009, p. 1686.
[②] *Merriam-Webster's Dictionary of Law*, Merriam-Webster, 2016, p. 393.
[③] Ibid., p. 515.
[④] 《元照英美法词典（缩印版）》，北京大学出版社 2013 年版，第 1391 页。
[⑤] 参见王俊豪：《英国公用事业的民营化改革及其经验教训》，载《公共管理学报》2006 年第 1 期，第 62—68 页；高俊杰：《"二战"后英国公用事业改革评述及其启示》，载姜明安主编：《行政法论丛（第 18 卷）》，法律出版社 2016 年版，第 360—363 页。
[⑥] James C. Bonbright, *Principles of Public Utility Rates*, Columbia University Press, 1961, p. 4.

第一章
政府规制在公用事业领域的变革

共基础设施联系在一起。"所谓公共基础设施,指在特定地理区域空间内提供公共产品与服务的组织网络。"[①] 即公用事业本身既包括公共产品和服务,也包括提供这些公共产品和服务的基础设施。在德国法学理论上,与公用事业最接近的词是"生存供给""生活照顾"或者"公共服务",德语为 Daseinsvorsorge,指"包括国家行政机构对国民提供的所有给付。而且在此并不区分这些给付对于生存来说是否必要……所有由国家行政部门提供的,使得大众或依据客观特征确定的特定人群可以享有的对其有利的给付都是生存供给"[②]。换言之,德国法学理论上对公用事业的界定更偏向于供给主体,强调公用事业是一项国家任务,即强调公用事业的公共利益属性。

法国法上的"公用事业","是行政管理活动的一种形式,在这一形式下,公法人本身负责或者在其监督下委托他人负责满足共同利益(公共利益)的需求"[③]。"但是应当明确共同利益的需求是分层的。其中某些需求占据支配地位,胜过另一些较为次要的需求,应首先予以满足。"[④] 也就是说,有的公用事业是无利可图的,国家必须自己履行提供义务;有的公用事业,私人不愿意办或者办不好,或者国家认为某些公用事业交给私人承办是极其危险的。

廖义男认为:"所谓公用事业,即事业所提供之服务与商品,便利大众生活,甚至为大众日常生活所需者之事业。"[⑤] 王文宇认为:"公用事业,即所提供之产品或服务为社会公众生活所需,其提供主体为公营或受到管制之私人经营产业。"[⑥] 邢鸿飞将公用事业界定为:"在法定机构的公益性规制之下,由公共企业通过基础设施向公众提供包括能源、交通、通信和市政等普遍服务的公共性事业。"[⑦]

综上考证,"公用事业"一词本身具有四重含义:其一,指称提供公共服务或产品的企业;其二,指称公共服务或产品本身;其三,指称提供公共服务

[①] J. M. Chen, The Nature of the Public Utility: Infrastructure, the Market, and the Law, 98 *Nw. U. L. Rev.*, 1619 (2004).

[②] 转引自〔德〕弗里茨·里特纳、迈因哈德·德雷埃尔:《欧洲与德国经济法》,张学哲译,法律出版社 2016 年版,第 417 页。

[③] 〔法〕让·里韦罗、让·瓦利纳:《法国行政法》,鲁仁译,商务印书馆 2008 年版,第 444 页。

[④] 同上书,第 448—449 页。

[⑤] 廖义男:《公共建设与行政法理:行政法论集》,三民书局 1995 年版,第 185 页。

[⑥] 王文宇:《公用事业管制与竞争理念之变革——以电信与电业法为例》,载《台大法学论丛》2000 年第 4 期,第 85 页。

[⑦] 邢鸿飞、徐金海:《公用事业法原论》,中国方正出版社 2009 年版,第 18 页。

或产品的基础设施；其四，指称涉及公共产品的所有行业的总称。不论具体指向哪一层含义，公用事业与公众、公共利益以及国家规制都密不可分。

（二）数字化时代的公用事业

随着数字化时代的到来，数字公共服务应运而生。数字公共服务是一种新型的公用事业，对其法律规制亟须完善。由于各国政府官方与学界不同学者对数字公共服务的界定与范围划定不同，因此我们首先应当讨论数字公共服务具有的共同属性。笔者认为，可以称为"数字公共服务"的服务至少必须具有公共性、社会共同需求性、与数字技术联系紧密等核心特点。

1. 公共性

有学者认为，数字公共服务经常指向数字化政府，是指政府公共部门使用数字技术提供公共服务，在此过程中政府公共部门组织进行的互动由 IT 系统介导。[1]这一界定的核心是围绕政府公共部门作为公共服务的供给主体展开的，强调数字公共服务的公共性属性。换言之，数字公共服务与传统公共服务在本质上均无法回避公共性问题。狄骥将公共服务界定为：任何因与社会团结的实现、促进不可分割而必须由政府来加以规范和控制的活动，都是公共服务，只要它具有除非通过政府干预，否则便不能得到保障的特征。[2]狄骥将公共服务作为现代公法的逻辑起点，对公共服务的公共性作了系统性研究，其对公共服务的界定更加表明公共性是公共服务的本质属性，其中政府负担公共服务供给的义务是最为核心的要素。

除了从公共服务供给主体的角度观察，众多学者还从经济角度和社会公共利益角度阐述公共服务的特性。例如，萨缪尔森等强调公共服务由公共部门供给的效率性，其原因在于公共服务具有的公共性。哈贝马斯、卢梭等强调公共服务的公共性。我国有学者提出，公共利益表现为意识形态和价值取向，或是公共性的外在表达，或干脆不依主观而存在。[3]

从近些年的司法判例看，法院已将互联网视为公共场域，认为其具备较强

---

[1] See I. Lindgren, C. Ø. Madsen, S. Hofmann & U. Melin, Close Encounters of the Digital Kind: A Research Agenda for the Digitalization of Public Services, 36 (3) *Government Information Quarterly*, 427-436 (2019).
[2] 参见〔法〕狄骥：《公法的变迁》，郑戈译，商务印书馆 2013 年版，第 49 页。
[3] 参见张庆东：《公共利益：现代公共管理的本质问题》，载《云南行政学院学报》2001 年第 4 期，第 25 页。

的公共性。较早将互联网定性为公共场所的案件是美国的 McCullen v. Coaldey 案,在该案中,法院对比了网络与传统公共场所的联系与区别,认为网站类似于印刷出版物、电视台和广播电台,人们可以简单地"屏蔽"言论,但公共街道和人行道等物理空间则不同,在那里人们被迫面对他们不认同的观点。① 此后,在美国的 Packingham v. North Carolina 案中,法院亦将互联网定性为现代社会的公共空间,即确认了网络服务的公共产品属性。②

从以上学界以及司法判例所确立的与数字公共服务相关的公共性认定来看,判断一项服务是否具有公共性,其实要从效率与公平两个维度来考虑:其一,一项服务具有公共性的表现为,其供给主体为政府公共部门。之所以需要由政府公共部门来供给,而非由私人供给,是因为这样能够大大提升供给效率,节约社会资源,从而在整体上增进社会福祉。同时,正如布坎南总结的:与其他可选的供给组织相比,集体供给的优势来自物品或者服务在不同的单个需求者之间的不可分性。③ 其二,使用场景与传统公共服务相似,涉及公民公共生活必需品,是公民人格独立与尊严所必需的服务。这些服务涉及公共利益,不能依据一般的市场供需关系来决定供给,是社会公平与正义的要求和体现。数字公共服务与传统公共服务对公共性的要求类似,因此也应该符合以上两个维度的要求。

2. 社会共同需求性

社会共同需求具有多重含义,是特定社会中每个个体或族群所诉求的具有社会生活意义并为整个社会所认可的具有共性的个体需求的总和。④ 因此,公共产品中凝结的社会共同需求指的是,在特定历史时期、特定社会中,基于共同价值标准,对主流个人偏好进行共性抽象而形成的具有普遍意义的共同需求的社会共识。

一般而言,归纳社会共同需求可结合以下几个要素:(1)历史阶段。在不同的历史阶段,人们的个体需求不同。例如,在网络通信出现前,网络通信设施并非产品,而在网络信息大数据时代,网络通信自由则显然属于公共产品。

---

① McCullen v. Coaldey, 573 U. S. 464, 476 (2014).
② Packingham v. North Carolina, 137 S. Ct. 1730, 1737 (2017).
③ 参见〔美〕詹姆斯·M. 布坎南:《公共物品的需求与供给(第2版)》,马珺译,上海人民出版社 2017 年版,第 171 页。
④ 参见中共中央党校本书课题组:《唯物史观新视野》,东方出版社 1999 年版,第 150 页。

（2）共同价值观。在完善的社会中，多元价值观富含其中，社会共同需求的归纳需以主导的共同价值观作引导。（3）经济与科技发展水平。社会经济的发展与科技的进步在改变人们生活方式的同时，对于社会共同需求的影响亦无处不在。例如，在电报、数字传输出现之后，传统的邮政方式已逐渐丧失其社会共同需求的特征。（4）宪法规定的公民基本权利。社会共同需求的存在目的在于保障人之尊严，即人之所以为人的基本权利。只有能享有基本权利的人，才是一国公民，而社会共同需求即为达成此目的的基本内容。社会共同需求与主流学者提出的公共产品的非排他性和非竞争性具有内在逻辑联系，社会共同需求是公共产品的最本质特征，是判断公共产品的最高标准；非排他性与非竞争性则是公共产品外化的技术性特征，与特定历史时期、特定社会相结合。

3. 与数字技术联系紧密

在数字化时代，公共服务也在原有基础上增加了数字化技术的内容，形成了数字公共服务。而数字化技术与数字经济紧密相连。在2016年G20杭州峰会上达成的《二十国集团数字经济发展与合作倡议》第2条将"数字经济"界定为，"数字经济是指以使用数字化的知识和信息作为关键生产要素、以现代信息网络作为重要载体、以信息通信技术的有效使用作为效率提升和经济结构优化的重要推动力的一系列经济活动"，并且提及了互联网、云计算、大数据、物联网、金融科技与其他新的数字技术应用于信息的采集、存储、分析和共享过程，改变了社会互动方式。数字化、网络化、智能化的信息通信技术使现代经济活动更加灵活、敏捷、智慧。①

随着科技进步，数字公共服务必将展现日新月异的模样，但其中的核心要素是网络连接服务。2022年生效的欧盟《数字服务法》(Digital Services Act)第2（a）条沿用2015年欧盟2015/1535号指令第1条第1款（b）项的定义，将数字服务界定为：任何信息社会中的服务，只要这些服务通过远程以电子方式以及应服务接受方的个人要求提供。这种远程电子方式的载体即网络，网络将各种服务信息串联起来，实现信息资源的最优利用。数字公共服务的核心在于数字技术，即利用IT系统实现公共服务的生产与传导。数字化时代最重要、最基础性的要素是网络服务，既有立法亦强调了数字化服务中网络技术的作

---

① 参见《二十国集团数字经济发展与合作倡议》，中央网络安全和信息化委员会办公室官网，2016年09月29日，http://www.cac.gov.cn/2016-09/29/c_1119648520.htm?t=1539514650460，2023年11月10日访问。

用。美国联邦通信委员会在 2010 年发布的《联通美国：国家宽带计划》中更是将接连互联网的宽带建设描述为："21 世纪最为伟大的基础设施调整，像一个世纪前的电力一样，是发展的引擎。"① 在互联网浸入人类社会生活每个角落的背景下，数字化给公共服务注入了新的活力。

我国有多份官方文件中提及数字化技术的范围，除了前述网络连接之外，还包括各种类型的信息数据基础设施、人工智能、大数据系统等数字化技术。国务院 2021 年《"十四五"数字经济发展规划》对数字经济作了界定："是继农业经济、工业经济之后的主要经济形态，是以数据资源为关键要素，以现代信息网络为主要载体，以信息通信技术融合应用、全要素数字化转型为重要推动力，促进公平与效率更加统一的新经济形态。"数字公共服务属于数字经济的内容，根据上述数字经济的界定，数字公共服务涉及的数字化技术可概括为，依靠信息通信技术的融合应用并将公共服务的全要素数字化转型的技术。有学者指出数字技术对数字经济、平台经济的重要性，并罗列了数字技术的范围，包括但不限于计算技术、通信网络技术、信息处理技术、电子支付技术、网络安全技术、物联网、人工智能、5G、虚拟现实、区块链技术等。②

当前关于数字化技术的讨论中，最著名的观点来自阿尔文·托夫勒所著的《第三次浪潮》一书。书中阐述了技术创新的三个"浪潮"，即农业、工业和信息化。③ 其中，最后一个"浪潮"就是当前正在发生并且对我们产生巨大影响的数字化技术，将世界转变为一个面向几乎完全依赖计算机通信技术的世界。在一个复杂技术不断增加的世界中，我们应当更加重视法律与技术的交集，增进法律对技术的界定与运用能力。但是，当前学界尚未形成数字化技术的权威界定，笔者认为，需要先对数字化技术进行更精细化的界定，进而形成准确的法律概念。数字化技术就是将各种数据、信息转化为电子计算机能识别的数字之后，利用通信网络的方式进行运算、加工、存储、传送、传播、还原的技术。

---

① Daniel A. Lyons, Narrowing the Digital Divide: A Better Broadband Universal Service Program, 52 *U. C. Davis L. Rev.*, 821 (2018).
② See Xiaolong Li, *et al.*, *Development Practice of Digital Business Environment in China*, Springer Nature Singapore Pte Ltd., 2022, p. 5.
③ See Frank Pasquale & Arthur J. Cockfield, Beyond Instrumentalism: A Substantivist Perspective on Law, Technology, and the Digital Persona, *Mich. St. L. Rev.*, 846 (2018).

二、公用事业范围立法例考察

对于公用事业的范围，理论上存在一定争议，这主要是由于对公用事业的广义还是狭义使用的理解不同造成的，并没有本质上的差异。在各国立法例中，对公用事业范围的划定主要有两种模式，即概括式和列举式。公用事业范围的划定主要依据立法对公用事业具体行业的罗列，以下选取几个主要国家和地区的立法例作为考察样本。

1. 我国的立法例

我国 2024 年 5 月 1 日起施行的《基础设施和公用事业特许经营管理办法》第 2 条对公用事业的范围进行了界定："中华人民共和国境内的交通运输、市政工程、生态保护、环境治理、水利、能源、体育、旅游等基础设施和公用事业领域的特许经营活动，适用本办法。"2004 年建设部发布的《市政公用事业特许经营管理办法》第 2 条第 2 款将公用事业的范围界定为："城市供水、供气、供热、公共交通、污水处理、垃圾处理等行业，依法实施特许经营的，适用本办法。"

近些年来，我国频繁出台关于数字公共服务的规定。2016 年颁布的《网络安全法》第 12 条第 1 款规定："国家保护公民、法人和其他组织依法使用网络的权利，促进网络接入普及，提升网络服务水平，为社会提供安全、便利的网络服务，保障网络信息依法有序自由流动。"这是我国首次通过法律的形式明确政府对网络普遍接入的保障义务，同时也确定了网络基础设施是最重要的数字公共服务类型之一。第 31 条强调，国家对包括公共服务与电子政务基础设施在内的关键信息基础安全运行进行重点保护。2021 年颁布的《数据安全法》对数字公共服务的相关内容作了界定，明确提出数据基础设施的建设以及国家支持开发利用数据提升公共服务的智能化水平，并在第五章规定了"政务数据安全与开放"。

2021 年 12 月，国务院印发的《"十四五"数字经济发展规划》更是全面规定了数字经济环境下政府所需努力达成的目标，其中在数字化公共服务方面的目标是普惠均等。即数字基础设施广泛融入生产生活，对政务服务、公共服务、民生保障、社会治理的支撑作用进一步凸显。数字营商环境更加优化，电子政务服务水平进一步提升，网络化、数字化、智慧化的利企便民服务体系不断完善，数字鸿沟加速弥合。该规划第三部分规定了"优化升级数字基础设施"，第七部分规定了"持续提升公共服务数字化水平"等相关内容。2023年出台的《数字中国建设整体布局规划》则从我国全局的视角对数字化时代的发展提出了整体性规划，其中涉及数字公共服务的部分，具体提及了信息公共基础设施、数字教育以及数字健康保障等内容。[①] 由于包括数字公共服务在内的数字化建设与布局涉及国家与社会的整体利益，因此需要国家通过中央规划的方式达到鼓励与促进的目标。

此外，针对特定领域的数字公共服务，我国有针对性地分别出台了不同的规划以及规范性文件。2022年，中共中央办公厅、国务院办公厅印发《乡村建设行动实施方案》，其中特别强调了实施数字乡村建设发展工程，如"加强农村信息基础设施建设，深化农村光纤网络、移动通信网络、数字电视和下一代互联网覆盖，进一步提升农村通信网络质量和覆盖水平。加快建设农业农村遥感卫星等天基设施。建立农业农村大数据体系，推进重要农产品全产业链大数据建设。"同年，中共中央办公厅、国务院办公厅印发《关于推进实施国家文化数字化战略的意见》明确，到"十四五"时期末，基本建成文化数字化基础设施和服务平台，形成线上线下融合互动、立体覆盖的文化服务供给体系。同年，《国务院关于加快推进政务服务标准化规范化便利化的指导意见》明确，政务服务事项包括依申请办理的行政权力事项和公共服务事项，并将公共教育、劳动就业、社会保险、医疗卫生、养老服务、社会服务、住房保障、文化体育、残疾人服务等领域依申请办理的公共服务事项全部纳入政务服务事项范畴；提出加快推进政务服务标准化、规范化和便利化的要求，其中涉及了数字化政务的具体要求和措施。2021年，中共中央、国务院印发的《法治政府建设实施纲要（2021－2025年）》第30条规定，加快推进政务数据有序共享。建立健全政务数据共享协调机制，进一步明确政务数据提供、使用、管理等各相关方的权利和责任，推动数据共享和业务协同，形成高效运行的工作机制，构建全国一体化政务大数据体系，加强政务信息系统优化整合。推进政府和公共服务机构数据开放共享，优先推动民生保障、公共服务、市场监管等领域政府数据向社会有序开放。

---

① 参见《中共中央 国务院印发〈数字中国建设整体布局规划〉》，国务院官网，2023年2月27日，https://www.gov.cn/zhengce/2023-02/27/content_5743484.htm，2023年7月25日访问。

2. 美国的立法例

美国没有联邦层面的统一的公用事业法，而是各个州制定自己的公用事业法。① 其中，较有代表性的州有宾夕法尼亚州、加利福尼亚州（以下简称"加州"）等制定的公用事业法。其中，宾夕法尼亚州《公用事业法》第 102.1 条对公用事业的定义为：任何基于如下目的拥有或运营联邦的设备或设施的个人或企业：（1）生产、制造、运输、分配或供应天然气、人造燃气、电力，或者为了照明、热而提供的蒸汽，并向公众收费。（2）转移、开发、开采、囤积、分配或者供应给公众或向公众收费。（3）作为普通承运人运送乘客或货物。（4）利用河道、高速公路、隧道、桥梁、码头等类似设施向公众收费。（5）通过输油管或管道运输、传送天然气或人造燃气、原油、汽油、石油产品、石化产品、氧气、氮气以及其他类似液体，并向公众收费。（6）传导或发射通信信息，除了第 2.4 条之外，通过电话、电报或者本地的无线广播电台服务，但不限于点对点的微波电台服务，并向公众收费。（7）污水回收、净化或处理，并向公众收费。（8）在第 11 章 B 节的第二部分规定的，在郡县提供豪华轿车服务。除了罗列前述八种具体行业外，第 102.2 条罗列了七种除外情形，主要针对个人或公司的非经营行为或非主要经营行为等情形。②

在数字化时代，各国都将普遍服务原则的适用范围扩展至网络服务，网络服务蕴含的公共属性愈发浓烈，网络的"普遍连接"成为公共服务的普遍服务原则的集中体现。数字公共服务的载体是各种创新的数字化工具，如网络、云存储等技术。这些技术的更新和进步需要广大的用户数量，同时用户的反馈将进一步推动技术进步。"普遍连接"应当包括网络连接硬件设备、软件、上网技能培训，以及对网络社区有贡献与内容创造的激励等。③ 例如，2010 年，美国联邦通信委员会发布《联通美国：国家宽带计划》，要求将普遍服务基金从电话服务转移至宽带服务，强调数字公共服务普遍服务与技术创新的关系。④ 2020 年，美国国会通过《宽带部署准确性和技术可用性法案》（Broadband De-

---

① See Edward L. Flippen & Kodwo Ghartey-Tagoe, Annual Survey of Virginia Law: Public Utility Law, 31 (4) *U. Rich. L. Rev.*, 1173-1220 (1997).

② 66 Pa. C. S. A. § 102.

③ See Mira Burri, The New Concept of Universal Service in a Digital Networked Communications Environment, 3 (1) *Social Science Electronic Publishing*, 139 (2007).

④ See Daniel A. Lyons, Narrowing the Digital Divide: A Better Broadband Universal Service Program, 52 *U. C. Davis L. Rev.*, 821 (2018).

ployment Accuracy and Technological Availability Act），强调保障数字公共服务的普遍服务，对数字宽带的网络速度、公共数据以及相关基础设施的基本要求进行规范。[1] 该法案还规定了数字宽带的提速与扩容标准、公共数据的收集主体和程序，相关基础设施的建设与标准等内容。根据该法案，宽带网络、公共数据以及相关基础设施是当前阶段最为重要的数字公共服务。

关于数字公共服务，美国更注重宽带网络的普遍服务以及公共数据及其相关的基础设施建设。美国对于网络连接服务的理解属于广义上的界定，不仅包括网络服务基础设施、网络服务的速度与质量、网络中传输的公共数据，还包括相关的公共软件以及使用网络的基本数字技能培训。至于其他具体类型的数字公共服务，则一般通过专门性立法进行规范。例如，2016 年 10 月和 2019 年 7 月，美国政府先后发布《国家人工智能研发战略计划》和《国家人工智能研发战略计划：2019 年更新版》，强化人工智能在国家、社会层面推动经济、交通、医疗和教育等领域数字化与智能化的加速转型。[2]

3. 欧盟的立法例

20 世纪 70 年代以前，欧洲各国公用服务均由国家成立国有企业负责提供。此后，各国纷纷进行民营化改革，在电信行业等公用事业领域引入自由竞争制度，强调普遍服务才能保证公民的生存与发展权。故而，欧盟在 20 世纪 90 年代通过 Directive 97/33/EC [3] 和 Directive 98/10/EC [4] 两个指令，明确规定了公共服务普遍服务原则的相关制度，将公共服务普遍服务界定为"保证向所有居民提供最低限度的符合特定质量要求的服务，不受居民居住的地位限制限定，并且以根据特定国家的国情确定的居民能负担得起的价格提供"[5]。在公用事业民营化之后，欧盟明确提出了公共服务普遍服务原则，并规定了政府与提供公共服务的私人企业的义务，以保障该原则的履行。

---

[1] See Broadband Deployment Accuracy and Technological Availability Act (47 U. S. C. 609).

[2] 参见李振东、陈劲、王伟楠：《国家数字化发展战略路径、理论框架与逻辑探析》，载《科研管理》2023 年第 7 期，第 2 页。

[3] Directive 97/33/EC of the European Parliament and of the Council of 30 June 1997 on Interconnection in Telecommunications with Regard to Ensuring Universal Service and Interoperability through Application of the Principles of the Open Network Provision (ONP), Eur. O. J. L199/32 (July 26, 1997).

[4] Directive 98/10/EC of the European Parliament and of the Council of 26 February 1998 on the Application of Open Network Provision (ONP) to Voice Telephony and on Universal Service for Telecommunications in a Competitive Environment, Eur. O. J. L101/24 (April 1, 1998).

[5] Directive 97/33/EC, Article 2 (1) (g), and Directive 98/10/EC, Article 2 (2) (f).

从以上两个指令规定的内容看，普遍服务原则的具体内容体现在三个方面：（1）公平性，即向国内所有人提供公共服务，无论其地理位置如何。（2）持续性，即持续不间断地提供特定质量的公共服务。（3）可负担性，即按照所有人都能负担得起的特定价格水平提供基本公共服务。① 从欧盟公用事业的发展历程看，在确立公共服务普遍服务原则以后，欧盟又颁布了其他规范进行持续的制度完善，其中比较有代表性的是 Directive 2002/21/EC 和 Directive 2002/22/EC 等指令。② 这些立法始终围绕着普遍服务原则的公平性、持续性与可负担性展开，但因为其内容具有一定的抽象性，所以需要结合特定领域的公共服务进行具体化。欧盟各国政府为了提高公共服务效率而在公用事业领域进行民营化、市场化后，普遍服务原则可以说是在追求市场化和效率的过程中对社会公平进行保障而妥协的产物，在私人企业参与竞争过程中保障了公民的基本权利。通过确立普遍服务原则，给政府以及提供公共服务的企业设定普遍服务义务，从而实现对公共服务领域进行规制的正当性。

2020 年欧盟委员会发布《塑造欧洲的数字未来》（Shaping Europe's Digital Future，SEDF）的战略文件，从数据与存储、人工智能、5G/6G 网络连接、数字医疗、数字能力与教育等方面确立了构建数字化未来的目标。在数字公共服务方面，该文件明确规定了政府的相关义务，如在第 53 条规定了公共行政部门有责任确保公民受到平等对待，以及有权享有平等的数字政府访问权。③ 从中可以发现，欧盟委员会对数字公共服务的罗列既包括传统公共服务的数字化，如数字医疗、数字基础教育，也包括伴随数字化出现的新型公共服务，如数据与存储、人工智能等。

2021 年，欧盟议会批准了复苏和恢复基金(Recovery and Resilience Facility, RRF)，这是一项短期措施，是主要为了帮助欧盟成员国从新型冠状病毒感染疫情冲击中快速复苏而建立的一项政府基金资助方案。在政府基金资助中，很大一部分配给了数字化改革和投资。这些数字化改革和投资主要体现在：促进

---

① See Directive 98/10/EC，Article 2（2）（f）.
② See Directive 2002/21/EC of the European Parliament and of the Council of 7 March 2002 on a Common Regulatory Framework for Electronic Communications Networks and Services，Eur. O. J. L108/33（April 24，2002）；Directive 2002/22/EC of the European Parliament and of the Council of 7 March 2002 on Universal Service and Users' Rights Relating to Electronic Communications Networks and Services，Eur. O. J. L108/51（April 24，2002）.
③ Council Conclusions on Shaping Europe's Digital Future（2020/C 202 I/01），53.

服务数字化以及数字和数据基础设施、集群和数字创新中心、开放式数字解决方案的发展。① 由此可见，欧盟在新型公共服务的认定上将服务数字化以及数字和数据基础设施、集群和数字创新中心、开放式数字解决方案囊括其中。

2023年1月，欧盟委员会宣布启动《2030年数字十年政策规划》（Digital Decade Policy Programme 2030，DDPP）。该规划是一项旨在至2030年形成欧盟良好数字环境的政策规划，规定了欧盟与成员国政府的数字普遍服务义务，如保障关键公共服务，创立一流的数字环境，提供易于使用、高效、可靠和个性化的服务和工具，并具有高安全性和隐私标准。② 该规划第2条对数字化时代关键公共服务进行了概括性界定：是指公共机构为自然人在其主要生活中提供不可或缺的服务，以及为法人在其全生命周期中提供不可或缺的服务。③ 该规划第3条规划目标中罗列了数字公共服务的具体类型，包括公共数字开放与获取、数字基础设施、公共服务的数字化三大类。其中，在公共基础设施生态系统中，高性能、边缘、云、量子计算、人工智能、数据管理和网络连接融合在一起。④

欧盟针对数字公共服务进行了密集的立法，前述三个立法文件较具代表性。这些立法或者规划均围绕着数字化时代如何平等地保障欧盟成员国国民的基本权利而展开，各有侧重地对数字公共服务进行了罗列。

4. 日本的立法例

日本《关于利用民间资金促进公共设施完善的法律》第2条列举了如下公共设施：（1）公路、铁路、港湾、机场、河流、公园、自来水管道、下水道、工业水道等公共设施。（2）政府办公用房、宿舍等公共设施。（3）租赁住宅以及教育设施、废弃物处理设施、医疗设施、社会福利设施、矫正保护设施、停车场、地下街等公益设施。（4）信息通信设施、供热设施、新能源设施、循环利用设施（废弃物处理设施除外）、观光设施以及研究设施。（5）船舶、飞机等的运送设施以及人工卫星（包括运行这些设施所必需的设施）。（6）类似前

---

① Regulation (EU) 2021/241 of the European Parliament and of the Council of 12 February 2021 on Establishing the Recovery and Resilience Facility.

② Decision (EU) 2022/2481 of the European Parliament and of the Council of 14 December 2022 on Establishing the Digital Decade Policy Programme 2030，Whereas (13).

③ Ibid.，Article 2 (8).

④ Ibid.，Article 3.1.

述各类所列设施而由政令规定的。①

综上所述,各国公用事业范围的立法例表明,公用事业的范围很广,各国的规定不一而足。唯一可肯定的是,公用事业的范围根据一国特定时期对公共产品的理解而定,为弥补列举式立法的不足,立法通常需要对公用事业的基本特点进行抽象概括,作为兜底条款。

三、公用事业的特点

(一) 涉及公共利益

公用事业所提供的公共产品与一般产品不同,服务对象为不特定的公众,并且"在使用和服务过程中通常不能独占或排他性消费,具有明显的公用性"②。公共产品属于公共物品,或者介于公共物品与个人物品之间的准公共物品,与人民大众生活密不可分,需求弹性小,属于人民的基本权范畴,涉及公共利益。由于公共利益具有不可分性和公共性,因此涉及公共利益的产品必须通过政治过程来安排给付,而非市场化的方式。③ 政治过程体现于法律上,即要求国家作为提供主体,才能保证公共利益的实现。也正因如此,公用事业体现了更多的政策性因素,要么由政府部门作为提供主体,要么由市场主体作为提供主体,同时国家进行高密度的规制。例如,国家干预价格形成机制,提供财政补贴,保障公众获得"生活照顾"的权益。

(二) 垄断与竞争并存

公用事业具有自然垄断属性。由于自然垄断行业中的规模经济与范围经济特别显著,足以影响整个垄断性产业的生产效率,因此在这些行业由一家企业提供一定数量的产品比两家或以上企业提供这些产品更有生产效率,故具有自然垄断性。④ 亦即在公共服务领域保持自然垄断是出于经营企业的规模和成本考量。"自然垄断行业的基本特征是假设一定产出为前提,生产函数表现为规

---

① 参见顾功耘主编:《当代主要国家公私合作法》,北京大学出版社2017年版,第417页。
② 王俊豪等:《中国城市公用事业民营化绩效评价与管制政策研究》,中国社会科学出版社2013年版,第3页。
③ 参见〔美〕约翰·罗尔斯:《正义论》,何怀宏等译,中国社会科学出版社1988年版,第226页。
④ 参见王俊豪:《政府管制经济学导论:基本理论及其在政府管制实践中的应用》,商务印书馆2001年版,第32页。

模回报的递增趋势，即单位产出的成本与生产规模成反比。"① 同时，随着科技进步和社会发展，公共服务领域根据行业特点可区分为自然垄断行业和竞争行业，或分为自然垄断属性强和弱的行业，即在某些自然垄断行业引入竞争机制是完全可行的。② 换言之，具有竞争性的公共服务领域的规模经济和范围经济并不显著，可以引入不同的主体展开竞争，提高产品供给效率。

（三）受到高密度的政府规制

政府规制是国家干预市场的一种最重要方式。公用事业关涉公共利益，具有很强的政策性导向，因此往往由政府成立国有独资或控股企业提供公共产品，或对私人企业进行高密度的政府规制。政府规制分为经济性规制与社会性规制。其中，经济性规制是指，在自然垄断和存在信息偏置的领域，为防止资源配置的低效，保障人民大众获得公平的对待，政府机关依据职权，通过法律许可与认可等手段，对企业的行业准入和退出、价格、服务数量与质量、投资、财务会计等加以规制。③ 政府规制主要表现在"公共产品的价格与数量受到政府规制机关的严格管控"④，其目的在于保证公共产品供给的效率与保障人民基本权的实现。

（四）网络与区域性

公用事业所提供的公共产品以不特定的公众为服务对象，具有在特定区域内广泛覆盖服务的特点。由此，公共产品具有非独占与非排他性的特点，一般都是通过网络型方式供给，诸如电力、煤气、供暖、供水、公共交通等传统公用事业行业均是。正因如此，公用事业又可称为"网络型行业"。网络型行业产品在生产和分配过程中与消费者之间具有垂直关系，网络传输是生产企业与消费者之间的连接方式，消费者通过网络传输获得公共产品。⑤ 网络性是绝大部分公用事业需要自然垄断经营的原因，其成本投入较高，前期投入成本巨大，投资回报周期漫长。

---

① K. W. Clarkson & R. L. Miller, *Industrial Organization: Theory, Evidence, and Public Policy*, McGraw-Hill Inc., 1981, p. 119.
② 参见王俊豪：《论自然垄断产业的有效竞争》，载《经济研究》1998年第8期，第42—46页。
③ 参见〔日〕植草益：《微观规制经济学》，朱绍文等译校，中国发展出版社1992年版，第27—28页。
④ Keith M. Howe, *Public Utility Economics and Finance*, Prentice-Hall, Inc., 1982, p. 2.
⑤ 参见刘戒骄：《网络性产业的放松规制与规制改革——国际经验与中国的实践》，中国社会科学院研究生院2001年博士学位论文，第19—20页。

公用事业的经营与网络不可分,绝大多数产品需要通过管网和线路等基础设施传送。例如,供暖、供电、公共交通以及石油化工产品等均覆盖了一定的物理位置。这就造成公用事业具有地域性的特点,这种地域性一方面表现为公共产品市场具有区域性,即自然垄断的相关市场是具有特定地理区域范围的;另一方面,政府规制效果亦以特定区域为限。这亦是特定区域的规制政策与其他区域并不完全相同的原因,具体表现为价格限制、财政补贴等方面的差异。

四、本书对公用事业的界定

经由前述对公用事业界定的理论介绍与立法例考察,可以发现公用事业本身属于弹性较大、内涵丰富的概念。在展开下文的论证前,需要对本书的论证对象进行范围限定。

（一）公用事业的核心——公共产品

公用事业的核心在于"公共产品",这是界定公用事业之关键,既有关于公用事业概念界定的相关文献经常将其忽略。无论公用事业行业、公共企业还是基础设施,均以生产、销售公共产品为目的,故而笔者认为,在界定公用事业时,应首先抓住"公共产品"这个"龙头"。

"公共产品"属于财政学上的基本概念,经济学界关于公共产品最有代表性的观点是萨缪尔森的界定,其早期的界定是"公共产品是具有消费的非排他性和非竞争性等特征的产品"[①]。但他在经典教科书《经济学》中将公共产品界定为:"将该商品的效用扩展与他人的成本为零,并且无法排除他人参与共享。"[②] 虽然他对公共产品的界定具有权威性,但是这个概念在理解和实践运用中产生了很多问题,导致公共产品的范围不易确定。事实上,公共产品是否具有非排他性与非竞争性需要置于特定历史时期、社会环境中考量,某个特定产品在不同时期、社会是否具有排他性与非竞争性并非一成不变。因此,有学者提出,公共产品的本质在于其是否满足社会共同需求,"从本质上公共产品

[①] 转引自秦颖:《论公共产品的本质——兼论公共产品理论的局限性》,载《经济学家》2006年第3期,第78页。

[②] 〔美〕保罗·萨缪尔森、威廉·诺德豪斯:《经济学·上册(第十九版)》,萧琛等译,商务印书馆2012年版,第58页。

是满足社会共同需要的产物（换言之：公共产品的决定性因素是社会共同需要）"①。还有学者从产权角度对公共产品进行界定："公共产品的真正本质属性是消费品产权难以界定性，即究竟一个人消费了多少、什么时间消费、如何消费等均难以界定，或技术上难以实现，或技术上可以实现，但因界定成本过高而无经济意义。"②

基于上述概念与内容的比较，笔者认为多纳休等人对公共产品本质特征的归纳更为深入，即公共产品具有两个本质特征："某人从公共物品获益并不会使得其他人的获益减少，并且不可能限制仅让那些进行了支付的人获利。"③另外，笔者认为社会共同需求是公共产品最为本质的特征，亦能涵盖其广泛、不确定的外延。同时，公共产品的产权难以界定，往往需要政府部门作为公共产品的提供主体，才能实现公平和有效率的供给。也正因如此，社会共同需求具有内涵的不周延性，需由权威部门进行范围的限定与明确，而这也给予了公共产品概念足够的弹性。但可以肯定的是，公共产品必须与私人所有的产品相区别，这使得政府必须作为提供主体参与进来，对于不同性质的公共产品或准公共产品，政府介入的深度和广度也相应不同。

社会共同需求具有多重含义，是特定社会中每个个体或族群所诉求的，具有社会生活意义，并与为整个社会所认可的具有共性的个体需求的总和。④ 因此，公共产品中凝结的社会共同需求指的是，特定历史时期、特定社会中，在共同价值标准上，对主流个人偏好的共性加以抽象而形成的具有普遍意义的共同需求的社会共识。一般而言，社会共同需求的归纳可结合以下几个要素：（1）历史阶段。在不同的历史阶段，个体的需求也不同。例如，在网络通信出现前，网络通信设施并非产品，而在大数据时代，网络通信自由则显然属于公共产品。（2）共同价值观。在完善的社会中，多元价值观富含其中，社会共同需求的归纳需以主导的共同价值观作引导。（3）经济与科技发展水平。社会经济的发展与科技的进步在改变人们生活方式的同时，对于社会共同需求的影响

---

① 秦颖：《论公共产品的本质——兼论公共产品理论的局限性》，载《经济学家》2006年第3期，第79页。
② 朱鸿伟：《公共产品含义新探》，载《中国行政管理》2011年第8期，第37页。
③ 〔美〕约翰·D. 多纳休、理查德·J. 泽克豪泽：《合作：激变时代的合作治理》，徐维译，中国政法大学出版社2015年版，第33页。
④ 参见中共中央党校本书课题组：《唯物史观新视野》，东方出版社1999年版，第150页。

亦无处不在。例如，在电报、数字传输出现之后，传统的邮政方式便逐渐丧失其社会共同需求的特征。(4) 宪法规定的公民基本权利。社会共同需求的存在目的在于保障人之尊严，即人之所以为人的基本权利。只有享有宪法规定的基本权利的人，才能被视为该国家的公民，而社会共同需求即为达成此目的的基本内容。社会共同需求与主流学者提出的公共产品的非竞争性和非排他性具有内在逻辑联系，社会共同需求是公共产品的最本质特征，是判断公共产品的最高标准；非排他性和非竞争性则是外化的技术性特征，与特定历史时期、特定社会相适应。

综上所述，公共产品是指那些符合社会共同需求，具有技术上的非排他性和非竞争性的产品，并且这些产品的产权无法清晰界定。

(二) 公用事业的概念提炼

本书所称之"公用事业"，是指生产、提供公共产品的行业，包括公共产品、公共企业以及公共基础设施。因为"公用事业"在语义上有四层含义，理论上、立法上对公用事业内涵与外延的理解都存在差异，为涵盖所有公用事业可能指代的含义，本书在广义上使用"公用事业"概念。即本书中的"公用事业"包含四层含义：公共产品与服务的具体行业、公共产品与服务的营运企业、公共产品与服务本身、提供公共产品与服务的基础设施与原料。

为了强调公用事业的具体内在含义指向，其一，本书用"公共企业"指称公共产品与服务的营运企业。① 其二，用"公共产品"指称公用事业所提供的产品与服务。其三，用"基础设施"指称生产公共产品与服务的设施与原料。其四，指称具体公用事业行业时则用交通运输行业、能源行业等予以明确。相应地，本书所讨论之公用事业规制，包含具体行业的规制、公共企业的规制、公共产品与服务的规制以及基础设施的规制。由于这四层含义具有内在的逻辑连续性，我们总是在某一具体的公用事业行业内探讨具体的公共产品，比如石油行业提供的原油价格，原油由具体的公共企业通过原油开采基础设施探取、开采、加工并以一定方式分配给消费者。因此，可以说公共产品、公共企业以

---

① 本书用"公共企业"，而非"公用企业"，因为用"公共企业"指代涉及公共利益产品的提供主体已趋近成为法学界的主流用语。参见胡改蓉：《论公共企业的法律属性》，载《中国法学》2017年第3期，第144—147页。

及基础设施构成公用事业的具体行业，是行业的具体构成要素。

（三）公用事业的具体行业构成

因公用事业的核心——公共产品，属于内涵不确定的概念，具有较大弹性，仅依靠概括式的界定难以明确公用事业的范围，还需要依赖权威机构以列举的方式予以明确。结合公共产品社会共同需求的特点，参考前述各国立法例的经验，立足我国国情，本书认为公用事业具体包含如下行业：

（1）能源行业。具体包括供水、电、气、暖、石油、石化等基本生活生产资料。

（2）交通运输行业。具体包括航空、各类公路、铁路、水运、海运行业，既包括公共客运，也包括公共货运。

（3）通信行业。具体包括有线通信、无线通信、邮政、电话、网络等各种通信方式。

（4）水利设施行业。这些基础设施包括水库、农业水利基础设施、防洪堤坝等。

（5）环境保护基础设施行业。在全球环境日益恶化的年代，环境保护，如防沙林、防雾霾等公共设施均具有公共产品属性。

（6）市政工程基础设施行业。这里的市政工程泛指与城市生活相关的市民需求基本面的行业，如垃圾回收与处理、污水回收与处理、下水管道设施、公园绿化等供市民休闲的场所等。

（7）文、教、体、商业与科技基础设施行业。为保障公民享有的文、教、体等基本权利，与这些需求相关的行业均属于公用事业。

（8）数字公共服务。数字公共服务包括依靠信息通信技术融合应用，将公共服务的全要素数字化转型所形成的数字公共服务，以及基于数字技术产生的新型数字公共服务。

（9）其他与公共产品特征相符的行业。因枚举的方式可能无法囊括所有行业，为避免挂一漏万，只要是具有公共产品属性的产品与服务，虽不在上述八大类的范围，亦属之。

第二节 政府规制的内涵分析

不同学科对规制均有广泛和深入的研究,并衍生出丰富复杂的课题。经济学最早将"规制"作为术语,用于对特定产业或族群产业的监督与管理。① 之后,法学、政治学领域亦出现对规制的研究热潮。法学领域对规制的早期研究集中于公用事业规制,之后转向社会性规制,侧重研究规制措施的执行、市场共同规则以及行政程序。政治学领域对规制的研究则聚焦于规制政策的形成、利益集团的诉求表达以及行政作用方面。"规制"本身是一个内涵丰富的概念,对其界定亦是一个不断推进、演进的过程,故需要在总结前人研究的基础上,限定本书的规制范围。

一、规制的语义分析

"规制"一词本身属于内涵不确定之术语,与该词语相类似的词语,如"监管""管制"等,亦有相近之含义,故应先对其进行语义分析。

"规制"一词所对应的英文为"regulation",《布莱克法律词典》对"regulation"的界定有两层含义:其一,"指依据规则或限制进行控制的行为或过程";其二,"指通常由行政机关颁布的,具有法律效力的规制或命令"。②《韦氏法律词典》将"regulation"界定为:其一,"规制的行为或被规制的状态(规制指依据规则的治理或引导,或者置于法律控制之下,抑或制定)";其二,"权威的规则,特别是由政府部门颁布的具有法律效力的规则"。③《元照法律词典》将"regulation"界定为:其一,"广义上指任何规范行为的法律规定,狭义上通常指政府各部门根据法定权限所发布的各种从属性法律";其二,"指管理;管制;规制;监管控制";其三,"指内部章程;内部规章"。④ 由上可知,规制的一般意义有两个层面:第一个层面,指依据规则对特定对象进行

---

① 参见〔日〕植草益:《微观规制经济学》,朱绍文等译校,中国发展出版社1992年版,第27—28页。
② See *Black's Law Dictionary* (9th Ed), Thomson Reuters Co., 2009, p.1398.
③ See *Merriam-Webster's Dictionary of Law*, Merriam-Webster, 2016, pp.410-411.
④ 参见《元照英美法词典(缩印版)》,北京大学出版社2013年版,第1171页。

的约束、控制与引导或者指该过程；第二个层面，指具有法律效力的规则，特别是政府部门制定的规则。本书将"公用事业"作为研究对象之一，涉及规制时，指的是第一个层面的含义，即指依据规则对公用事业进行约束、控制与引导或者指该过程。

从"规制"在我国的使用源流看，规制最早出现在经济学领域，引自日本经济学理论。日本经济学家将"regulation"翻译成"规制"，强调政府依照规则进行的管制、制约。① 之后，法学界在论及规范政府干预市场行为时借鉴该词，着眼点在于政府行为的合法性。与"规制"相近的词有"管制""监管"，都可作为"regulation"的中文翻译，三者具有类似的含义，无论是经济学界还是法学界，在很多场合下都不作区分地混用。②

但是，也有学者提出，针对"regulation"一词，从语义学的角度看，"规制"与"管制"最为接近，均强调依据规则对特定对象的控制与制约，在绝大多数情形下二者可通用。"监管"不仅有控制与制约的含义，而且还含有监督之义，字面含义更为宽广，故本书不用"监管"指代"regulation"。也有学者提出应翻译为"规制"更合理，因为其强调了法律与规章的约束和规范作用，而"管制"容易让人联想到统治、命令经济，即管制往往用在计划经济体制中，而规制则与市场经济相联系。③ 这种理解较为牵强，当前并无文献证明二者与经济体制之间的本质关联。笔者更倾向于认为，二者的内涵基本无差异，二者通用亦不会造成意思表达错误，选择哪种表达主要应当参考约定俗成的或者学界的主流翻译。笔者注意到，在我国经济学语境下，既有翻译成"管制"，④

---

① 参见王俊豪：《政府管制经济学导论：基本理论及其在政府管制实践中的应用》，商务印书馆2001年版，第2页。
② 例如，余晖认为，"监管""规制"与"管制"并无本质区别，因为它们对应的英文皆为"regulation"。参见余晖：《管制与自律》，浙江大学出版社2008年版，第34页。
③ 参见周林军：《公用事业管制要论》，人民法院出版社2004年版，第24—25页。
④ 参见〔美〕W. 基普·维斯库斯等：《反垄断与管制经济学（第四版）》，陈甫军等译，中国人民大学出版社2010年版；余晖：《管制与自律》，浙江大学出版社2008年版；王俊豪：《政府管制经济学导论：基本理论及其在政府管制实践中的应用》，商务印书馆2001年版；〔美〕丹尼尔·F. 史普博：《管制与市场》，余晖、何帆等译，格致出版社、上海人民出版社2017年版。

也有翻译成"规制"①，更多学者倾向于后者。我国法学理论和译著更多地使用"规制"，特别是涉及公用事业领域的，②故本书依照法学界主流的用语习惯，使用"规制"指称"regulation"，而不用"管制"或"监管"。同时，在本书语境下，对"规制""管制"或"监管"不作区分，三者具有相同含义。

二、不同学科中规制的内涵剖析

不同学科对"规制"的界定不同。因为规制本身就属于多学科、交叉学科的研究领域，虽然早期研究者主要是经济学学者，但公法学者、政治学学者也在逐渐重视该领域。故有必要在展开论证前，对"规制"一词进行深入剖析。

（一）经济学中规制的内涵

主流经济学学者认为，由于存在市场失灵，为提高资源利用效率和维护市场竞争秩序，需要政府干预市场。关于规制的定义，经济学上较通行的界定是"规制是政府依靠法律威慑力限制市场个体与组织的选择自由"③，或者"规制是行政机关执行的，直接干预市场配置机制或通过改变消费者与企业之间的供需关系间接干预的一般规则或特定行为"④。经济学中均强调规制是规则或行为，规制机构为公权力主体，规制对象为资源配置关系或供需关系。

20世纪70年代，规制经济学作为一门独立学科诞生，主要研究如何进行有效的资源配置以及提高效率，包含垄断行业规制、规制影响、互联互通与接

---

① 参见张红凤、杨慧：《规制经济学沿革的内在逻辑及发展方向》，载《中国社会科学》2011年第6期；肖兴志、陈长石：《规制经济学理论研究前沿》，载《经济学动态》2009年第1期。〔法〕让-雅克·拉丰、让·梯若尔：《政府采购与规制中的激励理论》，石磊、王永钦译，格致出版社、上海三联书店、上海人民出版社2014年版；〔日〕植草益：《微观规制经济学》，朱绍文等译校，中国发展出版社1992年版；王雅丽、毕乐强编著：《公共规制经济学（第3版）》，清华大学出版社2011年版；徐飞：《政府规制政策演进研究：日本经验与中国借鉴》，中国社会科学出版社2015年版；魏成龙等：《政府规制创新》，经济管理出版社2016年版。

② 参见〔美〕史蒂芬·布雷耶：《规制及其改革》，李洪雷等译，北京大学出版社2008年版；〔英〕道恩·奥利弗：《共同价值与公私划分》，时磊译，中国人民大学出版社2017年版；〔美〕马克·艾伦·艾斯纳：《规制政治的转轨（第二版）》，尹灿译，中国人民大学出版社2015年版；〔英〕A. C. L. 戴维斯：《社会责任：合同治理的公法探析》，杨明译，中国人民大学出版社2015年版；〔英〕迈克·费恩塔克：《规制中的公共利益》，戴昕译，中国人民大学出版社2014年版；〔英〕休·柯林斯：《规制合同》，郭小莉译，中国人民大学出版社2014年版；〔英〕安东尼·奥格斯：《规制：法律形式与经济学理论》，骆梅英译，中国人民大学出版社2008年版；邢鸿飞、徐金海：《公用事业法原论》，中国方正出版社2009年版。

③ Alan Stone, *Regulation and Its Alternatives*, Congressional Quarterly Press, 1982, p. 10.

④ Daniel F. Spulber, *Regulation and Markets*, The MIT Press, 1989, p. 37.

入规制研究、健康和安全规制研究、环境规制研究、规制实证研究等内容。①规制经济学的研究以市场失灵作为逻辑出发点,目的在于提高效率与保障公平,可分为经济性规制与社会性规制。其中,经济性规制是指"在自然垄断和存在信息偏在的领域,主要为了防止发生资源配置低效和保障利用者的公平利用,政府机关用法律权限,通过许可和认可等手段,对企业的进入和退出、价格、服务的数量与质量、投资、财务会计等有关行为加以规制"②。社会性规制是指"以保障劳动者和消费者的安全、健康、卫生、环境保护、防止灾害为目的,对物品和服务的质量和伴随着提供它们而产生的各种活动制定一定标准,并禁止、限定特定行为的规制"③。

经济性规制的研究重心在于提高垄断资源的利用效率,以公平合理的价格向消费者分配生活必需品。经济性规制通过对企业的一系列决策实现,"但主要控制的三个变量是:产品价格、产品数量以及企业数目,控制较少的则是产品质量以及投资"④。政府进行经济性规制的目的在于防止垄断行业与信息偏在行业利用垄断与信息优势获得暴利,扭曲资源分配效率。社会性规制主要将研究重心放在交易活动中所有可能发生的外部性以及信息不对称等影响上,这是市场失灵的主要表现,也是需要社会性规制的深层原因。故而,社会性规制表现为横向规制,注重利用政府的横向制约机制,包含社会性规制的理论动因、产品质量与安全规制理论、环境规制理论、职业健康与安全规制理论等基本的研究内容。⑤ 假如没有政府规制,则在保护环境、工人和消费者的人身安全与健康等方面均无法实现公共利益最大化,这也是政府干预市场的原动力。

不同时期的政府规制政策、内容以及理论表现各异,从政府规制的发展实践看,主要以提高效率为导向的经济性规制经历了"较少规制—加强规制—放松规制……再规制"的历程;而以保障公共安全、公平与正义为落脚点的社会性规制自其产生以来,则表现出不断加强的趋势。与此相对应,不同历史时期

---

① 参见肖兴志、陈长石:《规制经济学理论研究前沿》,载《经济学动态》2009年第1期,第95—100页。
② 〔日〕植草益:《微观规制经济学》,朱绍文等译校,中国发展出版社1992年版,第27页。
③ 同上书,第22页。
④ 〔美〕W. 基普·维斯库斯等:《反垄断与管制经济学(第四版)》,陈甫军等译,中国人民大学出版社2010年版,第358页。
⑤ 参见张红凤、杨慧:《规制经济学沿革的内在逻辑及发展方向》,载《中国社会科学》2011年第6期,第63页。

对规制的研究采用了不同的研究范式与角度,研究主题更迭包括:市场失灵与政府矫正措施、检验规制政策的效果、寻求规制政策的政治原因、规制中的激励问题、市场失灵与规制范围的扩展,并相应地产生了公共利益规制理论、利益集团规制理论、激励性规制理论、规制框架下的竞争理论、社会性规制理论。[①] 经过数十年的发展,政府规制的逻辑起点——公共利益得到不断修正。"实现公共利益目标的路径可以被归结为:克服自然垄断,实现资源配置有效率;克服外部性,保障人类可持续发展或促进社会全面进步;克服信息不对称,保障信息劣势方的权益。"[②] 另外,社会福利最大化的内涵也在不断拓展,既包括提高资源配置效率,又包括体现公平正义的公平分配机制以及环境正义等在内的社会共同价值分配。

(二)政治学中的规制内涵

在政治学视野下,政府规制是指"政府部门依据相关法律规定对微观经济主体及其经营活动进行约束、规范以及限制的行为"[③]。对政府规制的探讨则指向公共利益和公共权力的行使,主要探讨政府规制中利益集团的干扰以及讨价还价等问题。[④] 米尼克在界定公共利益时考虑了利益集团的要素,认为"规制是依据由公共利益凝结的规则,对私人活动进行的公共行政管理"[⑤],与政府规制相伴而生的是规制失灵问题,并由此引申出规制中的权力寻租、反腐成本、道德风险等议题。[⑥]

从宏观上说,政府的一系列规制行为属于政治过程,其中充斥着政治利益集团以规制政策的制定和执行作为工具进行利益博弈。例如,美国克林顿政府在执政初期即提出了"更好的规制"等规制改革措施,松绑公共服务领域的规制;在环境保护方面提出"杰出领袖计划"等,以此换取下次竞选的筹码。[⑦] 因此,政治学领域研究规制的侧重点在于规制政策是如何形成与被执行的。[⑧]

[①] 张红凤、杨慧:《规制经济学沿革的内在逻辑及发展方向》,载《中国社会科学》2011年第6期,第56—66页。
[②] 王俊豪主编:《管制经济学原理》,高等教育出版社2007年版,第19—20页。
[③] 胡税根:《论新时期我国政府规制的改革》,载《政治学研究》2001年第4期,第71页。
[④] 参见杨冠琼:《政府规制及其效率前提》,载《经济管理·新管理》2001年第4期,第72页。
[⑤] Daniel F. Spulber, *Regulation and Markets*, The MIT Press, 1989, p. 30.
[⑥] 参见胡税根、黄天柱:《政府规制失灵与对策研究》,载《政治学研究》2004年第2期。
[⑦] 参见〔美〕朱迪·弗里曼:《合作治理与新行政法》,毕洪海、陈标冲译,商务印书馆2010年版,第79页。
[⑧] See Daniel F. Spulber, *Regulation and Markets*, The MIT Press, 1989, p. 31.

第一章
政府规制在公用事业领域的变革

在规制政策的形成中,应当考量何种规则可以作为规制依据,由此形成公共利益的概念,因为只有包含公共利益的规则才能成为政府规制的依据。毫无疑问,政治利益集团在此过程中会尽量将对自身有利的规制依据纳入其中。在规制政策的执行中,不可避免地有利益集团之间、规制主体与公众之间、被规制市场主体之间的讨价还价,其中涉及利益分配、程序公正、利益诉求表达等具体议题。

综上,规制从本质上说就是政治家为达到其政治目的而进行的与此相关的政治过程。规制强调政府部门基于公共利益考量,选择公权力介入市场的时机与方式,规制的过程是利益集团各方政治博弈的手段。

(三)法学中的规制内涵

著名经济学家罗纳德·科斯认为,在法学中,规制是指政府规制部门制定的一种特定规则。这种规则不是确定人们相互交往的行为框架,不是人们交易的共同准则,也不是有关各种可通过市场交易进行调整的权利的法律制度,而是一种界线,强制性地规定人们必须做什么或不得做什么,并要求人们必须服从之。① 由于我国传承大陆法系的特点,在法学学科中又细分了具体的法律部门,而且不同的法律部门研究的法律关系或研究方法不同,因此,笔者按照通行的法律部门划分原则分别考察不同法律部门对规制的侧重点。

1. 行政法学视野中的规制

一般意义上,行政法是规范行政机关及其作出的行政行为等活动相关的法律规范的总称。奥托·迈耶认为:"行政法指调整对作为管理者的国家与被管理者的臣民之间关系的法律规范。"② 行政法内容庞杂,一般认为可将其分为一般行政法与部门行政法,其中部门行政法包含经济行政法、环境行政法等具体行政领域。③ 行政法对规制的研究重点在于,如何规范政府约束、限制市场主体的行为以及其行为的形成过程。政府规制,是指政府为达对社会和经济的管理目标而依据法律强制个人和组织遵循特定的行为准则要求。④ 行政法学者

---

① 参见〔美〕罗纳德·哈里·科斯:《论生产的制度结构》,盛洪等译,上海三联书店1994年版,第84页。
② 〔德〕奥托·迈耶:《德国行政法》,刘飞译,商务印书馆2013年版,第15页。
③ 参见〔德〕汉斯·J. 沃尔夫等:《行政法》(第一卷),高家伟译,商务印书馆2002年版,第94页。
④ See J. Den Hertog, General Theories of Regulation, in B. Bouckaert & G. De Geest (eds.), 3 *Encyclopaedia of Law and Economics*, Edward Elgar Publishing, 2000, p. 223.

很早就注意到行政机关的经济职能,并且为了规范政府经济职能的行使,发展出经济行政法分支,一般称为"经济公法",具体包括经济宪法与经济行政法。经济公法调整的法律关系中,一方是各级政府,另一方是企业与消费者。[①] 经济公法调整的是政府作为行政管理主体对市场活动的管理与监督,与政府规制的概念几乎完全吻合。

因此,从行政法角度看,政府规制意味着政府部门对市场主体的行政管理,其内涵中必然包含如下范畴:(1) 关于规制权主体及其职能范围。在行政法视野下,只有行政机关及其授权组织,即政府部门才是具有规制权的部门,规制权是政府经济职能的具体体现,规制必然涉及规制主体的职能范围。(2) 关于规制手段和工具。其一,立法、命令、强制等是最为直接的规制手段。其二,合同亦可成为一种规制手段,如特许经营协议,"这些合同中蕴含着规制的特征,其目的在于保证社会公共服务的供给与政府提供有益的社会保障"[②]。(3) 关于规制程序。政府规制的过程即行政行为发生作用的过程,该过程的实现与法定的行政程序无法分离。(4) 关于对规制过程的法律控制。若政府部门滥用规制权,侵犯市场主体私权利,则需对私权利进行救济,这就涉及法律对规制过程的控制,如司法审查制度、裁量权基准制度。

2. 经济法学视野中的规制

经济法是否具有独立的法律部门地位,特别是其与其他法律部门的划分,至今仍有争议。通说认为,"经济法将那些实现整体经济秩序的法律规范和法律制度整合在一起。"[③] 经济法的价值原则在于实现经济秩序,核心思想在于整体经济的正确性,保证经济生活尽可能公正,因此,经济法作为新兴的法律部门,与宪法、行政法、民商法等在调整经济关系的方法上存在异同。从当代公、私法交融的趋势看,经济法打破既有的公、私法二元划分,围绕维护市场秩序的宗旨,综合运用公、私法的制度手段进行经济干预与调整,无疑具有重大意义。在法律实践中,很多领域已无法通过公、私法的二元划分来涵盖。一方面,私法已同社会约束,即公法因素,密切地交织在一起,而这些公法因素

---

① 参见〔德〕罗尔夫·施托贝尔:《经济宪法与经济行政法》,谢立斌译,商务印书馆2008年版,第3页。
② Jody Freeman, The Contracting State, 28 *Fla. St. U. L. Rev.*, 189 (2000).
③ 〔德〕弗里茨·里特纳、迈因哈德·德雷埃尔:《欧洲与德国经济法》,张学哲译,法律出版社2016年版,第27页。

第一章
政府规制在公用事业领域的变革

从一种宏观经济正确性的角度保障着私法活动的社会利益兼容性。另一方面,国家不仅通过一般法,也通过具体的高权特别规范——如卡特尔法中对企业兼并计划的许可,或是对竞争主管部门的约束的解除——而实质性地塑造、干预着私法关系。为此,存在一个关于司法构建性的行政文件的概念。同样,私法因素也找到了进入公法的入口,德国《行政程序法》第54条所规定的行政合同便是一个例子。就行政合同而言,行政法受私法的影响非常大,甚至达到直接套用民法规定以及程序的地步,如德国《行政程序法》第62条第2句规定的公法合同补充适用《德国民法典》的例子所示。[①] 此外,根据主流的观点,行政管理可以在公、私法行为方式之间作出选择。例如,德国学者乌茨·施利斯基认为,政府在干预经济过程中,"经济公法的任务也可由经济行政机关借助合同的方式来完成。合同只要没有放松法律对行政行为的约束,基本上就不应当受到指责"[②]。

经济法学的规制更强调规制对象,即强调对市场的规制。因为"不同任务领域以及经济管理的不同具体任务之间相去甚远。德国现有法律不承认一个持续性的、以企业行为为对象的、一般性的国家经济监管"[③]。即基于维护市场秩序而进行国家干预或控制时,应注意被规制对象的特点,强调规制的被动性。我国诸多学者均用"市场秩序规制""市场监管"指称"规制",由此我们可用"市场规制法"指代经济法视野中的规制。例如,我国主流经济法理论认为:"市场规制,是国家依法规范市场主体的市场竞争行为的行为。"[④]杨紫烜教授等人在对比了与规制相关的各种用词后,提出"市场监管"的概念:"指法定的国家机关对市场准入与退出以及市场经营主体在其存续期间的运营进行的监督与管理。"[⑤] 市场规制法的着眼点在于市场,国家干预的目的在于维护市场秩序。

德国学者从规制权运作的不同阶段探讨市场规制的类型化,具体可分为高

---

① 参见〔德〕弗里茨·里特纳、迈因哈德·德雷埃尔:《欧洲与德国经济法》,张学哲译,法律出版社2016年版,第240—241页。
② 〔德〕乌茨·施利斯基:《经济公法(第2版)》,喻文光译,法律出版社2003年版,第154页。
③ 〔德〕弗里茨·里特纳、迈因哈德·德雷埃尔:《欧洲与德国经济法》,张学哲译,法律出版社2016年版,第239页。
④ 《经济法学》编写组:《经济法学》,高等教育出版社2016年版,第274页。
⑤ 杨紫烜、徐杰主编:《经济法学(第七版)》,北京大学出版社2015年版,第41页。类似观点还可参见陈婉玲:《经济法原理》,北京大学出版社2011年版,第156页。

权功能立法、政府执法以及司法救济。① 日本学者将市场规制置于特别经济法中，狭义的特别经济法仅指经济规制法或事业法，通过参与包括企业主体国营化的市场规制、价格规制等，政府直接、具体地对企业活动中的限制竞争行为进行规制，并制定各种事业法。② 市场规制法制的核心在于对市场主体的营业规制，包含宪法、行政法规与个别营业管制法。③ 通过梳理既有的研究成果可以发现，经济法中的规制的内涵是指国家等公权力主体对市场主体的经营活动的介入与控制，更强调对市场主体经营活动的规范，规范的手段包含立法、执法与司法。经济法特别侧重于对公用事业与特定行业的规制政策研究，主张通过价格控制、服务质量监管以及行业进入与退出限制等方式实现规制目的。

3. 私法视野中的规制

从私法角度观察，规制体现着公权力对私权的介入与干预。在秉持公、私法二元划分理论与立法的大陆法系国家，法律规范区分为公法与私法。但公法与私法并非完全分离，而是共同协力规范社会生活，建构统一的法秩序。④ 规制属于公法领域的范畴，私法规范中亦有公法规范条款，即强制性条款，具有排除当事人意思自治的效果。强制性条款在私法体系中代表着公共利益，是私权利行使不得侵犯公共利益原则的体现。⑤ 规制的形式主要表现为立法规范，私主体活动应遵循立法规范中的强制性规范。规制一般分为三类："其一，否定市场机制为前提（市场失灵），而针对一定时期建立替代市场的全面管制（战时经济）；其二，针对一定产业建立替代市场的局部管制；其三，以肯定市场机制为前提，针对人为障碍加以排除，以健全市场机制的管制。"⑥ 在私法领域，一般承认后两种规制形式，即政府规制、反垄断法的规制形式，二者均是对市场机制的有效补充。不论经济性规制还是社会性规制，均属于市场局部监管范畴，涉及政府公权力对私人主体、私权利的介入。

---

① 参见〔德〕弗里茨·里特纳、迈因哈德·德雷埃尔：《欧洲与德国经济法》，张学哲译，法律出版社 2016 年版，第 27、212—251 页。
② 参见〔日〕丹宗昭信、伊从宽：《经济法总论》，吉田庆子译，中国法制出版社 2010 年版，第 430 页。
③ 参见陈樱琴：《经济法理论与新趋势（修订版）》，翰芦图书出版有限公司 2000 年版，第 341—343 页。
④ 参见王泽鉴：《民法总则》，北京大学出版社 2009 年版，第 15 页。
⑤ 参见史尚宽：《民法总论》，中国政法大学出版社 2000 年版，第 38—39 页。
⑥ 苏永钦：《私法自治与公平法的管制——公平法第二十四条的功用与滥用》，载《月旦法学杂志》2001 年第 70 期，第 41 页。

政府介入私权利主要形式为对契约的介入，即通过公法规范控制私法契约。公法规范对私法契约的控制主要表现在国家管制的原因、目的、对象、方式等均越来越广，因此我们需要研究私法的转介条款如何建立操作标准，研究是否容许公法规范介入以及介入的程度等问题。私人主体主要通过契约行为参与市场交易，随着契约法中出现更多的身份契约，强制性规范转介条款也更多，这些强制性规范即国家规制的外化，对于这一命题更多的应当考量公法规范介入私法契约的比例和边界问题。[①] 在市场交易中，交易双方除了通过契约对双方权利、义务作安排，还应该考量外化为强制性规范的政府规制。在此过程中，需要严格控制政府的行政权，防止其全面地介入市场交易机制中，并应注意规制与私法自治的互动。

三、本书语境下规制的含义与边界

尽管法学学科内部又细分为不同法律部门，在一些领域仍有争议，但笔者认为它们对规制的界定大体相当，仅是研究的侧重点不同。可以肯定的是，仅仅局限于某一学科的研究视角与研究方法已无法窥探规制的全貌，因为"当代规制的含义，已非限于传统上命令与控制两个类型，规制中包含更多的机制已成为共识"[②]。只有结合不同学科的独特视角，并结合规制实践，才能确定规制的当代功能以及确定其内涵与外延。

（一）规制内涵的新发展

通过前述跨学科与交叉学科考证可知，传统的规制意味着特定的控制性规则、国家干预以及不同形式的社会控制，当代规制的含义已发生巨大变化，其当代转向和变化可以归结为如下几方面：

首先，规制权主体的扩张，规制机关的内在多元化与去中心化。规制权主体从原先的单一规制机构演进为横向的多个规制机构。规制机关的多元化表现在规制权主体从传统的行政机关向社会中介机构分权，甚至向市场参与主体分

[①] 参见苏永钦：《寻找新民法》，北京大学出版社 2012 年版，第 353—374 页。
[②] Robert Baldwin, Martin Cave & Martin Lodge, Introduction: Regulation—The Field and the Developing Agenda, in Robert Baldwin, Martin Cave & Martin Lodge (eds.), *The Oxford Handbook of Regulation*, Oxford University Press, 2010, pp. 5-6.

权，这些主体承担了由政府让渡或者授权的社会管理与公共服务职能。[①] 规制的去中心化则表现在规制机构由原来的中央集权式的规制机构向多部门、独立的规制机构转变。

其次，规制的政治过程受利益集团的影响越来越深。规制政策成为利益集团当选、执政的重要交换工具。规制政策的制定涉及规制机关与被规制者之间的利益分配，从本质上说，规制的过程就是规制部门、市场主体与消费者之间讨价还价的过程。"被监管团体或其他社会利益在规制过程中将发挥更大的作用，或更加全面地参与到政策过程之中，减少对行政机构资源的需求。"[②] 这种政治转轨趋势使得利益集团在规制政策的制定过程中发挥着影响规制政策走向的作用。即研究规制并非简单地观察从规制机关到被规制对象的单一动向，而应当注意到规制的过程亦是互动的过程，应防范"规制俘虏"等问题。

最后，规制手段多元化。传统上，规制的最重要特征在于约束与控制，主要手段为命令与控制。但是，科技的进步、政治环境的变换使得约束与控制的手段更加丰富，规制策略更加复杂，激励型规制手段加入其中。同时，在规制过程中越来越多地运用基于市场的替代规制方式，如"为了提升其在多种公共服务购买中的控制力，英国财政部非常典型地使用了大棒与萝卜相组合的工具包"[③]。此外，以市场机制为导向的规制手段更加重视规制的成本与收益，如运用价格、拍卖以及税收、补贴等激励手段。

综上，应更为广义地理解规制的内涵，即"依据既定标准，包括信息聚集与行为修正工具，有意识地利用公权力影响不同市场主体的行为"[④]。本书基本上依照该广义理解界定和理解规制，即规制是代表公权力的规制部门依据具有规范性效果的准则，调整市场主体活动的行为或过程。

[①] See Catherine M. Donnelly, *Delegation of Governmental Power to Private Parties: A Comparative Perspective*, Oxford University Press, 2007, pp. 1-10, 177-196. 另参见〔美〕约翰·D. 多纳休、理查德·J. 泽克豪泽：《合作：激变时代的合作治理》，徐维译，中国政法大学出版社2015年版，第3—29页等。

[②] 〔美〕马克·艾伦·艾斯纳：《规制政治的转轨（第二版）》，尹灿译，中国人民大学出版社2015年版，第5页。

[③] Carol Harlow & Richard Rawlings, *Law and Administration* (3rd Ed), Cambridge University Press, 2009, p. 340.

[④] Julia Black, Decentring Regulation: Understanding the Role of Regulation and Self-Regulation in a "Post-Regulatory" World, 54 (1) *Current Legal Problem*, 104 (2001).

(二)公用事业规制的基本内涵

1. 公用事业规制的必要性

虽然从各国广泛的民营化实践中我们感受到了放松管制的趋势,并能深刻地体会到这种趋势所带来的变化。学界亦出现"去管制"的声音,认为管制并不能从根本上达到提高效率、实现监管的目的,[1] 公用事业规制的逻辑前提遭到质疑。但是,在经济学理论上,主流经济学家提出,"政府行为有时候可以改善市场结果,特别是抑制市场的负外部性"[2]。因为私法方法并不能从根本上解决外部性问题,而需要政府介入。法学学者亦早就注意到,一方面,对市场关系产生积极影响的前提是充分的竞争,但在必要的时候,这一竞争可以部分地由国家高权要素来替代。[3] 另一方面,从政府规制实践考察,"从英国近三十年的公共基础设施规制改革实践看,在这些具有功能的市场中规制非但不可或缺,而且还是这些公共服务领域有效运行的关键要素,特别是在自然垄断行业,例如网络型行业"[4]。因此,无论如何,规制的存在是市场运行机制的有效补充,特别是在公用事业这一特定市场中,政府规制的必要存在是当前的主流观点。

2. 公用事业规制的内容

公用事业规制属于经济性规制,公用事业既需要经济性规制,亦需要社会性规制,本书的讨论仅限于经济性规制。在研究经济性规制时,必须区分规范分析理论与实证分析理论。前者试图从经济学视角建立理想的规制模式,强调规范性分析,其理论基础是经济效率与"市场失灵",并从经济学视角探求规制中的公共利益。后者则带有经济性规制的解释性与经验主义标签,试图找到经济性规制的本质性与发展脉络,并且通过统计分析以及间或引入成本—收益分析的方法分析规制产生的实际效果。[5] 因此,在研究公用事业规制时,既需

---

[1] 参见张维迎:《监管的陷阱》,载《经济观察报》2009年3月2日第42版。
[2] 〔美〕曼昆:《经济学原理:微观经济学(第7版)》,梁小民、梁砾译,北京大学出版社2015年版,第211页。
[3] 〔德〕弗里茨·里特纳、迈因哈德·德雷埃尔:《欧洲与德国经济法》,张学哲译,法律出版社2016年版,第37页。
[4] Robert Baldwin, Martin Cave & Martin Lodge, Introduction: Regulation—The Field and the Developing Agenda, in Robert Baldwin, Martin Cave & Martin Lodge (eds.), *The Oxford Handbook of Regulation*, Oxford University Press, 2010, pp. 5-6.
[5] See Cento Veljanovski, Economic Approaches to Regulation, in Robert Baldwin, Martin Cave & Martin Lodge (eds.), *The Oxford Handbook of Regulation*, Oxford University Press, 2010, p. 19.

要运用规范性分析,也需要引入实证分析。公用事业经济性规制范围较为模糊,其内容具有发展性,既包含对私人行为的规定,也包含政府机构制定的参与政府项目资格的规则和程序;既包含开发、实施规则的过程,也包含这些规则本身。① 本书研究的规制不仅包含对私人行为的规制,也包含对政府规制权行使程序等的规制,研究规制课题至少应具有效率、市场失灵、分配目标、公平与正义这些与市场相关的要素,其中市场失灵一般又表现为市场力量、外部性、公共物品以及信息不对称。② 因为规制的目的在于抑制市场失灵,提高资源利用效率,达到公平目标,确保社会公平与正义。

在法学领域,对公用事业的规制政策研究主要集中于费率制定、服务质量以及进入限制等方面。③ 一方面,这些问题的解决均应与前述市场要素相联系。另一方面,法学与经济学联系最为紧密的部分是规制的规则设置。其中,如何将政府部门在费率制定、服务质量以及进入限制等方面的限制体现于外,表现为一定的准则或替代性方法,是法学需要重点关注的领域。首先,价格控制是市场规制最主要的手段,包括限价与费率制定的干预。公共产品具有保障公民基本权的功能,政府部门通过限价介入公共企业与消费者之间的价格约定,通过政府补贴保证公共产品的有效供给。此外,政府还可以通过对费率制定的干预降低消费者支出的价格水平,均衡产品的产量与价格。④ 其次,对公共产品质量的规制表现在通过立法要求公共企业生产符合一定质量要求的公共产品,并要求其公布与公共产品质量相关的信息。不过,公共产品具有变动性与不易界定性,这就需要规制机构权威的界定。最后,基于效率考量,特定市场必须维持一定数量的企业,为此,规制部门必须对进入与退出市场的企业数量进行控制。例如,施蒂格勒即将政府许可视为规制部门进入控制的主要手段。⑤

(三)公用事业规制的法学特征

虽然公用事业规制包含跨学科与交叉学科的内容,但本书主要立足于法学

---

① 参见〔美〕莱斯特·M. 萨拉蒙:《政府工具:新治理指南》,肖娜等译,北京大学出版社 2016 年版,第 103—104 页。
② See Cento Veljanovski, Economic Approaches to Regulation, in Robert Baldwin, Martin Cave & Martin Lodge (eds.), *The Oxford Handbook of Regulation*, Oxford University Press, 2010, pp. 20-24.
③ See Daniel F. Spulber, *Regulation and Markets*, The MIT Press, 1989, p. 28.
④ Ibid., pp. 28-29.
⑤ Ibid., p. 43.

第一章
政府规制在公用事业领域的变革

场域，兼及经济学与政治学的研究方法和内容，重点在于探求符合经济学与政治学一般理论的法律规制规则的设计。公用事业规制的法学特征如下：

其一，规制形成的法律关系为支配与被支配的关系。规制的本质特征在于命令与控制，所形成的法律关系主要表现为管理与被管理关系、命令与服从关系。由于这种纵向的法律关系可能导致规制部门滥用公权力，以及被规制对象的基本权遭受损害等，因此规制过程需要在实现规制目的与控制规制部门权力之间达成平衡。

其二，规制始终围绕政府行为展开。从经济学视域，"政府管制过程也可以看作一个政府管制周期，通常包括政府管制立法、政府管制执法、法规的修改与调整、放松或解除政府管制这四个阶段"[①]。从法学视域，规制主体为广义的政府，即公权力主体，既包括传统意义上的行政组织，也包括承担公共部门职能的私人主体。

其三，规制意味着公权力对私权利的侵入。公共企业与消费者之间的合同为私法性质的合同，依照私法自治原则，合同双方当事人可自由约定合同条款，如价格、数量等；一方当事人有终止合同之自由，承担违约损害赔偿责任即可。但是，在公用事业领域，公共企业的意思自治受到强有力的侵蚀，公共产品的价格、数量受到诸如价格法等强制性约束，公共企业必须履行普遍服务的义务，不得随意终止提供公共产品。

其四，规制与竞争关系紧密。规制经济学理论界在研究规制效用时，提出了公用事业规制发生作用的场域，即在无竞争与具有规制执行效果的市场中，规制才能发挥其约束与控制的效果。施蒂格勒认为，政府规制是否有效用需要进行具体的测度，在对电力行业规制进行研究后，他发现政府规制在以下两种情形下不起作用：第一，个别供电系统不拥有强大的长期垄断力量，其产品有很大一部分面临着与其他能源产品的竞争，并且其本身还面临着与其他供电系统的竞争。第二，规制机构没有能力迫使该系统依照某一特定的产出、价格与成本的组合形式进行经营活动。[②] 亦有学者认为，可竞争理论"可以作为政府

[①] 王俊豪：《政府管制经济学导论：基本理论及其在政府管制实践中的应用》，商务印书馆2001年版，第43页。

[②] 参见〔美〕库尔特·勒布、托马斯·盖尔·穆尔：《施蒂格勒论文精粹》，吴珠华译，商务印书馆2010年版，第320—322页。

规制的指南,而不是取消政府规制"①。换言之,在讨论经济性规制时,要使政府规制发生作用,必须将其限定在垄断行业或者信息不对称领域,并应当区分产品是否具有竞争性,这与规制政策能否发挥作用相关。另外,规制效果的发生与规制政策的执行密切相关,没有规制政策的执行即意味着没有规制。这是我们研究规制的客观前提,只有在具备这两个条件时,才可展开规制技术等问题的论证。

其五,规制的核心在于公共利益。公共利益,无论是在经济学、政治学还是法学领域,均强调公共利益在规制理论中的作用,它是规制正当性的前提。"规制的正当性在于对公共利益的维护。"② 需要指出的是,公共利益具有多重面孔,如何在规制中界定公共利益会影响相关市场主体的利益以及公众的基本权。

第三节 我国公用事业规制方式考证

我国公用事业的发展经历了不同历史阶段,并且规制本身蕴含着变动因素,对公用事业发展中出现的规制方式的考证可为我国当下的规制方式改革提供借鉴。故笔者以新中国成立至今的规制发展历程为考察对象,梳理我国公用事业发展过程中规制方式的形成与特点,以及新时期公用事业出现公私合作的新运行模式后规制方式的转变。

一、公用事业传统规制方式的源流与特点

我国公用事业立法起步晚,国家对公用事业的规制曾长期主要依靠行政手段,行政命令、行政指导等是国家干预公用事业领域的主要方式。伴随着我国的法制化进程,公用事业立法也逐步成熟和完善。发展至今,公用事业规制已形成法律法规与行政指导、行政命令共存的规制体系。

(一)公用事业规制源流

我国公用事业规制立法起步较晚,最早的相关规范是 1964 年财政部发布

---

① 转引自张红凤、杨慧:《规制经济学沿革的内在逻辑及发展方向》,载《中国社会科学》2011 年第 6 期,第 61 页。
② 〔英〕迈克·费恩塔克:《规制中的公共利益》,戴昕译,中国人民大学出版社 2014 年版,第 229 页。

的《关于征收城市公用事业附加的几项规定》（已失效）。根据该文件，国家对工业用电、工业用水、公共汽车、公共电车、民用自来水、民用照明用电、轮渡、电话和煤气等征收公用事业附加费。① 但是，在新中国成立后的很长一段时间，对公用事业的规制主要依据行政命令手段。

1. 1949—1978 年的规制

新中国成立初期，我国缺乏公用事业管理经验，受全民所有制和意识形态的影响，主要借鉴苏联模式，对公用事业实行全部国有化的管理模式。国家是公用事业的建设、运营主体，国家设立国有独资公司作为公共企业，负责具体公共产品的提供。这一阶段，公共企业是典型的"政府伸出去的手"，其本质不是市场主体，而是公法人。具体表现在："公共企业内部有编制、等级区分制度，这些制度由政府主管机关根据具体情况制定，这些制度又决定了财政拨款与补贴数量；对公用事业的监管同时存在横向与纵向的行政管理模式，公共企业的人事安排由政府人事主管部门管理，依据行政级别区分为干部与工人等。"②

显然，这一时期国家对公用事业的规制通过内部控制即可，具体表现为行政命令、行政指导与行政监督。因这一时期法制基础薄弱，这些行政命令等并没有通过法律法规形式体现，而是政府将公用事业作为政府部门的一项经济职能，通过内部文件进行规范的形式完成。质言之，在完全国有化的环境下，公用事业即为政府部门之一部分，规制部门与被规制者连为一体。公用事业资产由政府拥有，政府制定价格、产品数量与质量，公共企业人事由政府任免，盈亏由政府统筹。③

2. 1979—2003 年的规制

改革开放后，伴随着经济体制改革，国家开始制定、完善各经济领域立法。这一时期的公用事业法发展有两个特点：一是政企分离改革。公用事业改革与国有企业改革同步进行，将公共企业从政府部门独立出来，建立现代企业制度，公共企业实行独立核算、自负盈亏。二是民营化改革。20 世纪 90 年

---

① 参见邢鸿飞、徐金海：《中国公用事业立法论纲》，载《江苏社会科学》2010 年第 2 期，第 128 页。
② 吴志红：《公用事业规制法研究》，中国政法大学出版社 2013 年版，第 88 页。
③ 参见周林军、宁宇、贾晖：《公用事业市场化问题研究》，载周林军、曹远征、张智主编：《中国公用事业改革：从理论到实践》，知识产权出版社 2009 年版，第 15 页。

代，城市公用事业进行民营化改革，以市场为导向，以招商引资与项目融资为手段，逐步扩大公用事业投资。[1] 但总体上，公用事业仍以国有资本投资为主，民营资本仅在部分试点区域零星出现。

在公用事业立法方面，全国人民代表大会（以下简称"全国人大"）财政经济委员会、国务院法制办一致决定，先制定公用事业具体行业的单行法规，待时机成熟时再制定统一的公用事业立法。[2] 遵循该立法思路，我国针对具体公用事业行业，制定了《铁路法》(1990)、《城市供水条例》(1994)、《民用航空法》(1995)、《电力法》(1996)、《公路法》(1997)、《价格法》(1997)、《电信条例》(2000) 等法律和行政法规。对公用事业的规制在这些立法中均有体现：(1) 在市场准入方面，《电力法》第 25 条规定了供电企业必须取得《电力业务许可证》。(2) 在价格规制方面，《价格法》第 18 条第 4 项规定，重要的公用事业价格，政府在必要时可以实行政府指导价或者政府定价。(3) 《电力法》《城市供水条例》《电信条例》等分别规定了具体领域内产品或服务的价格确定标准、形成方式等内容。

这一时期的规制方式呈现立法规制与行政命令、行政指导并存的态势。不管规制体现为何种方式，就规制方式而言，均体现了通过行政命令与控制的方式对公用事业进行约束与规范。诸多立法规范以行政命令的方式作出，表现为强制性规定。在理论上，行政命令指的是行政主体依据职权作出的，对行政相对人具有刚性拘束力的设定义务或规则的行政行为，具体类型可分为职务性命令、规则性命令和补救性命令。[3] 行政命令有的是依据法律的直接规定作出，有的则是依据宪法或组织法赋予的法定职权作出。这些法律的直接规定较为原则，一旦公共企业违反这些规定，则导致行政处罚等强制措施。

---

[1] 参见王俊豪等：《中国城市公用事业民营化绩效评价与管制政策研究》，中国社会科学出版社 2013 年版，第 37 页。

[2] 全国人大财政经济委员会早于 1998 年就在《全国人大财政经济委员会关于第九届全国人大第一次会议主席团交付审议的代表提出的议案审议结果的报告》中答复："杨茂超等 32 位代表建议制定《市政管理法》（第 41 号议案）。建设部从 1983 年开始起草《市政公用事业法》，并形成草案，经过多次征求意见和修改，于 1992 年将草案报送国务院。国务院法制办认为，市政公用事业法包括的内容广泛，与有关部门业务交叉较多，协调难度大，短时间内难以出台。建议先出台一些单项法规，待几个相关法规出台并实施一段时间取得经验后，再研究制定《市政公用事业法》。目前，有关单项法规正在积极制定中。我委同意国务院法制办的意见和做法。"

[3] 参见胡晓军：《论行政命令的型式化控制——以类型理论为基础》，载《政治与法律》2014 年第 3 期，第 80—89 页。

3. 2004年至今的规制

这一时期，公用事业发展的最大特点是：民营化进程加快，与之配套的特许经营立法得以实现；公用事业一体化规制架构基本形成。

在公用事业的具体行业立法上，一方面，在既有法规基础上不断完善立法，如制定《可再生能源法》(2005)，修订《城市生活垃圾管理办法》(2007)、《邮政法》(2009)等。很多具有规制效果的条款分散在这些立法中。另一方面，我国加快了专门性公用事业监管的立法进程。例如，国务院制定《电力监管条例》(2005)，规定了电力监管机构、监管职责、监管措施以及法律责任等内容。在具体行业监管立法的基础上，建设部发布《关于加强市政公用事业监管的意见》(2005)，该规范性法律文件规定了对市政公用事业的综合监管。

随着越来越多的民营资本进入公用事业领域，政府部门对公用事业的规制才转变成真正意义上的规制。[①] 政府部门的规制从着眼于管理国有企业转变为对整个公用事业领域的公共企业进行规制。民营资本主要以特许经营的方式取得进入公用事业领域的资质，在运营公用事业时，它们不仅要遵守既有立法规范，还要受到政府特许经营协议的约束。鉴于此，为规范公用事业政府特许经营协议，防止民营资本为追逐利益导致损害公共利益，以及防控政府部门与民营资本合谋导致国有资本流失，我国先后发布《市政公用事业特许经营管理办法》《基础设施和公用事业特许经营管理办法》等，开始通过契约方式达到公用事业规制目标的尝试。

总体上，这一时期对公用事业的规制依赖于立法，通过统一的立法或规范性文件进行综合规制，同时通过具体的公用事业行业立法进行有针对性的规制。就规制方式而言，仍为传统的行政命令与控制，规制目的均通过刚性的法律规范达成。因为诸多具有规制效果的法律规范属于规范性法律文件，但从我国《立法法》规定和法学理论上说，规范性法律文件不属于规范意义上的法律，而是具有指导性的行政命令、行政指导。同时，虽然政府特许经营协议已广泛存在，并且有相关行政规章进行规范，但不论在理论上还是实践中，政府

[①] 此前阶段的公用事业实质上完全为政府部门所控制，政府部门的规制并不符合规制的本质特征，因为政府规制为政府部门对市场主体的约束与规范。

特许经营协议所起到的规制效果均欠佳。①

(二) 我国既有公用事业规制的特点

通过上述对我国公用事业规制立法阶段的梳理可以发现,我国公用事业规制主要以行政机构通过行政命令与控制的方式直接规范、约束公共企业,具体表现为如下特点:

首先,强调命令与控制方式。虽然我国在2004年之后开始在公用事业领域大规模引入社会资本,但是在核心的自然垄断行业,如铁路、通信、邮政等领域国有资本仍拥有绝对的控制力。即使在一些民营资本已有很大资本存量的领域,国有资本也具有很强的控制力。在此环境下,政府规制仍主要以内部或外部的行政命令方式实现,规制方式较为刚性,被规制对象表现为服从与接受控制。政府部门的命令与控制属于行政行为,在我国尚未形成较为完善的行政命令法律控制制度,无法对行政命令的主体权限、实施程序以及救济途径等进行规范。② 因此,政府部门规制方式单一,并未吸收规制理论的新成果与域外规制过程累积的有益经验,如采用外部规制、激励机制、柔性法规制以及契约规制等方式。

其次,规制部门与被规制者之间缺乏互动与沟通。我国政府规制以命令与控制为主要特征,规制标准设定、执行均由规制部门单方完成。国家单方依据法律对社会进行规制的前提假定是:国家面对的是结构简单的世界,如此才能以一般、抽象的法律进行规制。此外,国家应掌握所有作出决定所需要的重要咨询,唯有如此才能确保国家决定的正确性。但是,现代社会并非结构简单的世界,国家必须面对不确定的问题和状况,无法掌握所有作出决定所需要的广泛咨询,并且规制必须充分考量相关利益。因此,为了扩张国家决定所需要的咨询来源、提升决定的正当性,有必要让法律规制对象、利害关系人参与决定

---

① 在理论上,我国学者当前还处在对政府特许经营协议性质讨论上,并未触及其规制效果以及如何发挥其规制效果等核心问题。参见邢鸿飞:《政府特许经营协议的行政性》,载《中国法学》2004年第6期;章志远:《公用事业特许经营及其政府规制——兼论公私合作背景下行政法学研究之转变》,载《法商研究》2007年第2期;辛柏春:《BOT项目协议的法律性质》,载《行政与法(吉林省行政学院学报)》2005年第5期。在实践中,政府特许经营协议被认为属于民事契约,政府部门轻视契约、随意违约的情形也偶见报端。参见最高人民法院(2015)民一终字第244号民事裁定书。

② 参见胡晓军:《论行政命令的型式化控制——以类型理论为基础》,载《政治与法律》2014年第3期,第89页。

程序，乃至与其进行规制任务中的协商、合作。① 在社会结构不断复杂的当下，各行业均向专业化与精细化发展，规制规则与执行也相应地需要专业化，并且仅依靠规制机构单向地完成规制过程显得专断与武断，难以达成规制目标。

最后，作为规制载体的契约未获重视。在公用事业引入社会资本后，对社会资本的规制主要通过行政许可的方式进行，并以市场准入与价格控制为媒介规范市场行为。行政许可以政府特许经营协议的方式体现，规制目标的达成以特许经营协议条款的方式实现。② 政府特许经营协议本质上是一种契约，政府部门通过与社会资本签订协议，严格控制社会资本提供公共产品的数量与质量。从本质上说，"授予特许经营权，是对社会公众所需的产品或服务进行排他性经营权利的分配制度"③。这种现象发端于英国，并为很多国家政府所借鉴与吸收。由此引发了契约作为规制载体的规制变革，"合同条款，特别是政府特许经营协议，包含了大多数对提供公共服务的组织的具体规制，因此，公共规制通过合同披上了自我规制的外衣"④。但是，我国理论与实务界并未充分认识到政府特许经营协议的规制功能，这就导致某些政府部门在缔约与履行过程中的随意性。其结果便是，要么规制目标无法达成，公共利益受损，要么侵害社会资本的利益。

二、公用事业运营模式的创新

自 21 世纪初以来，基于投资资金短缺与提高效率等考量，我国将社会资本引入公共服务领域，带来了公用事业运营模式的创新。

（一）公用事业公私合作改革

如何提高公用事业的供给效率、保障公民基本权是一个全球性课题。自 20 世纪 80 年代始，各国公用事业均呈现民营化趋势，并实行公私合作（Pub-

---

① 张桐锐：《合作国家》，载翁岳生教授祝寿论文编辑委员会编：《当代公法新论：翁岳生教授七秩诞辰祝寿论文集（中）》，元照出版有限公司 2002 年版，第 567、571 页。
② 我国《行政许可法》第 12 条第 2 项关于"有限自然资源开发利用、公共资源配置以及直接关系公共利益的特定行业的市场准入等，需要赋予特定权利的事项"的规定其实就是政府特许。参见张兴祥：《中国行政许可法的理论和实务》，北京大学出版社 2003 年版，第 80 页。
③ 转引自张卿：《行政许可：法和经济学》，北京大学出版社 2013 年版，第 203 页。
④ 〔英〕休·柯林斯：《规制合同》，郭小莉译，中国人民大学出版社 2014 年版，第 33 页。

lic-Private Partnerships，PPP）模式。① 由于公用事业传统上由政府部门投资兴办，并依靠命令与控制的模式规制，普遍存在企业效率低下、缺乏竞争活力、单一投资渠道所导致的投资不足以及价格机制无法达到激励效果等制度性缺陷。② 在此背景下，我国亦积极进行公用事业公私合作改革。在宏观政策层面，为鼓励民间资本（私人企业）进入公用事业，国务院分别于2005年、2010年发布《国务院关于鼓励支持和引导个体私营等非公有制经济发展的若干意见》《国务院关于鼓励和引导民间投资健康发展的若干意见》等文件；在微观层面，于2013年发布了《国务院关于加强城市基础设施建设的意见》《国务院办公厅关于政府向社会力量购买公共服务的指导意见》等具体文件。在具体操作方面，国务院相关部委发布部门规章及规范性法律文件规范、引导PPP模式的健康发展，如国务院多部门（委）于2015年联合发布的《基础设施和公用事业特许经营管理办法》等。③

经过十余年的发展，无论是在合作范围的广度还是在合作深度上，我国公用事业PPP模式的规模和领域都在向纵深发展。在合作广度上，合作领域已从一般的垄断行业向铁路、电力等核心领域发展。例如，2016年12月，杭绍台高速铁路项目吸引社会资本参与投资，社会资本控股公共企业51％股权，成为我国首条民营资本控股参与的铁路项目。④ 在合作深度上，截至2016年12月31日，我国政府和社会资本的合作项目入库已达11260个，入库项目金额134862.03亿元人民币。⑤ 由此可见，当前我国公用事业公私合作基本态势已形成，社会资本已有很大存量。

---

① 参见〔美〕E. S. 萨瓦斯：《民营化与PPP模式：推动政府和社会资本合作》，周志忍等译，中国人民大学出版社2015年版，第1页；〔英〕达霖·格里姆赛、〔澳〕莫文·K. 刘易斯：《PPP革命：公共服务中的政府和社会资本合作》，济邦咨询公司译，中国人民大学出版社2016年版，第2页；王俊豪等：《中国城市公用事业民营化绩效评价与管制政策研究》，中国社会科学出版社2013年版，第36页。
② 参见王俊豪等：《中国城市公用事业民营化绩效评价与管制政策研究》，中国社会科学出版社2013年版，第1页。
③ 2010年1月至2017年11月，国务院及其部委共发布七十余项与PPP相关的部门规章和规范性法律文件。
④ 《这项"台州样板"被央视人民日报新华社竞相报道》，浙江在线，2017年10月26日，https：//tz. zjol. com. cn/07tztk/system/2017/10/26/030480467. shtml，2017年2月25日访问。
⑤ 参见韩声江：《对话财政部PPP中心主任焦小平：规范推进，PPP才可持续》，澎湃新闻，2017年2月21日，https：//www. thepaper. cn/newsDetail_forward_1623764，2017年10月25日访问。

（二）公私合作的法律类型化

大陆法系普遍认为，PPP 属功能民营化之一种。根据德国法学界通说，以行政任务转移于私领域之程度作为判断标准，民营化可分为三类：组织私法化与任务私人化分别位于光谱之两端，而功能民营化则介于二者之间。组织私法化，指行政主体仅在形式上利用私法制度，在一般行政组织体系之外设立、承继或者将原公法组织改制为私法形式的组织，其行政任务属性以及行政主体执行任务的责任和职权不变；任务私人化，指行政主体卸除对特定行政任务的执行主体地位与履行任务，该行政任务自此便划归私人与社会范畴；功能民营化，指行政任务不得或不宜转移至私人，故而行政主体之任务职权与任务责任依然保持不变，但在任务的实际履行上，公部门将行政任务之部分执行项目委托真正私人。[①]"PPP 一般被理解为一个集合概念，泛指所有公部门与私人共同处理事务之情形。"[②] PPP 模式中，公部门和私人的合作形式多样，灵活多变，各国学者对其外延和分类的认识不一。直至欧盟执委会于 2004 年公布《关于公私伙伴关系绿皮书》，将各种 PPP 分为契约型 PPP 关系和组织型 PPP 关系，德国法学理论才基本依此划分进行类型化研究。契约型 PPP 关系指公部门与私人之间伙伴关系仅系基于纯粹契约关系进行合作；组织型 PPP 关系指公部门与私人之合作在一个独立的权利主体内运行，即以成立公私合营公司的方式进行合作。[③] 依此划分，契约型 PPP 关系与组织型 PPP 关系的区别在于是否成立公私合营公司。我国 PPP 公共企业类似该欧盟法下的公私合营公司，是公共产品和服务的具体提供者和实施主体，其股权结构或者全部由社会资本构成，或者分别由社会资本和政府出资按一定比例构成。[④]

如果说功能民营化是民营化中最令人兴奋和期待的一环，那么组织型 PPP

---

① 参见刘淑范：《公私伙伴关系（PPP）于欧盟法制下发展之初探：兼论德国公私合营事业（组织型之公私伙伴关系）适用政府采购法之争议》，载《台大法学论丛》2011 年第 2 期，第 508 页。

② 转引自詹镇荣：《论民营化类型中之"公私协力"》，载《月旦法学杂志》2003 年第 102 期，第 9 页。

③ 参见刘淑范：《公私伙伴关系（PPP）于欧盟法制下发展之初探：兼论德国公私合营事业（组织型之公私伙伴关系）适用政府采购法之争议》，载《台大法学论丛》2011 年第 2 期，第 519 页。

④ 在我国 PPP 项目公司是公共产品的提供者和国家任务的执行主体，依照股权结构性质可以分为纯由社会资本构成的项目公司与政府参股型项目公司（混合所有制公共企业）。参见国家发改委发布的《政府和社会资本合作项目通用合同指南（2014 年版）》第 7.4 条之规定。此外，我国混合所有制公共企业类似德国法上私人与政府或者乡镇地方自治团体联合成立履行特定经济行政任务的私法组织——公私合营公司或公民合资事业。下文中"政府型项目公司"与境外使用的"公私合营公司"在本书语境下为相同概念。

关系则是这一环中最耀眼的明珠。因为在契约型 PPP 关系中，公共事务纯粹由私人执行，政府部门仅通过纯粹契约的方式对私人从事涉及公共利益（public interest）的公共事务行为进行监管，以履行国家担保责任。[①] 而政府与社会资本共同组建公私合营公司并共同参与公共事务执行，则可以更有效地实现监管和国家担保责任的履行。在英国，私人主动融资（Private Financial Initiate，PFI）发挥了重要作用，但英国学界对其批评不断，认为 PFI 契约无法将真正的风险从公部门转移至私人是一个重要缺陷，因为无论如何，政府必须对实质上的公共服务承担最后的担保责任。[②] 于是英国又出现以政府参与提供公共服务的公司为模式的公私合作伙伴关系项目（Public Private Partnership Programmes，4Ps）模式，对 PFI 加以修正和改进。[③] 公私合营公司的类型不仅包括政府与私人共同设立新的公私合资企业，还包括政府参与私人企业投资以及政府将其资金之一部分转至民间三类。[④] 随着民营化范围广度和深度的不断扩张，无论是数量还是参与社会经济力度，公私合营型公共企业都成为国家公用事业繁荣、提高民众公共生活保障水平之重要力量。

（三）公私合作的特点

公用事业公私合作带来的结构性变革主要表现在以下几方面：

首先，公共产品的提供主体从国家转变为私人企业。在公私合作模式下，公共产品的提供主体为私人企业（即使是由政府部门与私人企业共同成立公共企业，多数情形下亦具有私人主体法律地位），承担原来属于国家任务的公共产品提供义务。由此带来法学理论上的两个突破。一是国家与社会二元论变得不清晰。国家与社会二元论是现代民主国家宪法规范架构的基础。[⑤] 在公私合作模式下，私人企业参与公用事业使得国家与社会之间的功能区分变得模糊。二是国家任务属性模糊。因为国家与社会二元论不清晰，导致国家任务属性模糊。原本公共产品的提供属于国家任务，提供公共产品的行为属于行政行为，

[①] 在功能民营化中，由于政府部门可能不直接提供公共服务，其责任便从公共服务的直接提供责任转变为对公共服务提供的国家担保责任。

[②] See Carol Harlow & Richard Rawlings, *Law and Administration*（3rd Ed），Cambridge University Press，2009，p. 420.

[③] Ibid., p. 418.

[④] 参见詹镇荣：《论民营化类型中之"公私协力"》，载《月旦法学杂志》2003 年第 102 期，第 14 页。

[⑤] 参见詹镇荣：《民营化法与管制革新（第二版）》，元照出版有限公司 2011 年版，第 30 页。

涉及行政权力行使,而在公私合作中,并非所有私人企业提供公共产品的行为均属于履行国家任务。

其次,政府部门与社会资本之间的关系为不同契约形式的合作关系。政府部门与社会资本的合作关系灵活多变,主要有以下几种:(1)建设—运营—移交(Build-Operate-Transfer,BOT);(2)建设—移交—运营(Build-Transfer-Operate,BTO);(3)设计—建设—融资—运营(Design-Build-Finance-Operate,DBFO);(4)建设—拥有—运营(Build-Own-Operate,BOO);(5)运营管理(Operate & Manage,O&M)等。[①] 在这些关系中,政府部门与社会资本共享收益、共担风险。需要注意的是,这里的合作关系并非仅指私法上的合作关系,如基于合同法或公司法规定的合作形式,还包括公法上的合作关系,即合作行政或私人行政,包括委托私人行使行政权、私人的技术监督等。[②] 这种合作关系通过契约的方式联结,政府与社会资本通过契约安排各自的权责。

最后,政府部门的责任转变为担保责任。政府部门是国家提供公共产品责任的实际履行机构,在与社会资本合作之后,政府部门虽然不直接承担提供公共产品的责任,但并不意味着其不再承担责任。在给付行政的思维下,政府部门的责任转变为担保责任。当前理论界的普遍观点是,除去提供公共产品的责任外,政府部门还负有担保责任和补充责任。[③] 其中,担保责任是指在公私合作中,国家负有通过一定措施确保公共事务由私人企业正当地履行的责任。担保责任一般通过两个工具实现:其一为监督责任,在私人企业履行公共事务中,国家必须对其行为进行监督,保证其在法定框架下朝既定的公共利益目标履行公共产品提供义务;其二为规制责任,国家要么直接进行规制,要么赋予私人企业一定规制权,并引导与规范其进行社会自我规制,国家再就其自我规制的结果进行间接规制。[④] 政府部门的补充责任亦被称为"政府的潜在履行责任",即政府部门的责任不仅是监督私人企业履行公共产品提供义务,在私人企业无法履行或发生履行争议时,政府部门负有自己履行公共产品提供义务的

[①] 参见〔美〕E.S.萨瓦斯:《民营化与PPP模式:推动政府和社会资本合作》,周志忍等译,中国人民大学出版社2015年版,第241—247页。

[②] 参见〔日〕米丸恒治:《私人行政——法的统制的比较研究》,洪英等译,中国人民大学出版社2010年版,第3—20页。

[③] 参见陆敏清:《从德国修法历程论公私协力运用契约调控的发展》,载《兴国学报》2013年第14期,第132页。

[④] 同上。

补充责任。①

三、契约规制：对公用事业公私合作的法律回应

在公用事业公私合作变革后，传统的以命令与控制为特征的规制方式逐渐显现其不足，无法起到有效的规制效果。契约规制作为"第三种规制路径"逐渐得到理论与实践的重视。

（一）命令与控制规制方式的不足

公用事业一般被认为属于具有自然垄断属性的行业，有别于其他行业而需要政府规制。其主要原因在于，垄断行业具有成本递增性，由某一个或特定几个市场主体提供服务或产品可以提高供给效率、节约资源。但是，在公用事业公私合作模式下，传统的以命令与控制为特征的规制方式无法达到有效规制目标，其不足具体体现为：

首先，无法保证有效竞争格局。随着社会进步和科技发展，公用事业根据行业特点可区分为自然垄断行业和竞争行业，或自然垄断属性强和弱的行业，在某些自然垄断行业引入竞争机制是完全可行的。② 因此，相关行业内部往往可区分为强自然垄断业务、弱自然垄断业务、竞争性业务，如我国电力行业，发电、输电、配电、售电业务即分别具有不同的垄断与竞争属性和特征。在传统的命令与控制规制模式之下，市场竞争不足，需依靠行政手段调整，显然无法应对不同垄断强度的公用事业领域。

其次，无法提高公共产品分配效率。在公用事业领域引入社会资本参与一般被认为可以提高公共产品的分配效率。③ 在命令与控制规制模式之下，规制条款较为刚性，缺乏激励机制，无法吸引社会资本加入其中。在传统的规制模式下，对于公共产品的价格、质量以及公共企业的进入、退出控制均通过法律赋予行政机关的行政权力实现，而具有激励社会资本作用的制度无法融入行政权力的行使过程。在公私合作模式下，政府部门与社会资本的权责体现在相关契约之中，规制不仅仅存在于缔约时，更存在于包括缔约前、后的全过程。而

---

① 参见詹镇荣：《民营化法与管制革新（第二版）》，元照出版有限公司 2011 年版，第 35 页。
② 参见王俊豪：《论自然垄断产业的有效竞争》，载《经济研究》1998 年第 8 期，第 42—46 页。
③ 参见〔美〕E. S. 萨瓦斯：《民营化与 PPP 模式：推动政府和社会资本合作》，周志忍等译，中国人民大学出版社 2015 年版，第 115 页。

第一章
政府规制在公用事业领域的变革

由于公私合作契约具有不完备性,"在政府规定的基本产出标准之上,民营合作者可以多种不同的符合其标准的方式来完成,同时也由于产出的标准(基础设施或公共服务的质量或规格)存在部分衡量困难,因此具有事后的可观察但不可预先验证"①。也就是说,PPP项目合同具有对产出标准有特定要求的特性以及公私合作的灵活性,这会导致公共产品的质量具有部分不完全性,以及"政府在将企业国有化或私有化时不能承诺详尽的激励合约"②。因此,为了达到有效的激励效果,必须在契约履行过程中不断对契约条款进行沟通协商,这远非通过命令与控制即可实现的。

最后,规制过程缺乏民主参与。规制过程缺乏被规制对象与公众的参与,则会导致规制规则与政策的正当性降低。如前文所述,在国家结构变得更为复杂的年代,规制过程无法仅依靠规制权主体本身完成。美国规制法理论著名学者桑斯坦提出,美国规制失灵的原因在于制定法本身的失灵与制定法实施的失灵,其中不民主的规制过程与结果又是制定法实施失灵的主要表现。③ 因此,如何保障利益相关的各方都参与规制过程显得极其重要。在我国以命令与控制规制的模式中,规制过程缺乏民主参与早已为学界所诟病,④ 这一问题在公用事业公私合作中并未得到本质上的改善。例如,发改委、政府相关职能部门作为公用事业规制部门,在行使规制职能时没有充分公开信息,试图维护特定利益集团而排除民主参与的情况。⑤

(二)契约规制对公用事业公私合作的回应

契约规制最早在环境法中受到重视,后逐渐运用于其他领域。从各国规制理论与实践观察,契约规制越来越成为一种重要规制方式。一般认为,契约规制亦称"契约管制",指国家通过行政契约、民事契约或是其他类型行政协定之行政行为,与私人主体签订协议或自我设定协议,使私人主体负担自我管制

---

① Oliver Hart, Incomplete Contracts and Public Ownerships: Remarks and an Application to Public-private Partnership, 113 *Economic Journal*, 69-76 (2003).
② 〔法〕让-雅克·拉丰、让·梯若尔:《政府采购与规制中的激励理论》,石磊、王永钦译,格致出版社、上海人民出版社2014年版,第544页。
③ 参见〔美〕凯斯·R.桑斯坦:《权利革命之后:重塑规制国》,钟瑞华译,中国人民大学出版社2008年,第96—115页。
④ 参见章剑生:《行政听证制度研究》,浙江大学出版社2010年版,第18页。
⑤ 例如,2015年广东省交通运输厅"乌龙事件":广东省交通厅先是通报2014年全省收费公路亏损28.8亿元,但在17天后,又以"数据统计错误"为由改报盈利3.9亿元。参见白舸:《收费公路究竟是盈是亏》,载《中国劳动保障报》2015年7月4日第2版。

的协定上义务。① 从本质上说,"PPP 模式本身即象征着合同治理的思维"②。即公用事业公私合作本身就强调将契约作为一种重要的规制手段。契约规制对公用事业公私合作的回应表现在以下几方面:

1. 契约规制与放松管制的趋势吻合

自 20 世纪 80 年代全球性的公用事业公私合作以来,伴随着管制的放松,呈现从管制模式到治理模式转变的趋势。③ 透过这一趋势可以发现,国家管制放松仅仅是表象,其实质是国家监管职能顺势而为。特别是从经济法的发展历史来看,经济法发端于第一次世界大战后的德国魏玛政府时期,管制是经济法的本质体现,市场离不开国家的高权行为。④ 变革的是高权行为的行使方式,从传统的直接以命令与控制的方式干预到更多地运用软法、间接规制的方式。由此,我们似乎可以得出一个更为真实的结论,即公权力在国家社会生活中的作用不断地扩大。⑤ 可以这样认为,公权力褪去了以往粗暴、直接的面目,换了一副更温和的面孔,隐藏于社会经济生活的方方面面。例如,政府部门通过立法获得规制权的方式便难以对公权力进行限制与控制,而这可能导致公权力不受约束地进入市场的每个角落。契约规制可以作为公权力行使的载体,识别公权力作用的领域、范围与广度,从而有针对性地控制公权力行使。

2. 契约规制可以弥补传统的命令与控制规制模式的不足

公私合作模式的出现引发政府规制失灵,命令与控制规制模式不再奏效,各国均在寻求新的规制路径。契约规制以政府特许经营协议、公司章程等为规制载体,具有柔性规制的特点。以政府特许经营协议为例,"特许经营作为一种政策选择,与探寻规制的'第三条路径'相符"⑥。通过特许经营协议,规制权主体可与被规制对象就协议条款展开充分沟通、协商,特别是可以就规制

---

① 参见陈慈阳:《环境法总论》,元照出版有限公司 2013 年版,第 510—515 页。
② Carol Harlow & Richard Rawlings, *Law and Administration*(3rd Ed), Cambridge University Press, 2009, p. 413.
③ 参见〔美〕奥利·洛贝尔:《新新政:当代法律思想中管制的衰落与治理的兴起》,成协中译,载罗豪才、毕洪海编:《行政法的新视野》,商务印书馆 2011 年版,第 107—284 页。
④ 参见〔德〕弗里茨·里特纳、迈因哈德·德雷埃尔:《欧洲与德国经济法》,张学哲译,法律出版社 2016 年版,第 169 页。
⑤ See Jody Freeman, Extending Public Law Norms through Privatization,116 *Harv. L. Rev.*, 1285, 1303-1305 (2003). See also Carol Harlow & Richard Rawlings, *Law and Administration*(3rd Ed), Cambridge University Press, 2009, pp. 350-351.
⑥ Carol Harlow & Richard Rawlings, *Law and Administration*(3rd Ed), Cambridge University Press, 2009, p. 395.

内容进行讨价还价,将激励机制等有利于提高公共产品供给效率、提高规制效果的机制安排在契约中。

这一过程可弥补命令与控制规制模式的不足:其一,经过双方协商的条款更容易为被规制对象所接受,可弥补传统规制模式下规制立法及执行与规制客观实际脱节的弊病。其二,契约的履行是一个长期的过程,规制贯穿始终可弥补传统规制模式重视事前审批、许可以及轻视事中、事后规制的不足。其三,契约规制与激励规制相容。一方面,契约中往往包含违约救济条款,本身具有激励机制;[1] 另一方面,政府部门可在契约中给予社会资本激励弹性,促使其更好地运营公用事业。其四,契约规制可以保证规制过程的民主参与。契约规制的过程以契约的形成为中心,其中对于具有规制性质的条款如何订立,并非仅依据契约双方的合意即可达成,因为公众可参与该规制性条款的订立和变更。例如,公用事业价格的变更应召开听证会,听取公众的意见。[2]

总之,契约规制是公用事业公私合作的内在需求,应当成为公用事业经济性规制的主要方式。然而,我国法学界并未对该问题给予足够重视。契约规制的理论正当性何在,其与既有政治学理论、宪法理论是否有冲突?契约规制的规制目标如何在法律上予以体现?契约规制如何形成,应以何种方式存在?如何对契约规制进行外部控制,以保证规制目标的实现?若无法在理论上澄清这些问题,大规模地进行公用事业公私合作将导致规制政策的不理性以及规制政策执行的紊乱,并进而影响公用事业行业的健康发展。

---

[1] 参见〔美〕罗伯特·考特、托马斯·尤伦:《法和经济学(第6版)(影印本)》,格致出版社、上海人民出版社2012年版,第307—308页。

[2] 参见我国《价格法》第23、第24条之规定。

第二章
契约规制的构成

契约规制,即以契约为规制工具的规制模式。作为与传统的以命令与控制为特征的规制相区别的一种新型规制模式,契约规制的主要特征表现为,政府通过与私人主体签订涉及公用事业的契约实现其规制目标。契约规制包含规制媒介、规制权主体、规制对象、规制目标的实现进路等内容。本书中的契约是指法学意义上的契约,包含行政契约、民事契约及其他性质的契约。其中,相较于其他规制性契约,政府特许经营协议与混合所有制企业的公司章程具有典型的代表性,因此,本书从政府规制的研究目的出发,主要聚焦于这两类规制性契约的构建。

第一节 产生于社会变革的契约规制

契约规制即通过契约进行的规制。众多法学学者已经注意到实践中这种新型规制模式的大规模使用。然而,对于契约规制的含义,学者们却有不同的理解,其中既有法制传统与环境差异的原因,也有基于考察角度的不同而导致的原因。因此,探讨契约规制的具体构成问题时,应先对契约规制进行界定,厘清契约规制与相关概念的区别,归纳其主要特征。

一、契约规制的含义

契约(合同)规制(Regulation by Contract)又称"契约(合同)治理"(Government by Contract),主流学者均对其内涵作了界定。文森特-琼斯认为,契约规制是指"公共活动主体之间的广泛的契约性安排,包括传统的公共采购，外包、公私合作、特许经营或者政府间协议、政府部门与自我规制机构之间、政府部门与个人之间以及政府部门内部的各种形式的协议"①。柯林斯认为，契约规制是指通过规制性契约进行社会治理的过程，规制性契约不仅是一个法律概念，而且是更为广泛的一些社会关系，它们有着独特的、通常被形容为具有合同性质的内涵和动力。② 戴维斯具体列举了政府在实践中所使用的六种合同，提出"合同治理"是一种简称，代表着政府与另一个组织或个人协商签订协议的各种情形。③ 这也是当前学界通行的关于契约规制的界定。其中，对"契约"的使用较为宽泛，特别体现于对契约的界定上，但该界定基本指向以契约作为一种规制或治理工具。如同卡尔·哈洛和理查德·罗林斯指出的："契约治理体现的本质特征在于工具性，因为契约被运用于诸多情形——政府部门内部，提供公共服务的经济组织，以及政府与公民之间的关系——以实现特定的公共政策目的。"④ 我国学者蒋红珍以契约规制的程序性、实体以及形式三个面向为进路，提出契约规制是以各种协商为要素、以契约为规制载体的行政善治。⑤

综合上述观点，在本书语境下的契约规制中，契约是为实现公共政策或政府规制目的的工具而存在的，通过这些契约，国家将规制规则或公共政策植入其中，使被规制对象遵守，从而最终实现规制目标。

公用事业契约规制之所以可能，主要原因在于：首先，私人企业可以作为公共产品的给付主体。没有人主张公共领域应当免于规制，或者是说其仅体现了自然秩序。同时，基本上所有的国家给付产品都可以由私人企业提供，而国家仅限于对其中的私人行为进行控制，相对于由国家自身进行调整的内部控制，人们称之为"外部调整"。除了一般性的法律之外，"功能型私人化的调控工具是合同，合同的缔结强制性地要求高权一方对自身的（调控）目标进行定

---

① Peter Vincent-Jones, *The New Public Contracting: Regulation, Responsiveness, Relationality*, Oxford University Press, 2006, p. 3.
② 参见〔英〕休·柯林斯：《规制合同》，郭小莉译，中国人民大学出版社2014年版，第10页。
③ 参见〔英〕A. C. L. 戴维斯：《社会责任：合同治理的公法探析》，杨明译，中国人民大学出版社2015年版，第1—8页。
④ Carol Harlow & Richard Rawlings, *Law and Administration* (3rd Ed), Cambridge University Press, 2009, p. 347.
⑤ 参见蒋红珍：《论协商性政府规制——解读视角和研究疆域的初步厘定》，载《上海交通大学学报（哲学社会科学版）》2008年第5期，第28—33页。

义,同时可以通过市场供给状况来计算出与之相关的成本"①。其次,事实上,契约与规制在概念上的差异性并没有我们所认为的那样泾渭分明。虽然契约要求当事人同意,而规制要求当事人服从;契约涉及参与相关的过程,而规制要求服从相关的过程。②但是,二者之间仍有关联。因为在最一般的意义上,规制被认为包括"依据规则、原则或制度而进行的所有控制、指引或治理行为"③。在契约规制中,被规制对象先是通过规制性契约同意被规制的内容,其后服从这些具有控制、指引或治理作用的规制。具体而言,规制在典型意义上包含三个核心要素,即规制或标准的具体化,对履行的监控,以及以某些形式存在的强制执行机制。④最后,从实证角度观察,契约规制已被广泛地运用于实践。例如,西达克、史普博观察到,美国各"州对电力以及本地电话产生、传输和配送的公用事业管制,表现为州和受管制公司间的契约"⑤。就大部分社会公共服务而言,美国各州立法机构或政府在根据联邦补贴要求的条件执行时,将该执行权授予行政机关,该行政机关又通过契约与规制相结合的方式履行被授权的委托任务。⑥

契约规制的本质属性在于通过协商的方式达成具有规制性的契约,不仅可以适用于公用事业领域,还可运用于其他领域。为了更好地理解这种规制模式,有必要就这个本质属性展开分析。首先,规制过程主要依赖于包含着自由裁量权的成文规范。主要原因在于成文规范具有两个明显特点,因此需要协商:一方面,成文规范具有及时性特点——它来源于过去与现在并指向未来;另一方面,从语义结构上,它需要法律解释。其次,契约规制是在具有不确定性的情形下的规制过程。由于规制的过程是不确定、晦涩的,因此,在解决特定的问题时需要预设一个更为广义上的交叉学科,以分享意见并就方法进行协商。为此,研究契约规制需要有不同学科的基础作为支撑。再次,特定的契约规制技术本身即建立于沟通与对话的基础之上。例如,在当今各种程序化制度

---

① 〔德〕弗里茨·里特纳、迈因哈德·德雷埃尔:《欧洲与德国经济法》,张学哲译,法律出版社2016年版,第293—294页。
② See Jody Freeman, The Contracting State, 28 (1) *Fla. St. U. L. Rev.*, 190 (2000).
③ Peter Vincent-Jones, *The New Public Contracting: Regulation, Responsiveness, Relationality*, Oxford University Press, 2006, p. 69.
④ Ibid.
⑤ 〔美〕J. 格里高利·西达克、丹尼尔·F. 史普博:《美国公用事业的竞争转型:放松管制与管制契约》,宋华琳、李鸻等译,上海人民出版社2012年版,第103页。
⑥ See Jody Freeman, The Private Role in Public Governance, 75 *N. Y. U. L. Rev.*, 596 (2000).

大放异彩的时代，形成框架性程序的过程即要求和促进商议，其本身也是一种协商性的技术。在契约规制的策略中，不同的利益相关者被赋予制定原则、规制与标准的权利，或者在国家的支持下参与监督与执行规制，而这些均以协商为基础。最后，在不同的契约规制环境下，规制协商的运用概率与特点以及谁将成为规制参与者都将受到影响。例如，若规制的过程要求程序透明，则会影响规制协商的参与者，也影响参与者之间的规制协商方式。① 故而，研究契约规制需要结合其适用环境与利益相关者之间的关系。

二、契约规制是新公共管理改革中的衍生品与进化产物

（一）新公共管理改革简述

当代各国政府部门的权力管理均出现从集权到分权的过程，即政府权力向下分散，并且这一趋势与新公共管理改革（New Public Management，NPM）联系在一起。这一改革真正肇始于 20 世纪 70 年代末 80 年代初的新西兰，后来在英国得到繁荣与发展。② 新公共管理指的是一套适用于公共行政部门的改革，包括强调科层过程的产出与投入比，对高级官僚机构激励框架的修正等。③ 在公共服务领域，传统上，公共服务由政府部门以成立公共企业的方式来提供。而新公共管理改革是一种趋势，体现在诸如"管理体系和管理努力的焦点由投入和过程向产出和结果转化；强调绩效测量；偏好专门化、精干的、扁平的、自治的组织形式，而非规模庞大、多功能的、等级化的官僚制组织；用合同或者类似合同的关系大规模地取代科层关系；更广泛地运用市场或类似市场机制来提供公共服务（包括民营化、合同外包、内部市场开发等）；扩大并模糊公共部门与私营部门之间的界限以及主导型价值由普世主义、公平、安全和稳定转向效率与个人主义"④。

英国的新公共管理体系包括五个主要构成部分：（1）国有资产的民营化；（2）构建负责执行的代理机构；（3）合同外包（contracting-out，outsourcing）

---

① See Julia Black, Regulatory Conversations, 29 (1) J. L. & Soc'y , 171-173 (2002).
② See Peter Cane, Controlling Administrative Power: An Historical Comparison, Cambridge University Press, 2016, p. 439.
③ 参见〔澳〕欧文·E. 休斯：《公共管理导论（第四版）》，张成福、马子博等译，中国人民大学出版社 2015 年版，第 55 页。
④ 同上书，第 65 页。

与服务提供的市场化测试,并形成公私合作;(4)市场化与合同化,对国家健康医疗服务体系进行内部市场化构建,更一般意义上,在公务员中进行以合同和目标为导向的执行管理;(5)通过公民宪章①与服务至上的激励机制,强调客户服务。② 在公共服务外包中,需要对公共服务提供者与购买者之间的合同关系进行管理和安排。在这种情境中,政策制定与执行变得不再泾渭分明。其中,典型的政策执行至少需要作出关于应当提供哪些公共服务以及向谁提供等决定,但是,公共服务的内容、对象等并不容易确定,往往需要一边履行一边协商,因此无法将相关问题均在合同中予以明确。与机构化不同的是,在公共服务外包中,进行商定并作出决定的并非政府部门,而是作为履行提供义务的非政府部门。基于此,这种安排允许公共服务外包合同条款具有一定的弹性,并涉及政府部门与非政府部门分享政策制定权。公共服务外包在程序上可以划为三个渐进阶段:外包政策的政策实施、外包的政策商议与制定以及外包程序的外包(即外包程序并非公共部门制度,而是由公共部门与非公共部门协商形成)。后两个阶段可被视为外包的统治权。③

美国的公、私法划分以及第三方治理的历史可追溯至1819年。当时,联邦最高法院认定私人主体持有多数股份的美国第二银行属于公共机构,因而可以得到税收豁免。④ 在美国,根据学者的观察,自第二次世界大战以来,由美国联邦政府推动的每项重大决策均以公私合作的方式进行管理。⑤ 美国的放松管制与英国新公共管理中将政府资产出售给私人做法类似,二者均是政府从经济干预中撤退的范例。

由上可知,新公共管理改革的特点是对传统规制方式的反思与撤退。即从公共管理的角度看,因为命令与控制的规制模式导致公共管理的低效,而解决问题的出路就在于放松管制。公私合作即为放松管制的典型做法。

(二)契约规制与新公共管理的关系

通过对美国、英国和澳大利亚新公共管理体系改革的比较可以发现,三者

---

① 即"Citizens'Charter",是英国在20世纪90年代发起的一项运动,它要求明确公用事业绩效标准,确定用户的权利、责任等。
② See Peter Cane, *Controlling Administrative Power: An Historical Comparison*, Cambridge University Press, 2016, p. 440.
③ Ibid., pp. 444-445.
④ Ibid., p. 449.
⑤ Ibid., p. 450.

的共同点是均越来越多地依靠公共服务外包合同。传统上，公共服务外包主要依靠政府采购，即政府向私人采购公共产品以及一部分服务。在新公共管理体系中，公共服务外包体现出三个不同的特征。首先，政府开始向私人购买服务，这些服务直接由私人向公众提供。其次，政府部门开始外包本应由其自身提供的核心服务，这些服务传统上应由政府部门的员工具体负责，如政策制定、政策与军事服务的提供、监狱等。最后，具有改良性的公私合作模式得到发展。例如，基于复杂的合同安排，公共基础设施的建设和运营均由私人提供。[1]

基于不同的原因，在新公共管理体系框架内的所有政府公共服务外包，均受到制度与意识形态的影响。这不仅影响了政府部门内部机构设置，也影响了公共部门与私人、政府与市场、"掌舵与划桨"、管制与供给之间的关系平衡。外包那些被认为具有内在的公共性或者本质上具有政府属性功能的服务，则被认为涉及公共权力的共享与分权，而不仅仅是劳动力上的划分。劳动力上的划分是传统的政府采购的特点。因此，在民营化中，将公共财产出售给私人与前述将本质上属于政府职责的功能外包，二者因体现的宪法价值的不同而具有根本上的技术区别。[2] 民营化将公共行为与私人行为进行了清晰的区分，这种区分是通过将公共行为转换私人行为实现的。即不管是公共机构还是私人企业，只要履行了执行行为，均应被视为公共服务的提供者，而进行规制的主体则为规制者，但公共服务的提供者适用私法规范，而规制者则适用公法规范。

而在政府向公众直接提供公共服务中，公共部门与私人主体的区分则变得不那么清晰。政府通过在外包中设定重要的准入条件，形成类似于机构化的稳定结构。政府服务购买者与提供者之间的关系，是建立在具有强制执行力的合同上的，而非机构化的准合同关系。公共服务的接受者与提供者之间并没有直接的合同关系或者准合同关系，就如同公共服务的接受者与购买者之间亦无此种关系一样。因此，私法是否可以介入，以及在何种程度上介入调整服务提供者与接受者之间的关系，变得不确定。同时，在公共服务购买者与提供者之间分权的公权力范围内，由于公共服务购买者的权力被部分地削减，公法在服务购买者与服务接受者之间的运用亦将改变。此外，公法是否应当规制，以及如

---

[1] See Peter Cane, *Controlling Administrative Power: An Historical Comparison*, Cambridge University Press, 2016, pp. 459-460.
[2] Ibid., p. 460.

何规制由服务提供者行使的公共权力，亦变得不再确定。在有些领域，伴随着中央政治管制放松，规制部门与利益相关者之间强制性或自愿性的协商大量增加。① 通过政府向私人主体的授权，对私人行为的规制变得正式（由立法推动）且有效力（被动的默许）。相应地，对私人规制机构的行为也应该进行司法审查，因为其在本质上行使了公共权力。②

综上所述，新公共管理改革使得契约规制成为可能。公共服务外包的载体是具有法律强制执行力的合同，这便是本书的研究对象——契约规制。在理论上，对这种外包合同有两种不同的理解。③ 其一，公共服务外包合同是一种公共服务采购者——政府，对公共服务提供者——非政府主体进行规制的工具。在这种理解下，合同是对以往利用科层制进行管理的高权控制的一种替代，即为一种管理工具。其二，公共服务外包合同是存在利益冲突的两方之间的讨价还价，这两方为了达成依据任何一方均无法达到的目标而进行互利合作，即合同是一种私人自我规制机制。虽然这两种理解并非完全毫无关联或相互排斥，但仍各有不同侧重点。在实践中，以责任为导向的行政权力控制论者倾向于接受第一种理解，而以制约与平衡为导向的人则倾向于第二种理解。赞同第一种理解的学者经过研究后提出了规范性的建议，即只有修正一般合同法，通过控制滥用政府部门的垄断权和保护接受公共服务的公众的第三方利益等路径，才能填补责任缺失的鸿沟。④ 因为这些规制性契约无法仅仅通过传统的合同法进行调整与规范，其内容浸淫着规制权这种公权力的行使。

（三）规制哲学的进化

从 20 世纪 70 年代末至 21 世纪初，美国社会逐步更新观念，认为市场机制是更合时宜的规制工具，同时放弃了由政府部门实施的以命令与控制为特征

---

① See Peter Cane, *Controlling Administrative Power: An Historical Comparison*, Cambridge University Press, 2016, p. 465.
② Ibid.
③ Ibid., p. 471.
④ See Hugh Collins, *Regulating Contracts*, Oxford University Press, 1999, pp. 305-306. A. C. L. Davies, *Accountability: A Public Law Analysis of Government by Contract*, Oxford University Press, 2001, makes analogous proposals in relation to internal quasi-contracts such as NHS contracts. See also A. C. L. Davies, *The Public Law of Government Contracts*, Oxford University Press, 2008; Peter Vincent-Jones, *The New Public Contracting: Regulation, Responsiveness, Relationality*, Oxford University Press, 2006.

第二章
契约规制的构成

的经济性规制是解决问题的最好方法的观点。① 这一过程也是美国放松管制的过程，开始于福特、卡特政府时期，并且在里根政府时期达到鼎盛。克林顿政府时期延续了这一趋势，并且宣布了大政府时代的终结。小布什总统亦表达过同样的观点。因为一系列规制失败的例证，如进行多年的州际天然气运输管制实际上造成天然气的短缺，使人们逐渐失去对传统规制方式的兴趣。同时，20世纪80年代末至90年代初，美国出现了大量关于将联邦政府规制权通过权力下放程序转移于州政府的讨论。

伴随着这一趋势，在美国，无论在联邦还是州，都能看到采用新规制方式的案例。在经济规制方面，设定铁路运输价格以及天然气运输过程中的传输管道收费价格的做法几乎完全被取消，相应地，州际商业委员会（Interstate Commerce Commission，ICC）作为铁路与州际运输公司等商业行为的规制机构已经被撤销，联邦能源规制委员会（Federal Energy Regulatory Commission，FERC，对天然气管道以及电力批发价格等进行规制）则主动竭力推动市场准入以及市场竞争机制，不再拘泥于价格控制与准入限制等基本规制理念。国会亦时常介入这种争议。在 ICC 撤销之前，已有两部国会制定的法令推动放松管制，即1980年通过的《承运人监督法案》《铁路停摆法案》。与此相反，FERC 则在没有前期机构授权法案改变的情况下通过改变自身规则努力进行改革。② 20世纪80年代，美国国会废除了对航空业进行整体性规制的机构——民航委员会（Civil Aeronautics Board，CAB）。CAB 在新业务兴起的全盛时期建立，在1985年1月之前由国会授权进行分阶段的业务终止。同时，由 CAB 建立起来的各种消费保护委员会被并入交通运输部门，但航空运输安全规制仍然由联邦航空局执行。③总之，从美国过去几十年的规制变革中可以看到公众、立法对放松规制所表现出来的欢迎态度。但是，也必须注意到，对这些公用事业的放松规制并非意味着完全摆脱规制，而仅仅是对公用事业的经济性规制的放松，对这些公用事业的公共安全规制、反不正当竞争以及消费者利益保护等方面仍需进行政府规制（即社会性规制）。

---

① See William F. Fox, Jr., *Understanding Administrative Law*, Matthew Bender & Com, 2008, p.12.
② See William F. Fox, Jr., Transforming an Industry by Agency Rulemaking: Regulation of Natural Gas by the Federal Energy Regulatory Commission, 23 (1) *Land & Water L. Rev.*, 113-114 (1988).
③ See William F. Fox, Jr., *Understanding Administrative Law*, Matthew Bender & Com, 2008, p.12.

综上所述，通过对新公共管理变革下规制变化的梳理可以发现，契约规制已成为一种重要的规制方式，是新公共管理变革的衍生品与进化产物。

三、契约规制与合作规制、协商规制、自我规制

合作规制又称"合作治理"，传统上规制权被认为属于公法上的行政权，而合作治理是公法上晚近发展出的一个理论。合作治理强调从传统的科层治理结构转变为多中心的治理网络，治理涉及的多元主体以合作与互动参与的方式形成持续且稳定的共享、动员以及聚合分散的治理资源，协调共同利益并一致行动，最终完成行政任务。① 合作治理出现的原因在于，它能够使政府规制更适应日益复杂的社会现实，诚如我国学者宋华琳提出的："合作治理是要利用企业、行业协会和公众的知识和资源，以最有效的方式来应对复杂的、非结构化的、快速变迁的问题。"② 合作治理本质上是一种合作行政，是对传统行政行为方式的有益补充，是一种替代性方案。据此，德国理论上发展出合作行政行为理论，以与传统的单方高权行政行为相区别。③ 合作行政行为的特点为，双方当事人在地位平等的基础上，通过沟通、谈判等意见交换程序，以制式或非制式的行政行为达成合意的目标。④

与合作规制相似的概念是"协商规制"。在美国，由于政府规制过程被普遍批评过于僵化以及拘泥于法律形式，为改善这种局面，有学者提出让规制过程更加充满合作与对话，并应引入公众参与、听证等程序。协商规制由此产生，即"在规制的过程中，让所有参与规制过程的各方主体参与其中，共同制定规则，并执行这些规则"⑤。"协商规制并非一个治疗方案会议中的对话，也并非一个政策选择的优化和毫不偏私的讨论。它更像一个合同的协商，在这里，所有参与者将期待获得他们心之向往的东西，但这些获得将以不同的方式

---

① 参见李玫：《西方政策网络理论研究》，人民出版社 2013 年版，第 111 页。
② 宋华琳：《论政府规制中的合作治理》，载《政治与法律》2016 年第 8 期，第 9 页。
③ 参见詹镇荣：《民营化法与管制革新（第二版）》，元照出版有限公司 2011 年版，第 34 页。
④ 参见许宗力：《双方行政行为——以非正式协商、协定与行政契约为中心》，载廖义男教授祝寿论文集编辑委员会编：《新世纪经济法制之建构与挑战——廖义男教授六秩诞辰祝寿论文集》，元照出版有限公司 2002 年版，第 255—260 页。
⑤ See Susan Rose-Ackerman, Consensus Versus Incentives: A Skeptical Look at Regulatory Negotiation, 43 *Duke L. J.*, 1208 (1994).

得以区分。"① 协商规制的支持者认为:"通过规制者与被规制者面对面的接洽,可以得到更好的信息,进而提高规则质量。即意味着,协商不仅可以让双方当事人为促成协议而交换利益,而且也可以让双方在解决问题的过程中共同进步,改善知识短板,通力合作。"② 这也是协商规制可以减少交易成本的体现。事实上,实证数据可以证实协商规制比传统规制方式更具有灵活性。③ 由此可知,协商规制其实与合作规制具有一定的内在联系:合作规制是从规制方式的角度进行的考察,更强调合作,与传统的单方控制不同;而协商规制则从规制过程的角度观察,强调规制通过协商的方式实现。笔者认为,从一般意义上,这两个概念可通用,因此,在下文中协商规制或合作规制为相同含义,可能替代使用。

此外,还有一个流行的概念被众多学者与规制部门广泛地使用,即"自我规制"(Self-Regulation)。德国的通说认为:"自我规制指个人或团体以基本权主体的地位,在行使自由权、追求私益的同时,亦自愿地肩负起实现公共目的的责任。"④ 也有狭义的理解,即将自我规制主要限于行业协议或公司治理,以不同于市场机制或直接规制的方式,由规制部门设定规制规则,实现自我规制。⑤ 本书采用德国的通说,即广义的自我规制,强调自我规制与命令和控制的规制方式不同,在立法层面确定的规制框架下,依据市场规律或规制主体赋予的规制权,被规制者自愿地决定自己的行为。自我规制的本质也是一个共同治理的过程,即由个人和组织组合起来的一个集体共同行动,在涉及他们自己或被赋予规制权的对象中发挥规制职能。在此,应当区分自我规制与私人规制,"私人规制指私人公司接受规制权的授权而进行规制的一种规制方式"⑥。二者并非等同的概念。根据奥格斯的分析,自我规制包含私人规制,属于自我

---

① Susan Rose-Ackerman, Consensus Versus Incentives: A Skeptical Look at Regulatory Negotiation, 43 *Duke L. J.*, 1209-1210 (1994).
② Elinor Ostrom, A Behavioral Approach to the Rational Choice Theory of Collective Action, 92 (1) *Am. Pol. Sci. Rev.*, 6 (1998).
③ See Jody Freeman & Laura I. Langbein, Regulatory Negotiation and the Legitimacy Benefit, 9 *N. Y. U. Envtl. L. J.*, 122 (2000).
④ 转引自詹镇荣:《民营化法与管制革新(第二版)》,元照出版有限公司2011年版,第148页。
⑤ See Tanina Rostain, Self-Regulation Authority, Markets, and the Ideology of Professionalism, in Robert Baldwin, Martin Cave & Martin, Lodge (eds.), *The Oxford Handbook of Regulation*, Oxford University Press, 2010, pp.169-172.
⑥ Julia Black, Constitutionalising Self-Regulation, 59 *Mod. L. Rev.*, 26 (1996).

规制的下位概念。① 布莱克根据自我规制的不同规制内容，将自我规制又类型化为强制执行的自我规制、制裁的自我规制、强制的自我规制以及自愿的自我规制四类。② 总之，自我规制是从被规制者的视角出发，强调其从被动地接受国家规制到主动地参与规制的过程，以及自愿地接受既定规制体系的规制。③

由此可知，协商规制与自我规制之间亦具有内部联系，具体表现在被规制者在协商过程中对规制的认可。正如有学者表述的："在自我规制中，基于一致的协商增加了合理性，特别表现在规则形成中参与主体的认可。"④自我规制通过协商的方式实现，而协商规制的结果必然能够实现被规制者的自我规制。从更宏观的层面看，自我规制主要表现为自愿的特征，而这种自愿主要表现为协商，因此自我规制属于协商规制的范畴。如同陈樱琴指出的，通过协商规制，将部分的国家规制责任分配给私人与社会，令其自我规制，借此可提升规制目的的达成效率，并减轻国家执行规制法律时的负担。⑤

综上分析，我们可确定契约规制在规制体系中的坐标。合作规制是与以命令和控制为特征的与立法规制相对的一种规制方式，凡是通过协商、沟通等方式实现的规制均属于其范畴。自我规制以被规制者有进行自我约束的意愿为特征，这种意愿以协商或沟通的方式表达，因此自我规制属于合作规制的范畴。契约规制则是最主要、最典型的合作规制方式，同时合作规制的方式不限于契约，还包括非正式的沟通与协商等方式。契约规制与自我规制均属于合作规制的范畴，由于契约规制必然导致发生自我规制的效果，而自我规制的效果又非全部来源于契约方式，还源自立法规定的其他间接性协商等，因此契约规制还属于自我规制。本书的进一步论述均来源于这样的前提预设。申言之，契约规制是合作规制与自我规制的下位概念，具有合作规制和自我规制的基本特征，但又并非等同于这些上位概念。（三者关系可参见图 2-1）

---

① 参见〔英〕安东尼·奥格斯：《规制：法律形式与经济学理论》，骆梅英译，中国人民大学出版社 2008 年版，第 111—114 页。
② See Julia Black, Constitutionalising Self-Regulation, 59 *Mod. L. Rev.*, 26-28 (1996).
③ 参见高秦伟：《社会自我规制与行政法的任务》，载《中国法学》2015 年第 5 期，第 75 页。
④ Jody Freeman & Laura I. Langbein, Regulatory Negotiation and the Legitimacy Benefit, 9 *N.Y.U. Envtl. L. J.*, 63 (2000).
⑤ 参见陈樱琴：《经济法理论与新趋势（修订版）》，翰芦图书出版有限公司 2000 年版，第 276—307 页。

第二章
契约规制的构成

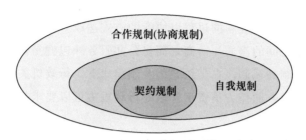

图 2-1　契约规制与合作规制（协商规制）、自我规制的关系

四、契约规制的特点

通过前文对契约规制的全面描述，我们可以得出契约规制具有以下明显特点：

首先，契约规制是一种规制方式。规制不仅包含一般规则和特殊命令，还包含更为微妙的形式，如补贴和税收，以及诸如许可证、特许经营和基于履行目标的管理等政策性工具。① 基于这种视角，新公共合同治理可以被视为一种复杂的控制系统，结合了合同内与合同外的包含标准设定、履行监控和强制执行全过程在内的规制体系。② 公共合同被视为政府部门与私人或非营利机构之间的一种商业协议，于该协议中私人或非营利机构为了获得一定的金钱，以提供特定产品或服务为交换。③

其次，以契约为方式。与那些表现为等级关系的行政法治理模式不同，契约规制是由一套协商性关系组成的。其替代性的决策、实施与执行观念是动态、非等级以及分散的，公共部门与私人能够平等地交流。其信息、专业知识以及相互的影响既能自上而下地从行政机关传导至私人，也能反方向地流动，甚至也能水平地流动。根据协商的理念，这样的交流是同时、持续进行的。④ 此外，契约还可以作为使监督来源多样性的一种工具。例如，可以通过契约设立检察专员，约定其有权代表疗养院住户或要求疗养院接受社会监督委员会定

---

① See Peter Vincent-Jones, *The New Public Contracting: Regulation, Responsiveness, Relationality*, Oxford University Press, 2006, p. 70.
② Ibid., p. 71.
③ Steven J. Kelman, Contracting, in Lester M. Salamon & Odus V. Elliott (eds.), *The Tools of Government: A Guide to the New Governance*, Oxford University Press, 2002, p. 282.
④ Jody Freeman, The Private Role in Public Governance, 75 *N. Y. U. L. Rev.*, 571 (2000).

期检查。①

再次，契约规制中规制的过程以协商的方式达成。规制的过程需要规制机构与被规制对象之间的沟通与协商，而将公共服务外包就是以契约式的规制模式取代命令—控制的规制。在契约式的规制模式下，行政机关与私人供应商就合同条款进行协商，而作为消费者代表的行政机关可以要求执行合同条款，或者终止合同。②

最后，通过契约规制，政府的公法责任在一定程度上得到消减。在经济组织与社会控制方面，合同既是配置给中央政府在新公共合同治理体制中规制政策决策的工具，也是在规制体制中赋予的权力与责任范围内，治理公共部门与服务提供者或公民关系的工具。③ 随着合同治理的适用，公、私区分的鸿沟逐渐消失，取而代之的趋势则是：通过私人化的努力以及在政府官员与"由营利或非营利的私法人支付报酬的员工"之间分享政府权力的形式，政府的公法责任至少在一定程度上得以消减。④ 传统的禁止授权学说无法保障公私机制真正地负责任，或者保障其有效地运行。因为大量的私人授权并非通过正式的授权取得，而是通过非正式的授权产生，这让很多问题变得很复杂。⑤ 其中，最直接的后果是政府责任通过契约的方式得以逃脱。因此，运用契约规制时应特别注意构建政府部门规制责任的监督机制。

第二节　契约规制简史

契约规制最早出现于英美法的规制实践，之后，欧盟法逐渐吸收了这些规制理论与实践经验，继而影响了大陆法系各国的规制立法。考察契约规制的历史，有助于更准确地把握这种新型规制方式的内在精神，指导公用事业契约规制具体制度的构建。

---

① See Patricia A. Butler, Assuring the Quality of Care and Life in Nursing Homes: The Dilemma of Enforcement, 57 (6) *N. C. L. Rev.*, 1377 (1979).

② See John D. Donahue, *The Privatization Decision: Public Ends, Private Means*, Basic Books, 1989, p. 147.

③ See Peter Vincent-Jones, *The New Public Contracting: Regulation, Responsiveness, Relationality*, Oxford University Press, 2006, p. 74.

④ See A. S. Miller, Administrative by Contract: A New Concern for the Administrative Lawyer, 36 *N. Y. U. L. Rev.*, 967 (1961).

⑤ See Jody Freeman, The Private Role in Public Governance, 75 *N. Y. U. L. Rev.*, 586 (2000).

第二章
契约规制的构成

一、英美法系中契约规制破茧而出

（一）美国的契约规制实践及争议

契约规制与规制性契约紧密相关。规制性契约，又称"管制合同"，原本是一个法律术语，"指政府与受规制（或可能受规制）的私人所签订的契约，其中政府承诺一定的规制规范，以换取私人的一定投资资金或为一定之行为"①。其后，该术语为美国联邦最高法院所援用，在 United States v. Winstar Corp. 一案中，美国联邦最高法院确立了关于规制性契约的一项原则：政府与私人之间签订的规制性契约对于政府具有有限度的法律上的拘束力，私人就政府规制性契约中的违约行为有权请求损害赔偿，但不得请求特定履行，以防止妨害政府规制权限的行使。② 同一时期，美国将规制性契约运用于立法实践，克林顿政府制定了《重塑环境规则》。根据该规则，美国环保署开始与行政相对人进行协商，以签订契约的方式进行行政许可的试验。即环保署与被规制的公司协商，在公司承诺并实现"更优的环境测评绩效"的目标之后，环保署可以颁发一项综合的环境许可，用以取代原先分别申请多项排污许可的程序。原先关于环境方面有多项行政许可，如烟排放许可、废水排放许可、固体废料排放许可等。公司达标之后，环保署或者为其颁发适用期限较传统许可期限更长的许可，或者为其颁发以一种污染物排放取代另一种污染物排放或减少一种污染物排放而增加另一种污染物排放许可。环保署颁发的这种许可是以协商为手段，对某被规制的企业进行综合的测评，即将排放的各种指标和标准进行契约化，形成具体的条款，各方进行签字，之后将该契约对外公布，由利益相关者参与听证和发表意见，获得通过后才能有效。

从环境契约规制开始，美国逐步走向契约国，契约作为一种规制方式亦为经济性规制所采用。③ 我们可以看到，美国政府通过大量的公共服务外包，实现了公共服务质量的提升和更好的规制。在此过程中，公用事业特许契约发挥了重要作用。通过特许契约，公共企业自愿进入政府部门提供给它们的契约之

---

① Susan P. Koniak & David Dana, Bargaining in the Shadow of Democracy, 148 *U. Pa. L. Rev.*, 480 (1999).
② See United States v. Winstar Corp., 518 U. S. 839 (1996).
③ See Jody Freeman, The Contracting State, 28 (1) *Fla. St. U. L. Rev.*, 155-214 (2000).

中，并接受政府部门基于公共利益而为的规制。① 由此带来了一系列依宪治国以及公法上的问题，比如在通过契约方式与私人主体建立的契约关系中，政府如何保证通过契约既实现规制目标，又符合公法对政府公权力行使的控制。因为契约作为一种福利供给和管制工具的兴起，会给契约设计以及私权利的救济带来巨大的压力。

（二）英国的契约规制实践

从英国20世纪70年代末以来的放松规制与民营化改革中可以看到，"最神奇的发展出现在经济性规制领域，以政府政策的形式在相关产业中引入竞争或者带来竞争，以达到减少规制的目的。公用事业特许这一方式在更广泛的领域内以及未来的铁路改革被使用，这说明它作为解决自然垄断的一种替代性方案已经得到了政治上的普遍认同"②。即在英国公用事业规制中，以特许经营协议（英美法系国家亦称"公共特许合同"）作为规制工具正发挥着重要作用。除奥格斯外，诸多学者亦观察到"契约取代了作为管制典范的命令与控制"③。在规制方式变更之下，"国家的概念几乎在不断地缩水，同时契约正变成公共服务提供的主要方法"④。在这一背景下，政府部门在行政管理中也积极地促成这样的一种转变，采用混合规制的机制，旨在建构与监督这些新的安排。而契约无疑成为这些新安排的合法载体。

与美国理论界相似，英国学者亦认识到"行政国家正变成契约国家"⑤。特别是在公用事业领域，由于特许合同被广泛地运用，政府部门便通过特许合同达到规制目的。其规制形式就是在政府部门与主要的被规制公司之间的规制性契约，这些公司则是因私营化而从法律垄断中获益的公司。这种契约隐含的意思是赋予被规制企业比其他规制过程中涉及的利益相关者更多的优先权。⑥

---

① See George L. Priest, The Origins of Utility Regulation and the "Theories of Regulation" Debate, 36 (1) *J. L. & Econ.*, 303 (1993).

② 〔英〕安东尼·奥格斯：《规制：法律形式与经济学理论》，骆梅英译，中国人民大学出版社2008年版，第11页。

③ 〔英〕默里·亨特：《英国的宪政与政府契约化》，载〔新西兰〕迈克尔·塔格特：《行政法的范围》，金自宁译，中国人民大学出版社2006年版，第27页。

④ Kieron Walsh, *Public Service and Market Mechanisms: Competition, Contracting and the New Public Management*, St. Martin's Press, 1995, pp.126-127.

⑤ 〔英〕默里·亨特：《英国的宪政与政府契约化》，载〔新西兰〕迈克尔·塔格特：《行政法的范围》，金自宁译，中国人民大学出版社2006年版，第38页。

⑥ See Tony Prosser, Theorising Utility Regulation, 62 (2) *Mod. L. Rev.*, 200 (1999).

但无论如何,基于民营化的趋势,在政府部门与公用事业特许公司之间存在大量的这种具有规制性的契约,并且发挥着调控公用事业市场的功能。

从以上英美法系代表性国家美国、英国的政府规制实践来看,契约规制伴随着公用事业民营化而出现和发展,因为越来越多的私人主体参与公共产品和服务的提供,导致政府规制方式的转变。这种转变引起了规制思维的转变,即"与其对在公共治理中的私人进行各种限制与监管,不如把目标转换成对其进行积极的帮助和引导"①。由此,将契约作为规制工具成为发展趋势,在规制理论与实践中也出现了更多关于契约规制的课题。

二、大陆法系契约规制的理论突破

在地球的另一端,以德国、法国等为代表的大陆法系国家亦逐步重视契约在政府管理中的作用,这集中表现于公法领域。

在德国,行政法学的发展突破了传统的政府公权力控制理论,给付行政与合作行政等理论伴随着民营化与政治理论变革应运而生。契约作为一种规制手段开始被发掘,并被运用于实践。与英美法系国家相似,大陆法系国家的契约规制最早也出现在环境规制领域。在20世纪70年代,法国和德国最早在实践中运用环境协议。② 这种做法很快为欧洲其他国家所借鉴,如法国《佛兰德环境政策法令草案》第七章规定了环境契约,其中第4.7.3条第1款规定:"政府部门应被授予将合同一部分或全部变更为规制条例的权力,即便在合同的履行过程中。"③ 通过这种明确对政府在契约中授予规制权力的规定,契约作为规制手段开始发挥重要作用。很显然,依照传统法律理论,公法救济方式如处罚并不适用于违反环境契约的情形,然而该立法打破了这一传统,在政府部门将合同内容转变为条例时可适用公法救济方式,即此时的契约是可以运用公法手段强制执行的,契约条款变成了立法条例。

契约规制亦来源于私人行政理论,规制任务一般被视为行政任务,但此类

---

① Jody Freeman, Extending Public Law Norms through Privatization, 116 *Harv. L. Rev.*, 1289 (2003).

② See Eric W. Orts & Kurt Deketelaere (eds.), *Environmental Contracts: Comparative Approaches to Regulatory Innovation in the United States and Europe*, Kluwer Law International, 2001, p. 5.

③ Michael G. Faure, Environmental Contracts: A Flemish Law and Economics Perspective, in Eric W. Orts & Kurt Deketelaere (eds.), *Environmental Contracts: Comparative Approaches to Regulatory Innovation in the United States and Europe*, Kluwer Law International, 2001, p. 175.

行政任务可由私人承担。将私人纳入行政任务履行大多以契约化的形式进行，国家和私人在其中的利益最好能够得到合理平衡，并且相互间存在依存关系。[①] 具体到公用事业规制，这种契约的形式就是特许契约。特许契约仅存在于给付行政的范畴，其特点在于，在行政主体的任务职责不受影响的情况下，私人主体须履行公法上所要求的给付义务。此时，在与公民之间的外部关系中，私法主体所拥有和运用的工具是契约，即私法合同。和行政合同不同的是，被特许人通常以个人名义承担行政任务，并自负其责。由于被特许人同时也为行政主体的利益而行为，因此可以将其与政府部门之间的关系视为信托关系。特许的授予通常与给付履行的具体情形相联系，以便政府部门对被特许人进行监管。这一监管比一般的经济监管更为严格，很多时候甚至运用自上而下的约束力。这一自上而下的约束力之所以适用于私人企业和公民之间的合同缔结，目的是保护公众的利益（比如免受过高费用的侵害）。

行政契约具有激发私人创造性、减少行政成本等优势，因而"作为公私合作伙伴关系的一种重要表现形式，行政契约成为一种重要的、不可放弃的和适用范围越来越广泛的管理手段"[②]。随着其适用范围的扩大，实践中的突破是，利用契约进行规制的过程模糊了契约与条例之间的边界。"政府部门必须谨慎地意识到，在企业拥有自己决定规制内容的契约中，将契约转变为条例手段绝非易事。"[③] 相应地理论上也发生转向——如何在契约中协调政府部门的规制与其他契约内容。

综上所述，从各国运用契约作为社会治理和规制手段的实践来看，"合同越来越既被看作一种规制工具，亦是进行社会控制的一种方法"[④]。以契约作为规制方式的主要原因在于，契约作为合作治理或合作规制形式，相较于命令与控制模式，具有软法的弹性特点，可以更好地应对不断变化和发展的规制实践。在以契约方式构建的协商机制中，"规制者、被规制者以及其他在规制机

---

① 参见〔德〕弗里茨·里特纳、迈因哈德·德雷埃尔：《欧洲与德国经济法》，张学哲译，法律出版社2016年版，第256页。

② 〔德〕汉斯·J. 沃尔夫等：《行政法（第二卷）》，高家伟译，商务印书馆2002年版，第149页。

③ Michael G. Faure, Environmental Contracts: A Flemish Law and Economics Perspective, in Eric W. Orts & Kurt Deketelaere (eds.), *Environmental Contracts: Comparative Approaches to Regulatory Innovation in the United States and Europe*, Kluwer Law International, 2001, p. 172.

④ A. S. Miller, Government Contracts and Social Control: A Preliminary Inquiry, 41 (1) *Virginia Law Review*, 27 (1955).

制运行过程中的各种参与者均进行沟通与协商"①。这种沟通与协商的形式范围广泛，超越了标准、政策文件与引导，延伸向了更为微小层面的对话。这些对话可能发生于正式与非正式的设定，如政策性摘要、研讨会与学术会议等，均可发生于规制过程中个体之间或特定组织之间。因此，以这种广义的理解，应将规制过程进行碎片化分解，抓住其中每一个形成协议的规制协商形式。

第三节 契约规制的规制主体

如前文所述，契约规制既属于合作规制的范畴，也是一种自我规制，因此，契约规制的规制主体包括享有公权力的政府与私人主体。原本属于被规制对象的私人主体，通过契约的方式获得一定的规制权限，这属于广义上的公私合作类型，是政治层面的合作治理的体现。②私人主体与政府部门共同作为规制主体是契约规制的最大特征。20世纪90年代之后，美国的规制法律体系呈现的特点是，"当前政策变革的努力削弱了行政机关在执行法定职能中的中心决策者的地位，构成了对传统规制思维的挑战"③。即在行使公权力、执行公共政策时，行政机关并非唯一首要的执行机构，而仅是诸多执行主体之一。这一过程更显著地表现在行政机关执行契约规制的职能中，因为更多规制主体的参与，契约规制过程体现着协商的特点。除了参与契约规制过程外，事实上，"近年来，私人也更多地参与到了立法性与司法性的国家任务履行之中"④。

一、私人主体作为契约规制权主体的经济分析

那么，私人主体为什么可以享有契约规制权呢？在公共服务领域，经济学家认为，由于结构、组织以及制度文化上的差别，私人企业被认为能以比公共部门更低的成本提供相同甚至质量更高的服务。⑤ 换言之，私人企业以不同形式参与国家任务的执行，可以提高公共服务的效率。最初，私人企业仅仅作为

---

① Julia Black, Regulatory Conversations, 29 (1) *J. L. & Soc'y*, 171 (2002).
② 参见詹镇荣：《民营化法与管制革新（第二版）》，元照出版有限公司2011年版，第18—21页。
③ Keith Werhan, Delegalizing Administrative Law, 1996 *U. Ill. L. Rev.*, 424 (1996).
④ 〔德〕弗里茨·里特纳、迈因哈德·德雷埃尔：《欧洲与德国经济法》，张学哲译，法律出版社2016年版，第253页。
⑤ See Oliver Hart, Andrei Shleifer & Robert W. Vishny, The Proper Scope of Government: Theory and an Application to Prisons, 112 (4) *Q. J. Econ.*, 1143 (1997).

公共服务提供主体而存在。在这一思潮的影响下，出于对自由的私人自治构建力量以及对市场和竞争的信任，同时也由于经常性的公共预算赤字所带来的财政紧缺，高权职能越来越多单纯地通过私人行为而得以履行，此时，国家最大限度地退守到宏观调控和保障功能上。① 站在一个更为宏观的国家层面看，契约规制仅是丰富的国家制度中的一环。契约规制主体的一部分是立法者，另一部分是负责规制机构的企业家。如果将规制者视为免受制度或组织影响的理性的效用最大化者，则它们只应该运用政策权力以实现自身利益。② 私人在契约规制体系中的地位越来越重要。此后英国再进一步，在公用事业中进行契约规制革新，将规制部门从传统的政府部门中独立出来，并针对不同的公用事业设立专门性的规制部门。设立独立的规制部门的最初的目的在于防止政府部门在民营化中独断专行的干预与不受控制的公权力行使，以增强投资者的信心。此举虽发挥着重要作用，"但是吊诡的是，这（设立独立规制机构）恰恰成为正在形成的公共服务法的最为核心和最为重要的前提基础"③。

二、私人主体仅是实现更好契约规制的途径

在契约规制的框架下，由于私人主体享有一部分规制权，从实证的角度看，在新规制体系下，"当今私人履行着原本属于政府部门的功能或行为，这一趋势正在扩大"④。这在法律上带来的问题是，在政府规制部门、私人主体以及公众之间产生何种法律关系。在理论上，私人主体享有规制权的方式至少有两种：一是通过政府采购合同；二是通过政府部门授权或者双方达成协议的方式向私人主体授权。政府部门通过一定的程序，将原本由政府部门行使的规制权授予私人主体。⑤ 以政府特许经营为例，通过特许经营契约，特许经营者通过委任的方式获得一定行政权限。相应地，由于特许经营者行使原本属于政

---

① 参见〔德〕弗里茨·里特纳、迈因哈德·德雷埃尔：《欧洲与德国经济法》，张学哲译，法律出版社2016年版，第253页。

② 参见〔美〕马克·艾伦·艾斯纳：《规制政治的转轨（第二版）》，尹灿译，中国人民大学出版社2015年版，第10页。

③ See Tony Prosser, Public Service Law: Privatization's Unexpected Offspring, 63 *Law & Contemp. Probs.*, 72 (2000).

④ Martha Minow, Alternatives to the State Action Doctrine in the Era of Privatization, Mandatory Arbitration, and the Internet: Directing Law to Serve Human Needs, 52 *Harv. C.R.-C.L. L. Rev.*, 152 (2017).

⑤ See Catherine M. Donnelly, *Delegation of Governmental Power to Private Parties: A Comparative Perspective*, Oxford University Press, 2007, pp. 177-190.

府部门的高权权限,因此特许经营者可以被视为政府部门的一个分支,必须同通常的行政活动一样服从相关公法的约束。① 在司法中,法院亦开始将私人主体视为公共部门。例如,在 Edmonson v. Leesville Concrete Co. 一案中,法院认定,倘若私人主体履行历史上一直为政府所保留的传统公共职能,法院就会认为它们是公共部门。② 其理由在于,私人主体在形式上具有规制权,故其是公共部门,应运用行政程序法与救济法对其进行规范。

即便如此,我们必须注意到,私人主体仅在形式上具有规制权,规制权本质上仍属于政府部门,私人主体行使规制权仅是实现更好规制的途径。同国家职能履行的私人化一样,去除管制虽有助于自由的实现,但是国家无须将公共职能转让给私人自治的个人,而是通过将公民从国家多余的、不适当的、阻碍个人发展的法律规范和其他国家调整形式的约束中解放出来的方式来实现。有时候,私人化和去除管制是协调一致的。但是,有时候国家职能履行领域的私人化——至少暂时性地——恰恰要求更高的国家管制成本,以便国家有能力履行那些通常保留给其自身的调控和保障职能。③ 为此,国家需要通过更多的公法规范以约束私人主体,而这需要更多的规制成本,同时意味着公法规范的扩张。契约规制通过将规制权授予私人主体,扩大了国家规制的整体框架。正如弗里曼观察到的,"公私的合作可以在增加私人权力的同时增强国家的权力"④。

三、私人主体行使规制权的形式

关于私人主体的行为被视为行使规制权,其原因与形式多变,可以从不同角度观察。私人主体行使规制权必须符合一定的条件,如程序要求、形式要求以及与此相对应的经费来源等。

首先,从契约规制的过程看,私人主体参与规制政策的制定过程。在公私合作体制下,政府的角色从管制者和监督者转变为协调者,而法律变成一种共

---

① 参见〔日〕米丸恒治:《私人行政——法的统制的比较研究》,洪英等译,中国人民大学出版社 2010 年版,第 45 页。
② See Edmonson v. Leesville Concrete Co., 500 U.S., 614 [1991].
③ 参见〔德〕弗里茨·里特纳、迈因哈德·德雷埃尔:《欧洲与德国经济法》,张学哲译,法律出版社 2016 年版,第 253—254 页。
④ Jody Freeman, The Private Role in Public Governance, 75 *N.Y.U. L. Rev.*, 671 (2000).

享的问题解决过程,而非一种命令活动。① 契约规制的过程充满协商和谈判,是传统规制模式的一种替代方案。与传统的标准设定和中心化决策相比,协商和谈判具有使各方利益最大化、增加规制预期等优势。② 有学者在对13个国家的规制政策进行研究之后得出结论:"绝大多数民族都从污染的扩散策略(形式上以市场为基础的法律)转变为直接的管制控制(实体上的管制性法律),然后进一步演变为一种更为复杂的政策路径,其中包括与私方市场建立合作性关系(反思性、治理的法律)。"③ 私人主体参与契约规制过程,发挥诸如标准设定、费率范围等重要规制内容的决策作用,在实质上行使了规制权。

其次,从规制权的作出主体看,混合所有制公司作为规制权主体出现,私人主体成为混合所有制公司的股东,成为规制权主体的一部分,具有规制权主体属性。在国际化与超越国家性这一更为宏观的视野下观察,"规制的过程包含标准设定、信息聚集以及行为修正等机制,因此,契约规制应被视为一种以规制目标引导而有意为之的,以问题解决为导向的,由政府部门与非政府部门执行的约束和规范行为。规制者可能包含政府部门、协会以及公司,被规制对象则包含政府、协会、公司以及个人"④。从该角度看,"规制者与被规制者之间的界限正在转移,在跨越国界的语境下看,它们可能变成一个或者相同的组织"⑤。例如,在我国电力行业监管中,国家电网公司属于被规制对象,但其同时享有一部分规制权。国家电网公司2014年印发了《国家电网公司分布式电源并网服务管理规则(修订版)》,其中第35条等规定了国家电网公司对发电企业具有稽查权。

最后,从规制权行使的经费来源看,支撑契约规制行为的经费来源于公共财政。但是,私人主体履行行政任务的经费来源有所不同,其中有两个基本的模式:其一,第三人的行为通过国家支付(委托模式)来支持;其二,赋予第

---

① See Jody Freeman, Collaborative Governance in the Administrative State, 45 *UCLA L. Rev.*, 28-30 (1997).

② 参见〔美〕史蒂芬·布雷耶:《规制及其改革》,李洪雷等译,北京出版社2008年版,第260—261页。

③ 〔美〕奥利·洛贝尔:《新新政:当代法律思想中管制的衰落与治理的兴起》,成协中译,载罗豪才、毕洪海编:《行政法的新视野》,商务印书馆2011年版,第137页。

④ Julia Black, Regulatory Conversations, 29 (1) *J. L. & Soc'y*, 170 (2002).

⑤ Ibid.

三人以特别的或是专有的权利向使用人或者给付接受人收取报酬（特许模式）。① 前者表现为国家直接通过财政拨付的方式支持私人主体进行规制行为。后者则通过赋予私人主体从其经营的公用事业中收取报酬，即经费来源于经营行为。例如，一家私人企业承担设计、建造和经营某一个特定的公共基础设施义务，同时享有要求使用者付费（如公共道路的养路费）的权利。由于这些经费来源于私人主体规制权行为，因此，为防止私人主体因行使规制权而滥用经费，应当通过财政评审、信息公开等制度约束私人主体的收费行为。

四、通过契约实现对政府规制权的控制

当政府通过契约进行规制时，即与被规制对象之间形成了合同关系。这种合同在英美法上被称为"政府合同"或"公共合同"，即政府作为一方当事人的合同，政府通过合同行使规制权。② 合同法不仅仅是一种控制政府权力的工具，而且也是一种在法律上给予合同双方当事人（一方或双方是政府）一定权力的来源。③ 在英美法中，公共合同主要有三种：一是政府采购合同，即向政府部门提供产品或服务的合同；二是政府向公众提供公共服务的外包合同；三是政府雇佣合同。④

合同法属于赋权性法律。在政府合同中，政府部门是合同的一方主体，合同权利是公权力还是私权利这一问题是最为重要的问题。从司法角度看，合同权利属于私权利，无论合同主体是谁；而从纯公法角度看，合同是政府进行管理的一种新方式，即政府合同是公权力行使的一种替代物。合同中赋予私人主体的权利属于私权利，赋予政府部门的则显然属于公权力。⑤

在澳大利亚，理论上一直将私法模式运用于公共合同中，实践中法院对公共合同的司法审查并非来源于立法对其的授权，合同法中的特别规则适用于公法合同是司法行为的结果。也就是说，法院对公共合同的审查权并不意味着对

---

① 参见〔德〕弗里茨·里特纳、迈因哈德·德雷埃尔：《欧洲与德国经济法》，张学哲译，法律出版社 2016 年版，第 294 页。
② See A. C. L. Davies, *The Public Law of Government Contracts*, Oxford University Press, 2008, p. 1.
③ See Peter Cane, *Controlling Administrative Power: An Historical Comparison*, Cambridge University Press, 2016, p. 368.
④ Ibid., p. 399.
⑤ Ibid., pp. 400-401.

国家豁免权的放弃，而是直接来源于合同法的规定。① 但是，与原先将政府视为与私人主体一样享有合同权利不同，近些年来澳大利亚高等法院的态度有所转向，认为政府部门并没有与私人主体一样的合同权利，政府部门的合同权力是根据《宪法》第六十一章授予的行政权力，并非一般普通法上的法律权利。② 出现如此转向的原因在于，澳大利亚以往依据英国传统的方法，并没有给予国会足够的控制权去控制政府的签订合同行为。法院的倾向是，政府的合同权力是一种公权力，而非适用私法规范的私法权利，故应当适用公法原则。虽然这种转向具有较强的理论深度，这种概念性的变化具有很大的潜在性，但是仍可以观察到澳大利亚法律在运用公法模式调整公共合同上的演进。③ 可以观察到的是，20 世纪最后十年与 21 世纪初，澳大利亚、英国的政府采购与外包合同急剧增加，促进了公共合同往公法模式方向演进，同时公共合同中的公法得到极大的发展。④

在美国，政府签订合同的权力、职能根据《宪法》与成文法的规定产生。⑤ 公共合同一直被视为一种与私法合同不同性质的合同。基于公共合同隐含的财政寓意以及对政府行为指引方面的重要性，对政府合同权力的控制与国会根据宪法赋予的财政权以及对政府债务偿还的权力相关，而非对合同私人权利与利益的一种司法功能。即便今日今时，司法介入向政府主张合同权利的诉讼仍被视为《宪法》第 3 条赋予法院的权力，这样的授权依然被理解为对国家主权豁免原则的一种放弃，而非一种司法权的主动介入。同样地，国会向联邦法院提交要求听证的诉求，甚至是对公共合同法保护政府的相关原则，被理解为国会拒绝放弃国家豁免的兜底工具。⑥ 公共合同在美国更是被理解为一种政府治理工具，而且是政府权力的来源之一，而非一种交换工具。对于公共合同所涉及的公权力、合同权力、宪法上的权力、成文法规定的权力，均需要进行

---

① See Peter Cane, *Controlling Administrative Power: An Historical Comparison*, Cambridge University Press, 2016, p. 413.
② See Williams v. Commonwealth, 248 CLR 156 (2012).
③ See Peter Cane, *Controlling Administrative Power: An Historical Comparison*, Cambridge University Press, 2016, p. 405.
④ Ibid., p. 412.
⑤ Ibid., p. 409.
⑥ Ibid.

私法所没有的权力控制。[①]

综上所述，从规制主体角度看，规制权的行使方式更为丰富。面对越来越复杂的规制实践，公共部门更经常使用合同的方式。规制权转变为一种更为温和的面孔，即公权力穿着私法的外衣。因此，需要我们更加关注公权力的行使条件和程序。

第四节 契约规制的媒介——规制性契约

由于公用事业的公私合作属于公共功能私人化，并且主要以合同的方式来完成，因此也被称为"合同外包"。[②] 不可否认的是，"与传统国家管理方式不同的是，合同和规制成为新国家治理体系的两大支柱"[③]。契约规制的媒介为规制性契约，然而对于什么是管制合同以及合同范围，却有很大的争议。采广义说者认为，在政府以特许的权利赋予私人公司经营公用事业（如电力、电信事业）且要求其履行一定义务之时，业者进入市场之时的管制结构即构成政府与业者之间的管制合同关系，而管制合同可以存在于任何管制领域。[④] 反对的观点则认为，这样的认定太宽泛了，应严格限制管制合同的范围。[⑤] 的确，政府通过外包合同关系实现公共服务的提供，这些合同中蕴含着政府规制导向。国家和为国家行为的私人企业之间的合作基础大多是合同，这种合同可能是私法上的，也可能是公法上的。

[①] See Peter Cane, *Controlling Administrative Power: An Historical Comparison*, Cambridge University Press, 2016, p.412.

[②] 参见〔德〕弗里茨·里特纳、迈因哈德·德雷埃尔：《欧洲与德国经济法》，张学哲译，法律出版社2016年版，第293页。

[③] Carol Harlow & Richard Rawlings, *Law and administration* (3rd Ed), Cambridge University Press, 2009, p.339.

[④] See J. Gregory Sidak & Daniel F. Spulberg, *Deregulatory Taking and the Regulatory Contract: The Competitive Transformation of Network Industries in the United States*, Cambridge University Press, 1997, p.109.

[⑤] See Herbert Hovenkamp, The Takings Clause and Improvident Regulatory Bargains, 108 *Yale Law Journal*, 801-834 (1999).

一、规制性契约的界定[①]

经济学学者较早使用"规制性契约"这一概念，一般称其为"规制性合约"。在经济学研究范式下，"合约"的内涵与外延均很广。总体而言，其本质特征是"靠面面俱到的协议而棱角分明地进入，为无可掩饰的表现而干脆利索地撤出"[②]。就其实质而言，合同系当事人自愿地安排各自的利益。根据其签订方式和特点，合同可以分为三类：（1）古典式签约方法的合同，指向明确合同权利义务，强调法律原则、正式文件以及自我清算的交易；（2）新古典式签约方法的合同，指因合同履行具有不确定性，无法在签约时明确具体合同内容，为使交易进行下去而增加一层如继续谈判的治理结构的合同；（3）关联式签约方法的合同，指因合同越来越变得持久和复杂，需要专门的交易和随时进行调整的过程，合同不再是单一和互不相干的，而是不局限于交易与直接结果的一整套行为规范。[③] 在市场交易中，私人主体保障自身利益的制度设计主要是产权制度，因此，对私人主体而言，需要通过合同对合作过程中涉及的产权问题进行确定，对长期合作中可能产生的各种不可持续性的风险负担进行约定。"在很难缔结合同或试图描述当事人同意做什么和不同意做什么（例如，当事人会或不会引起的气味和噪声的数量和种类）的情况下，就需要制定冗长的和极其复杂的文件，长期的合同就有可能被采用。"[④] 由此可见，经济学视野下的合同范围很广，并且不强调合同主体，只要形成利益交换手段即属之，但强调合同的长期性和为达成履行而不断调整的过程，对合同交易类型的设计则体现了规制性。

政治学上亦使用"契约"的概念。在传统政治学中，契约常与国家或政府相联系，或与公权力的来源相关。洛克在其《政府论》中对比了国家权力来源的几种途径后，得出："除了通过明文的约定以及正式的承诺和契约，确实地加入一个国家之外，没有别的方式可以使任何人成为那个国家的臣民或成员。

[①] 本书中"契约""合同"不作区分，在本书语境下二者为相同概念。
[②] 转引自〔美〕奥利弗·E.威廉姆森：《资本主义经济制度：论企业签约与市场签约》，段毅才、王伟村译，商务印书馆2003年版，第105—106页。
[③] 同上书，第106—110页。
[④] 〔美〕罗纳德·H.科斯：《企业、市场与法律》，盛洪、陈郁译，格致出版社、上海三联书店、上海人民出版社2014年版，第92—93页。

第二章
契约规制的构成

我所认为的关于政治社会的起源,以及使任何人成为任何国家的一个成员的同意,就是如此。"① 即契约是存在于国家与个人之间的一种媒介,国家将该契约作为对个人行使权力的依据。卢梭在其《社会契约论》中提出了"社会契约"的概念,同样是用来解决国家主权来源的工具。社会契约的存在目的是创建一种可以保障所有人的人身和财产权利的结合形式,即国家主权。通过这个契约,个人将自己毫无保留地让渡给国家,但可以得到更多的保护其所有权的力量。② 由此可见,洛克和卢梭均将契约作为国家权力的正当性来源,这种契约无论是对国家还是对个人均有拘束力。

大陆法系一般将契约区分为公法契约和私法契约:前者指政府以公权力主体身份参与契约,契约的过程即行政管理的过程;后者则指当事人以平等主体的市民身份形成的契约。③ 德国法学界关于契约的通说认为,"契约"是一种建立在(至少)双方合意之下,而有别于单方决断的法律制度。在契约之下,当事人之间(inter partes)经由"共识"(Konsens)而产生权利(法)。④ 简言之,契约是产生权利与义务的合意。英美法系的立法与司法由于不存在明确的公、私法划分,契约一般规定于统一的契约法中,但对政府作为合同一方主体的合同有特别的规定,称为"政府合同"或"公共合同"。柯林斯认为,不论私法合同还是公法合同,均具有规制的功能。⑤

本书从法学的角度观察规制性契约。就其本质而言,契约是一种源自社会关系的利益安排。虽然前述文献表述了契约与规制具有一定的关联,但当前并无通说认为所有的契约均具有直接的规制性,笔者亦不认为所有的法学意义上的契约均具有直接的规制性。换言之,笔者虽不否认所有合同均具有规制的特点,但也有保留地认为只有政府部门作为合同一方主体时,才能保证合同具有直接的规制效果。故此,本书所讨论的规制性契约仅指至少有一方主体为政府部门的契约,并且政府部门将带有规制性的内容嵌入契约条款中;契约相对人

---

① 〔英〕约翰·洛克:《政府论(下篇)》,叶启芳、瞿菊农译,商务印书馆1964年版,第76页。
② 参见〔法〕卢梭:《社会契约论》,何兆武译,商务印书馆2003年版,第18—19页。
③ 公法契约主要的形式是行政合同。
④ 参见李建良:《行政契约与私法契约区分的新思维——从"青年公园设施委托经营管理维护契约"定性问题谈起》,载《月旦法学杂志》2008年第157期,第321页。
⑤ 参见〔英〕休·柯林斯:《规制合同》,郭小莉译,中国人民大学出版社2014年版,第35—104页。

认可并自愿接受规制性契约。显然，政治学上的契约并不属于本书的讨论范围，经济学上的合约概念亦过于宽广，仅有政府部门与私人参与的长期性合同与本书使用的契约概念类似。

二、公用事业规制性契约的类型

从总体上看，在实践中具有规制性的契约至少包括行政契约、私法契约（在公私合营公司的公股东和私股东之间的股东协议）以及混合所有制公司章程等。那么，规制性契约有哪些类型呢？丹提斯认为，无论何种合同，契约与规制之间均具有内在的关联性，"管制是合同的本质，公共特许和政府采购是'通过合同进行管制'的两个典型"①。但丹提斯并未提及规制性契约的具体范围。比较典型的类型化研究以文森特-琼斯和戴维斯为代表。

文森特-琼斯对具有规制功能的合同进行了类型化，并得到大多数学者的认可。他认为，在新公共合同治理中，具有规制性的合同可区分为行政合同、经济合同以及社会控制合同三类。具体来说，行政合同是增加政府内部机制运作透明度和效率的合同安排，存在于政府部门内部；行政合同是政府部门与私人部门之间以竞争或者委托管理权给不同混合体形式存在的公共采购或项目代理机构，旨在提高公共服务质量；社会控制合同则是一种用于个体公民与国家权力部门之间的，以不同形式存在的涉及规制关系的合同机制，以保证公民的基本权利。② 从该分类我们可以发现，合同治理具有广阔的适用空间，以及合同在公共治理中具有重要作用。其中，涉及公用事业的规制性契约是文森特-琼斯所指的经济合同。

戴维斯则从合同主体的角度考察，认为只要有政府参与的合同都可能是规制性契约。从政府合同类型化区分的角度看，政府合同包括政府雇佣合同、提供公共产品与服务的合同、PFI 和 PPP 项目合同、政府特许经营合同

---

① 转引自李霞：《域外行政合同研究述评：从行政法的角度》，载《国外社会科学》2014 年第 6 期，第 86 页。
② See Peter Vincent-Jones, *The New Public Contracting: Regulation, Responsiveness, Relationality*, Oxford University Press, 2006, pp. 21-23.

与许可合同以及政府内部合同。① 由此可见，政府合同的适用范围非常广泛。面对政府部门大规模地使用政府合同，原先英国中央政府各部门都是根据财政部的指导对自己的采购行为负责。有学者建议应更为集权，将政府各部门的采购权综合化，可以在特定领域提高效率。在这种背景下，英国成立了政府商业办公室（Office of Government Commerce，OGC），是财政部的独立机构，向财政大臣负责。这个机构通过 OGC 购买程序，整体上代表中央政府进行政府采购。同时，OGC 通过两种方式指导其他政府部门的采购行为：其一，提供各种标准化的合同文本；其二，建立成功案例指导。② 在这些类型化的政府合同中，涉及公用事业的政府合同是提供公共产品与服务的合同、PFI 和 PPP 项目合同以及政府特许经营合同。这些合同均具有一定程度的规制性。

除了上述合同外，政府与私人合作成立的混合所有制公司在公用事业民营化中发挥着重要作用。如前所述，欧盟法将公私合作类型分为契约型公私合作与组织型公私合作，其中组织型公私合作就是通过建立混合所有制公司的方式进行经营的。而有学者认为，这种区分其实并不科学，因为组织型公私合作关系亦体现着很强的契约属性。③ 但毫无疑问的是，随着民营化范围广度和深度的不断增加，无论是在数量还是在参与社会经济力度上，混合所有制公司都成为国家公用事业繁荣、公民公共生活保障水平提高之重要力量。混合所有制公司的类型包括：政府与私人共同设立新的公民合资企业、政府参与民营事业投资（即政府购买民营企业的股权）以及政府将现有国有企业资金之一部分转移至民间三类。④在这些公司中，政府作为股东与私人资本共同作为公司的所有者，对经营公用事业的行为进行控制。公司章程是国有股东与私人股东经营活动的主要依据。根据公司契约理论，公司是一系

---

① See A. C. L. Davies, *The Public Law of Government Contracts*, Oxford University Press, 2008, pp. 2-16.
② Ibid., pp. 5-6.
③ 参见赵宏：《德国公私合作的制度发展与经验启示》，载《行政法学研究》2017 年第 6 期、第 16—17 页。
④ 参见詹镇荣：《论民营化类型中之"公私协力"》，载《月旦法学杂志》2003 年第 102 期，第 14 页。

列契约的总和，公司章程具有典型的契约属性。[①] 因此，混合所有制公司章程也是一类契约。而在这个章程的制定过程中，政府作为股东，可以将具有规制性的条款安排于其中，以实现规制目的。故而，混合所有制公司章程是一种具有规制性的契约。

综上所述，在政府合同广泛的使用范围与类型中，涉及公用事业领域的具有规制性的契约有：传统意义上的公共服务与产品政府采购合同、PPP 和 PFI 合同、政府特许经营协议以及混合所有制公司章程。

三、本书考察的对象：政府特许经营协议与混合所有制公司章程

（一）规制性契约的规制强度区分

本书所探讨的规制性契约主要存在于公共服务领域，与文森特-琼斯所作的分类中的经济合同范围大体相当，即主要包含公共服务领域的政府合同、公私合作合同（主要是政府特许经营合同）等。在戴维斯归纳的政府合同体系中，规制性契约主要指向传统意义上的公共产品与服务的政府采购合同、PPP 与 PFI 合同、政府特许经营协议。除此之外，具有规制性的契约还有大陆法系重视的混合所有制公司章程。虽然这些规制性契约均有一定的规制性，但是其中的规制强度不同，具体原因如下：

第一，传统公共产品与服务政府采购合同、PPP 与 PFI 合同的规制属性较弱。传统公共产品与服务政府采购合同是政府为了满足公共服务目的而向私人进行采购所签订的合同，这种合同的规制性主要表现在准入门槛上。基于公共利益的考量，政府部门需要对合同的相对方（投标人）的资质与条件进行限定，并设定招投标程序，防止政府滥用公权力。[②] 但之后的签订合同行为，无论是在大陆法系还是英美法系，均被认为属于民事合同，应由合同法调整。[③]

[①] 参见〔美〕弗兰克·伊斯特布鲁克、丹尼尔·费希尔：《公司法的经济结构（中译本第二版）》，罗培新、张建伟译，北京大学出版社 2014 年版，第 1—39 页。

[②] A. C. L. Davies, *The Public Law of Government Contracts*, Oxford University Press, 2008, pp. 4-5.

[③] See Carol Harlow & Richard Rawlings, *Law and Administration* (3rd Ed), Cambridge University Press, 2009, pp. 343-345; A. C. L. Davies, *The Public Law of Government Contracts*, Oxford University Press, 2008, pp. 4-5. 另参见崔建远：《行政合同族的边界及其确定根据》，载《环球法律评论》2017 年第 4 期，第 27 页。

而合同法等私法的规制性较弱,更强调合同双方之间的合同利益交换,遵循意思自治。同时,传统的政府采购合同属于即时交易,不存在公私合作的过程,而规制本身属于一种过程现象。因此,政府采购合同与规制的过程属性不符。狭义的 PPP 和 PFI 合同从本质上来说,是传统的政府采购合同的一种演化,更强调的是公私合作的资金负担,其本质属性是双方之间的一种利益交换。① 政府部门在与私人之间的这种长期性合约,虽然具有一定的规制属性,但是总体上其规制属性较政府特许经营协议更低。此外,在实践运用过程中,PPP 和 PFI 的规制作用与政府特许经营协议的规制过程相互重叠。这样,对政府特许经营协议规制条款的讨论,即可涵盖 PPP 和 PFI 合同中的规制条款的探讨。因此,本书不具体讨论上述两类规制性契约。

第二,政府特许经营协议与混合所有制公司章程具有较强的规制属性。政府特许经营协议是最典型的一种规制性契约。② 在政府特许经营协议中,涉及特许经营者(政府合同的相对方)选择、价格变更、履行障碍排除、争议解决方式等问题的条款中存在着大量规制性条款,并且这些条款所包含的要素亦是其他规制性契约条款中普遍存在的规制要素,因此,本书的研究重点在于对政府特许经营协议的规制性条款的构建。另外,在美国最初的公用事业民营化中,政府与社会资本合作中一种很重要的合作形式即为政府与私人企业合作成立公司,即本书所讨论的混合所有制公司。例如,在美国建设纽约城水库时,政府与私人企业成立公司实体,负责水库的建设与管理。通过这种方式,实现州政府推动、鼓励、引导以及规制公共基础设施的发展。③ 换言之,混合所有制公司成为公私合作的重要场域,政府对公用事业运营的规制依靠相关公司的章程进行。通过制定混合所有制公司章程,政府部门实现对公用事业的干预与约束。可见,混合所有制公司章程体现了很强的规制属性。

---

① See Carol Harlow & Richard Rawlings, *Law and Administration* (3rd Ed), Cambridge University Press, 2009, pp.413-425. See also A. C. L. Davies, *The Public Law of Government Contracts*, Oxford University Press, 2008, pp.148-168; Yseult Marique, *Public-Private Partnerships and the Law: Regulation, Institution and Community*, Edward Elgar Publishing, 2014, pp.102-106.

② See Carol Harlow & Richard Rawlings, *Law and Administration* (3rd Ed), Cambridge University Press, 2009, pp.394-402.

③ See William J. Novak, Public-Public Governance: A Historical Introduction, in Jody Freeman & Martha Minow (eds.), *Government by Contract: Outsourcing and American Democracy*, Harvard University Press, 2009, p.31.

综上所述，本书探讨的是两类具有较强规制性的合同，即政府特许经营协议和混合所有制公司章程。这两种具有代表性的契约可以涵盖其他规制属性较弱的契约。例如，政府特许经营协议缔约过程中对准入标准的规制，也是传统政府采购合同需要解决的问题。

（二）政府特许经营协议：典型的规制性契约

在政府特许经营协议中，由于特许经营者承担一定的义务并受到特许的约束，因此会获得经济补偿，补偿的方式是被赋予唯一和特别的权利，自负其责、自享权利地从事特定的行为，并因此在同行竞争中得到保护。[①] 即政府部门与私人通过政府特许经营协议的安排进行利益交换，在该协议中，政府部门将具有管理性的规则安排在协议中，由特许经营者签字之后，遵照履行。但是，这些规则的制定同样是可以进行沟通和协商的，体现了规制性契约的有限的意思自治性。政府部门在行使监管等政府权力时除了依据传统的命令和规定外，更主要的是依据契约。如果特许经营者违反政府特许经营协议或政府部门管理、规制，则可以取消其特许经营资格和终止特许经营协议。此外，特许经营者还要履行一定的管理、规制职能，以及执行公法约束公权力的有关规则，如公开、透明、接受社会公众和媒体的监督等，防止特许经营者滥用权力，侵犯公民权利。

特许经营协议是一种经济性规制，政府部门通过竞争性的投标程序，赋予特定公司垄断权。[②] 许可则是一种社会性规制，公司或者个人只有取得许可，才可以获得批准从事特定行为。从特许经营协议的法律机制以及其引发的法律问题看，政府特许经营协议一般被视为政府合同，而许可则不被视为政府合同。有学者认为，政府特许经营协议比其他规制方式更高级，因为一旦特许经营者被授予垄断权，它们就会要求最小的政府干预。"特许经营制度经常用于自然垄断行业中，通过这种制度，在一定的地域市场中仅有一定数量的公共企业被允许提供服务。特许经营制度中，政府通过参与投标企业所提供的服务价格与质量综合评定，何种企业可以在市场竞争中胜出。这种机制可以作为市场

[①] 参见〔德〕弗里茨·里特纳、迈因哈德·德雷埃尔：《欧洲与德国经济法》，张学哲译，法律出版社2016年版，第260—261页。

[②] A. C. L. Davies, *The Public Law of Government Contracts*, Oxford University Press, 2008, p. 10.

规制委员会的替代方案。"① 在特许经营制度中，如果特许经营者不依照协议的质量标准提供服务，它们将被终止特许经营资格，而这被认为足以保证其履行提供公共服务的义务。但是，以这种逻辑得出的结论并非没有问题。因为终止契约是一种最为严厉的处罚，在实践中只有在严重违约时才能适用。规制机构需要就特许经营者更小的违约行为提出警告，因此需要有一套处罚与罚金的机制。这就要求进行特别的立法，因为现有法律并没有赋予特许经营协议具有强制处罚的条款。②

一旦终止政府特许经营协议，政府部门就必须重新启动招投标程序，进入新一轮特许经营活动。在理论上，政府部门还需要以另一种方式向现有特许经营者以其他方式支付报酬，以保持其一定的积极性。但是，"在新的招投标过程中，现有的经营者一般被认为比新的经营者更有优势，因为其更有信息优势，因而其并未感受到竞争所带来的威胁"③。虽然特许经营一般在规制的语境中讨论，但其也被认为属于政府运用契约进行规制的典型形式。特许经营依据政府部门与特许经营者之间具有法律拘束力的协议进行规制，且政府特许经营协议如同政府合同一样，将产生合同奖励与履行等问题。

（三）混合所有制公司章程：公用事业民营化的特殊契约

本书所讨论的混合所有制公共企业指的是在公用事业中承担公共产品提供的企业，其股权由政府部门与私人共同持有，政府部门参与公司的经营。混合所有制公共企业与法国法中的"混合经济公司"、德国法上"公私合营公司"或"联合经济企业"等概念大体相当。④ 公用事业中的混合所有制公共企业首先是一种私法形式的组织，应适用公司法的相关规定。同时，政府部门作为公司股东参与公司经营活动、重大事项的决策，其目的在于保证公司的公共企业属性，因此，混合所有制公共企业受到公法规范的约束。换言

---

① Harold Demsetz, Why Regulate Utilities?, 11 (1) *J. L. & Econ.*, 63 (1968).
② A. C. L. Davies, *The Public Law of Government Contracts*, Oxford University Press, 2008, p. 11.
③ Ibid.
④ 参见〔法〕让·里韦罗、让·瓦利纳：《法国行政法》，鲁仁译，商务印书馆2008年版，第310—316页；〔德〕汉斯·J. 沃尔夫等：《行政法（第二卷）》，高家伟译，商务印书馆2002年版，第417页。

之，混合所有制公共企业可以被作为政府实现市场规制目的的一种工具，行政公司法理论由此产生。① 即主要通过公司法与行政法的协调与修正，使得混合所有公共企业作为政府规制的一种形式。而混合所有制公司的章程是体现规制性的最直接载体。依照公司契约理论，公司章程本质上即为一种契约。② 因此，混合所有制公司章程为具有规制性的契约类型之一。

---

① 参见〔德〕汉斯·J.沃尔夫等：《行政法（第二卷）》，高家伟译，商务印书馆 2002 年版，第 442—450 页；詹镇荣：《民营化法与管制革新（第二版）》，元照出版有限公司 2011 年版，第 116—117 页。

② 公司契约理论最早见于 Alchian&Demsetz 撰写的《生产、信息成本和经济组织》一文。现代公司法理论认为，公司"乃一系列合约的连结"。这"一系列合约关系"包括，法律拟制物（公司）与原材料或服务的卖方签订的供应契约，同向企业提供劳动力的个人签订的雇佣契约，与债券持有人、银行及其他资本供应方签订的借贷契约，以及与企业产品的购买方签订的销售契约等。在这些公司契约中，部分契约是"明示"（explicit）的，同时也有很多是"暗含"（implicit）的。其中，公司设立时订立的公司章程，确立公司与员工、公司与其他产品和服务供应者之间关系的文件，以及公司运营过程中是否增资、减资，以何种方式进行，是借贷还是发行新股，对股东表决权行使的种种规定，都可以视为明示的契约；而部分需要法院进行解释、确认的内部关系，则可以视为暗含的契约。参见刘迎霜：《公司契约理论对公司法的解读》，载《当代法学》2009 年第 1 期，第 134—139 页。

第三章
契约规制正当性的理论支撑

契约规制作为"第三条规制路径",在规制理论上是否具有理论正当性是首先应当澄清的问题。作为一种新型的规制模式,我们应当追根溯源,探求其存在的理论基础,梳理与其相关的理论发展脉络,论证其合理性。同时,也应当反思这种规制方式变革带来的争议与挑战,并注意在其规制体系构建中将"副作用"降至最低。本章考察契约规制在两大法系的起源与理论支撑,立足我国法律体系,以大陆法系成文法、制定法为基础,并运用传统的法律方法论,借鉴和吸收英美法系及其他社会科学如经济学、政治学的方法,论证契约规制的合理性。

第一节 依宪治国视野下公用事业契约规制的合理性证成

公用事业契约规制打破了传统规制方式,被规制对象参与规制决策,享有部分规制权。这一现象是否具有依宪治国基础,特别是从政治学角度看,公用事业契约规制是否具有合理性,是展开后续研究的前提。

一、国家治理的去中心化——政治学视角下规制权力的再分配

国家治理是政府的基本职能。在传统的国家治理中,各国中央政府都居于治理结构中的中心地位。而从 20 世纪开始,政治上治理模式理念的变化为契约规制的运用提供了政治基础,国家治理模式出现去中心化的发展趋势。

（一）规制权力来源

规制权在广义上被视为一项政府治理的内容，因为其是"政策与制度的历史性特定集合，其塑造了各个经济部门中社会利益、国家和经济参与者的关系"[1]。行使规制权力是政府的一项基本经济职能。传统上规制权力主要来源于立法机构的立法以及中央政府制定的各种规制法规与政策。国家的立法权是每个国家的最高权力，社会共同体一旦将其交给某些人，它就是神圣和不可变更的。[2] 与规制权相关的立法规范是实施规制的主要依据，体现着国家的主权，立法权在一国的政治体系中具有核心地位。在英国，只有议会的立法是至高无上的，议会不受任何法律的限制，由此衍生出立法权中心主义等原则。[3] 立法权是一种自上而下的权力，而立法机构显然属于政治体系中最顶端的机构。换言之，规制权来源于国家最高权力机构，体现着典型的权力集中的特征。

还有一类规制权直接分配给政府部门。虽然宪法和相关法律规范是最主要的规制权行使依据，但这些规范还需要由执行机构执行。在理论上，根据民主国家的分权理论，"它们的典型任务是在立法和习惯所创造的一般规范基础上创造个别规范，以及实施由这些一般和个别规范所规定的制裁"[4]。即行政机关作为法律执行部门，在执行法律时还需要根据客观情况，自行制定相关的立法规范和实施细则。从规制的实践观察，行政机关自身依据立法机构的授权进行相关立法是客观存在的。"由于国会在规制过程中追求多种规制目标，而需要赋予行政机关广泛的规制权和不同的规制工具。行政机关自身亦需要依据行政规范制定规章与标准。"[5] 而行政机关的立法一般由中央政府进行，或者由其授权下级政府部门行使该权力。

总之，不论是立法部门的立法还是行政机关的规制权行使，均体现出规制权来源的中心主义模式。规制权的来源体现了国家主体的本源，其权力行使具有自上而下的特性。

---

[1] 〔美〕马克·艾伦·艾斯纳：《规制政治的转轨（第二版）》，尹灿译，中国人民大学出版社2015年版，第1页。

[2] 参见〔英〕约翰·洛克：《政府论（下篇）》，叶启芳、瞿菊农译，商务印书馆1964年版，第83页。

[3] 参见〔英〕A. W. 布拉德利、K. D. 尤因：《宪法与行政法·上册（第14版）》，程洁译，商务印书馆2008年版，第104—155页。

[4] 〔奥〕凯尔森：《法与国家的一般理论》，沈宗灵译，商务印书馆2013年版，第370页。

[5] Daniel F. Spulber, *Regulation and Markets*, The MIT Press, 1989, p. 72.

第三章 契约规制正当性的理论支撑

（二）规制权力的再分配——合作治理

由于我们所处的环境在不断变化，仅依靠国家中央立法或行政确立规则的模式无法满足公共治理需要。社会环境的变化导致国家治理权再分配，"在一个复杂和极速变革的世界里，在任何活动领域，意图拟定规则以涵盖当前形势下所有特殊之处，很显然是不可能的"①。相应地，公共领域决策权的配置也出现了去中心化的趋势。去中心化的公共领域，由网络化、联盟以及相关实体等形成相互重叠的区域，在这些公共性的网络化区域中，各个组成部门均发挥作用。② 去中心化的结果是公共治理中存在多中心。而多中心决策体制意味着存在多个决策中心，并且各中心在形式上相互独立，在竞争性决策过程中相互影响，在具有契约性和合作性的公共事务中各方的冲突通过中心的协调机制解决，各方相互协调，并以可预测的互动模式发挥治理作用。③

行政的去中心化可以区分为两种类型，即地域性去中心化和功能性去中心化。④ 换言之，公共治理领域的去中心化主要表现在两个方面：规制权从中央政府向地方政府转移；规制权从政府部门转向社会群体和私人主体。赋予地方政府公共事务规制权的目的在于提高整个治理体系与社会环境的匹配度。中央政府制定的各种治理制度之间极可能存在冲突，一味地去调和这些冲突，不如采用更为实用的对策，即由地方政府针对具体情形具体应对。由此，可以达到"避免或缓解多种体制在同一空间内运行时由于缺乏协调而产生的碎片化或不连贯问题"⑤。同时我们应当注意到，这种治理权力的转移并非完全排斥制度的作用，中央的立法与制度仍然起着宏观指导效用，具体问题的解决则交由下层权力与社会力量。"去中心化的公共领域由网络、联盟和决策实体所组成。在这些多样的、重叠的公共性网络中，不同的理性逻辑都可以得到发展。"⑥ 例如，在英国的公用事业规制体系中，在政府部门之外设立了很多独立的规制

---

① 〔美〕奥利·洛贝尔：《新新政：当代法律思想中管制的衰落与治理的兴起》，成协中译，载罗豪才、毕洪海编：《行政法的新视野》，商务印书馆2011年版，第128页。
② 参见贺羡：《论协商民主体系中的公共领域》，载《探索》2015年第4期，第56页。
③ 参见〔美〕埃莉诺·奥斯特罗姆：《应对气候变化的多中心治理体制》，载曹荣湘主编：《生态治理》，中央编译出版社2015年版，第72页。
④ 参见萧公权：《政治多元论：当代政治理论研究》，周林刚译，中国人民大学出版社2014年版，第52—55页。
⑤ 〔美〕奥兰·扬：《直面环境挑战：治理的作用》，赵小凡等译，经济科学出版社2014年版，第95页。
⑥ 转引自刘慧：《弹性治理：全球治理的新议程》，载《国外社会科学》2017年第5期，第22页。

部门，这些部门属于宪法上的异类。一方面，它们与传统政府部门不同，不享有政府豁免权；另一方面，它们与传统的私法主体也不同，具有公法人地位。①

现代公共治理结构去中心化的原因主要在于中央政府治理能力的缺乏，这是去中心化的现实需求，这种需求导致规制权向下地分配给地方政府、社会群体。而合作治理更是公共领域中商谈和合作思想兴起的体现，也是公共治理去中心化的理论基础。哈贝马斯提出的公共领域商谈理论是合作治理得以获得正当性的主要思想基础。该理论认为："要产生合法的法律，为什么就必须动员公民的交往自由。立法所依赖的是产生另外一种类型的权力——也就是交往权力——的产生。交往权力是随着公民一起行动而产生，一旦公民分散，则权力消逝。……因此，法律制度自身获取合法性的正义之源是，政府的行政权力必须建立在一种具有立法作用的交往权力的基础之上。"② 保证交往权力的实现需要民主程序，在这种程序内，公民、社团与行政组织共同发声，这就需要有制度保障实现信息的畅通、可靠。即至少将一定的专业知识纳入程序，以及在这些信息基础之上，根据利益状态和价值取向，在待解决问题的不同方案之间作出选择。③ 这一结果显然从实质上改变了以行政机关为中心的决策范式。

对公共治理中商谈理论的重视，导致公共治理相关法律范式的转变。公共治理中民主程序问题属于国家权力分配范畴，由宪法规范。在公、私法之间明确划分的年代，宪法规定公权力的范围，以及一定情形下公权力对私权利的侵入。换言之，一定程度上国家治理一直属于国家权力机构单方的事情，而私人主体则在国家权力的范围之外活动。但是，福利国家的兴起，让人们意识到法律范式转换的社会变化，要求人们不能再把私人主体和公共主体之间的关系看作一种对立的关系，而必须将其理解为相互依赖的关系。④ 即私法与公法之间不再具有泾渭分明的特征，"在很多情况下，原先可以或者归入私法范围或者归入公法范围的那些原则，现在却合并、混合在一起了"⑤。一言以蔽之，公

---

① 参见〔英〕A.W. 布拉德利、K.D. 尤因：《宪法与行政法·上册（第14版）》，程洁译，商务印书馆2008年版，第561—602页。
② 参见〔德〕哈贝马斯：《在事实与规范之间：关于法律和民主法治国的商谈理论》，童世骏译，生活·读书·新知三联书店2003年版，第180页。
③ 同上书，第201页。
④ 同上书，第495页。
⑤ 同上。

共治理相关的法律也从传统上由国家单方制定公法的单一权力模式,向吸纳私法的相关原则,共同形成治理规范的权力行使范式转变。

总之,公共领域的去中心化是为了应对公共领域难以形成共识而提出的,具有良好效果的民主治理需要去中心化的公众舆论,更需要一个总体上妥协与共识的结果。① 在公用事业领域,去中心化的结果是政府部门不再由中央政府制定自上而下的统一规则,而是将规制权下放给地方政府和非政府部门组织,并形成合作关系。"合作通常是比威权的强制更为有效的管制形式,完全依靠强制的权威不会长久。"② 契约规制即规制法中去中心化的有效合作规制模式,通过规制性契约,交往权力涉及的多元主体可以将规制过程中涉及的各种利益诉求进行表达,以合力的方式促成有效的规制。

二、公共选择理论下政府行为的转变

自 20 世纪 50 年代开始,很多国家的政府职能发生了转折性变化,开始关注"公共产品""公共利益"。③ 在公共产品领域,具有影响力的理论是公共选择理论,该理论主要围绕政府行为进行,认为应转变传统的政府行为。

(一)公共选择理论的基本内容

在研究公用事业规制政策时,由于其提供的产品和服务具有公共产品属性,本应由公共部门提供,因此就涉及一个核心问题,即组织化利益和规制机构之间的相互关系。对于这一问题的讨论,主要围绕公共选择为主轴进行,采取的是简单化的假设,即规制者的行为是理性的、效用最大化的,它们愿意并能够将政策与政治和财政资源作交换。④ 公共选择理论从不同角度分析政府在进行公共决策时的方法。美国著名经济学家詹姆斯·M. 布坎南是公共选择理论的代表人物,其主要成就是将经济学的"经济人"假设引入政治学领域,认为在市场经济条件下,政府部门与公共决策的官员都具有"经济人"属性,可以用经济学的分析方法解决政府"经济人"性质和政府失灵问题。公共选择理

---

① 参见贺羡:《论协商民主体系中的公共领域》,载《探索》2015 年第 4 期,第 54 页。
② 〔美〕德博拉·斯通:《政策悖论:政治决策中的艺术》,顾建光译,中国人民大学出版社 2006 年版,第 28 页。
③ 参见〔美〕维托·坦茨:《政府与市场:变革中的政府职能》,王宇等译,商务印书馆 2014 年版,第 193 页。
④ 参见〔美〕马克·艾伦·艾斯纳:《规制政治的转轨(第二版)》,尹灿译,中国人民大学出版社 2015 年版,第 10 页。

论与政治选择的主题相似,包含"国家理论、投票规则、投票者行为、政党政治学、官员政治等等"①。公共选择理论打破了传统政治学理论对政治人假设的幻想,即在政治领域,所谓的政治人也是自私的、理性的、追求效用最大化者,它们不仅是无私的、追求公共利益的政治人,也会追求自身利益的最大化。②其核心思想是,政府在介入公共产品市场进行公共决策时,其自身的"经济人"属性决定了利己主义的决策结果,公共决策的官员可能是个人主义的,决策的过程可能充满着各种利益交换。基于这些因素,政府在进行公共决策时可能是非理性的,而这则会导致政府规制失灵。

布坎南等人在论及对宪法与相关法律的修改时,提出了一个理想化的标准——一致同意,只有法律的制定和修改达到一致同意的标准,才能避免在独立的个体之间进行比较以及达到合理的决策规则。③ 换言之,公共选择理论聚焦于如何在公共决策时形成一致同意的结果,主张应权衡公共决策涉及的各方主体的意见。根据公共选择理论,克服政府规制失灵的两个重要工具是市场和法律。④ 其一,要发挥市场的资源配置作用,限定市场与政府的边界,排除政府公权力对市场的侵入。这就要求政府限缩职能,去除一些原先的经济职能,将政府权力限定在法律规定的领域范围内。其二,保证公共决策合理主要依靠法律,即宪法及相关法律。依靠宪法和诸如行政程序法等法律控制政府行为,抑制公共政策决策中官员的个人主义、利益集团之间的利益交换。为此,要制定公众民主决策参与程序制度;制定政府行为行使的程序法;制定政府内部的追责制度以及外部追责制度等。总体而言,公共选择理论强调政府在进行决策时应增加民主决策因素。

(二)契约规制与政府职能转向的契合

契约规制的正当性在于政府对公共利益的规制。虽然现代国家的经济职能在缩减,但是"认为保证公民免受政府控制是依宪治国体制的唯一目的,或者认为政府结构的目的仅仅在于保护消极的权利,都是不合理的,政府对生命、

---

① 转引自夏永祥:《公共选择理论中的政府行为分析与新思考》,载《国外社会科学》2009年第3期,第26页。
② 同上,第25页。
③ 参见〔美〕詹姆斯·M. 布坎南、戈登·图洛克:《同意的计算:立宪民主的逻辑基础》,陈光金译,上海人民出版社2017年版,第14页。
④ 参见夏永祥:《公共选择理论中的政府行为分析与新思考》,载《国外社会科学》2009年第3期,第29—30页。

自由和合同的保护在本质上都被称为是积极的"①。被规制对象、利益相关者、政府官员以及利益集团共同参与公共产品或服务供给的政治过程，进行讨价还价，这个过程本质上类似达成契约。因此，在公共选择理论的视角下，为了抑制政府的经济人属性，契约规制基于将民主意见纳入决策程序而具有正当性，是现代政府行为理论转变的一个深刻表现。人们越来越信赖作为直接规制替代物的市场和市场方法，这就突出了对效率的关注，也唤起一种更接近市场考虑与运作模式的规制话语。② 从实践面向来看，20世纪后二十年出现了解除管制、成本—收益分析、市场取向的管制进路、缩减管制预算、权力下放以及将公共事务委托给私人部门。③ 这些转向均以契约为媒介和载体，更使得契约规制具有了深厚的实践基础。质言之，政府职能转变通过大量政府契约的使用得以实现。

三、公众参与政治过程的兴盛

在公用事业领域，另一个令契约规制具有合理性的政治过程是，以公众参与为代表的公共舆论力量不断壮大。公用事业涉及的是公共产品和服务，具有不会因单个个体消费而造成其他个体消费的减少以及不具有排他性的特点。对于公共机构而言，它不仅要保证有足够的资金投入公共产品和服务的供应，而且要保证所提供的公共产品和服务的数量和质量。虽然私人也能提供公共产品和服务，但是由公共机构提供可以解决搭便车的问题，而且有国家的税收制度保障分配公平。另外，"考虑到对公共产品的需求不能通过个人偏好即乐意付费的表现方式来决定，因此能够代表民意的政治机构就成为必需"④。而公众参与规制过程是保证契约规制具有民意基础的最基本要求。

公众参与政治过程主要表现在两个方面，即立法过程中公共舆论的作用，以及公共决策中的公众参与。在立法过程中，公共舆论会影响立法制度及其走向，是公众参与的基本形式。例如，19世纪以来，英国在走向民主、依宪治

---

① 〔美〕凯斯·R.桑斯坦：《权利革命之后：重塑规制国》，钟瑞华译，中国人民大学出版社2008年版，第17—18页。

② 参见〔美〕阿尔弗雷德·C.阿曼：《新世纪的行政法》，载〔新西兰〕迈克尔·塔格特：《行政法的范围》，金自宁译，中国人民大学出版社2006年版，第137页。

③ 同上书，第110页。

④ 〔英〕安东尼·奥格斯：《规制：法律形式与经济学理论》，骆梅英译，中国人民大学出版社2008年版，第34页。

契约规制：政府规制的新趋势

国的过程中，法律在一定程度上是公共舆论影响的结果。公共舆论是统治国家的主权者的意见，不论该主权者是君主、贵族还是民众。[①] 不论公共舆论对立法产生的作用是正面还是负面的，其对立法进程的影响在不同的国家都正在发生。被管制者参与管制政策制定过程的原因在于："那些因为他们自己的经济利益而持续参与市场对话的人，对于市场和利益有更为深刻的理解。与那些立法者和执法官员相比，他们的利益仅仅是想象的……正是那些具有私人利益的各方，能够扭曲法律规范的既定意图，将其调整到恰当的位置上……"[②]

在公共决策中，公众参与思潮同样具有深刻的历史影响。在政治民主化与治理文化多元化趋势下，善治是各国政治发展中所追求的最高目标。"善治是以保证公共利益最大化为核心的各种社会管理的过程与活动。其本质特征是形成政府与民众在公共生活中的合作治理，代表了政治国家与公民社会之间的最佳关系。"[③] 在政府与公众合作治理中，当然需要建立公众参与机制与程序，以便将公众的意见纳入公共决策中。其中，建立一个透明政府是公众参与机制与程序的集中体现，可以保障政治信息公开以及公众有序地参与政治。透明政府要求政治信息及时为公众知晓，以便公众有效参与公共决策过程，并对公共管理过程以及决策者的行为进行监督。[④] 鉴于公众参与公共决策在政治理论上的重要影响，各国都在立法中增加了公众参与的制度，这些制度主要集中体现于宪法与行政法上。例如，行政法中的听证制度、公益行政诉讼制度等，皆可减少政治民主缺失。"行政法通过将政府代理权交给私人部门，而非完全置于行政首长的管理权，可以增加政治过程的民主性。"[⑤] 因此，为增强民主性，在国家治理中公众参与成为必需，行政法则成为实现这种必需的工具。而在行政法的发展中，将作为公众的私人部门纳入公共决策的过程已成为各国近年来的普遍发展趋势。

在公用事业规制方面，市场方法与话语发挥的作用已经表明：私人部门在

[①] 参见〔英〕A.V.戴雪：《公共舆论的力量：19世纪英国的法律与公共舆论》，戴鹏飞译，上海人民出版社2014年版，第43—52页。
[②] 转引自〔美〕奥利·洛贝尔：《新新政：当代法律思想中管制的衰落与治理的兴起》，成协中译，载罗豪才、毕洪海编：《行政法的新视野》，商务印书馆2011年版，第186页。
[③] 俞可平：《论政府创新的若干基本问题》，载《文史哲》2005年第4期，第139页。
[④] 同上，第141页。
[⑤] Jody Freeman & Mmartha Minnow (eds.), *Government by Contract: Outsourcing and American Democracy*, Harvard University Press, 2009, p.264.

涉及新规则或规制方法时应发挥新的作用,而政府则要采用新的官僚组织结构——有意模仿法人形式与纪律的结构。① 这些私人部门不仅包括参与运营公用事业的企业,也包含与公用事业相关的利益相关者。"法律治理模式的目标在于创造一个灵活的和流动的政策环境,以培育更为柔性的程序,用它来取代或者完善管制模式中传统的硬性命令。"② 即应当跳出管制框架,发展一套新的机制来取代自上而下的命令、执行和实施。在私人主体拥有公共企业并向公众提供产品和服务的情形下,相关法律制度中经常包含公法或公共政策因素。普通法在过去曾经确认,公用事业经营者及垄断者——他们在现代对应的就是私有化了的公用事业——须负特别义务。总的来说,有一整套法律要求强大的垄断经营者或公共服务提供者承担更高的义务。③ 当合同关系存在权力不平衡时,尤其是更强有力的一方可以以损害对方尊严、自主、尊重、安全以及地位的方式活动时,法律(通常是制定法而不是普通法)一般都会对强者提出更高的义务要求。④ 放松管制实际上经常被认为是一种民营化,因为其目的在于将决策行为从政府部门移转于私人部门,即在经济领域转移于市场,在非经济领域转移于个体、家庭或其他社会组织。⑤

第二节 公用事业契约规制的法经济分析

法学学者,特别是大陆法系的学者常常陷入法律中心论的陷阱,将所有纠纷和问题均纳入既有法律体系,而未深入分析这些问题或社会现象涉及的内在制度的合理性。正如威廉姆森所指出的,法律中心论的假设并非真实的判断,特别是在纠纷解决中,当事人常常通过私下的方式解决。在很多场合,纠纷各方本可以想出更为满意的解决办法,但那些法律专家则会凭借对纠纷的一知半

---

① 参见〔英〕安东尼·奥格斯:《规制:法律形式与经济学理论》,骆梅英译,中国人民大学出版社 2008 年版,第 34 页。
② 〔美〕奥利·洛贝尔:《新新政:当代法律思想中管制的衰落与治理的兴起》,成协中译,载罗豪才、毕洪海编:《行政法的新视野》,商务印书馆 2011 年版,第 171 页。
③ 参见〔英〕道恩·奥利弗:《公法与私法的潜在价值》,载〔新西兰〕迈克尔·塔格特:《行政法的范围》,金自宁译,中国人民大学出版社 2006 年版,第 270 页。
④ 同上书,第 272 页。
⑤ See Jack M. Beermann, Administrative-Law-Like Obligations on Private[ized] Entities, 49 *UCLA L. Rev.*, 1721 (2002).

解，生搬硬套既有的一般性法律规范。① 有鉴于此，本书在分析契约规制模式时，不仅限于法律视野，而是深入契约的形成过程，重视规制性契约形成背后的经济要素，如交易成本、效率、激励机制等内容。

一、交易成本理论下的公用事业契约规制

（一）交易成本理论的基本内容

交易成本是经济系统的运行成本，而经济组织的问题本质上是一个为达到某种特定目标应如何签订合同的问题。② 正如威廉姆森所说，"资本主义的各种经济制度的主要目标和作用都在于节约交易成本。如果不把节约交易成本置于重要的中心地位，就不可能对资本主义的各种经济制度作准确的评价"③。换言之，节约交易成本是衡量各种制度优劣的最重要的标准，其中如何设计一套行之有效的合同制度是减少交易成本的关键。其一，根据交易成本经济学的行为假设，市场主体均具有有限理性与投机的特征。④ 从有限理性出发，节约成本有两种做法，即注重决策程序与设计良好的治理结构。"投机问题属于市场主体追求私利的体现。追求私利有程度深浅之分，程度最强的是投机问题，最弱的是顺从，介于二者之间的是简单的自私自利。"⑤ 从投机问题出发，在完全顺从的情形几乎不可能实现的情况下，应当防止不充分解释有关信息或者歪曲信息的行为，追求介于二者之间的自私自利的状态。其二，签约方法可分为古典式签约方法、新古典式签约方法与关联式签约方法，其中关联式签约方法更符合当代日益持久与复杂的合同特征，可以减少交易成本。⑥ 简言之，一项良好的经济制度如果具有决策程序效率，具有良好的治理结构，具有保证平等的讨价还价交易模式以及采用关联式签约方式，那么，在交易成本经济学看来，即可减少交易成本。

基于交易成本经济学的上述核心理论，在法律制度设计上，降低交易成本的方法有三种。其一，设置默示条款。这种条款类似于合同法本身的规定，对

---

① 参见〔美〕奥利弗·E. 威廉姆森：《资本主义经济制度：论企业签约与市场签约》，段毅才、王伟译，商务印书馆2003年版，第38页。
② 同上书，第35—37页。
③ 同上书，第33页。
④ 同上书，第71—83页。
⑤ 同上书，第77页。
⑥ 同上书，第105—112页。

当事人直接具有约束力,除非当事人有相反的意思表示的证明。默示条款可以分为强制性默示条款和非强制性默示条款。强制性默示条款是指为了达到公共目标而在立法中规定的默示条款,必然地对当事人具有效力。这类条款被视为类似于规则,对于降低交易成本作用明显,而且由于只有相反的意思表示一致才能对抗其效力,符合个人主义与市场体系效用最大化假设。确实它们被赋予这个终极目标:以低成本达到当事人的福利目标。[1] 其二,信托义务。通过高度细化的合同,写明代理人权限的具体要求,便可以运用代理人的专业知识,进而减少交易成本。换言之,通过信托义务的设定,可以减少代理成本。其三,组织形式选择。市场主体在组建交易的组织形式时,如何在不同的组织形式中选择,主要取决于哪种组织形式交易成本更低。[2] 不同的组织形式的差异在于对外缔约时的决策成本,通说认为,混合组织形式最能提高效率。

(二)契约规制是一种节约交易成本的规制手段

公用事业的公私合作通过契约的方式实现,契约既是公共部门与社会资本之间形成的混合组织结构,亦可被视为一种特殊的公共采购合同,因而借助组织经济学与合同理论之研究范式,可从理论角度对契约规制以及经济效率进行细致严密的分析,也更有助于我们全面深入地理解公用事业契约规制这一复杂治理形态所蕴含的经济内涵和激励制度本质。[3] 公用事业契约规制相对于传统的命令与控制规制模式而言,能够同时符合前述三种减少交易成本的方法。

首先,以契约方式达成默示条款可以减少交易成本。公用事业的默示条款一般表现为强制性规范,在传统的命令与控制模式中,这些规范都是由规制机构通过立法的方式确立。从经济学对契约的更广义理解的角度,规制者与被规制对象之间在本质上亦存在一个契约。[4] 在传统的命令与控制规制模式中,强制性规范则是通过一方强制、另一方顺从的方式形成。这将导致更高的交易成本。因为合约的另一方无法表达其自身的意见,若遇到规制难题,则需要事后

---

[1] See Charles J. Goetz & Robert E. Scott, The Limits of Expanded Choice: An Analysis of the Interactions between Express and Implied Contract Terms, 73 (2) *Cal. L. Rev.*, 265 (1985).

[2] 参见〔英〕安东尼·奥格斯:《规制:法律形式与经济学理论》,骆梅英译,中国人民大学出版社 2008 年版,第 17—18 页。

[3] 参见赖丹馨:《基于合约理论的公私合作制(PPP)研究》,上海交通大学 2011 年博士学位论文,第 12 页。

[4] See Jean Tirole, Incomplete Contracts: Where Do We Stand?, 67 (4) *Econometrica*, 743 (1999).

更改这些规范。正如朱迪·弗里曼等人提出的,"通过协商的方式制定规范,虽然在短期内会提高成本,但是从长远看,则会降低净交易成本。因为通过协商方式可以尽早发现规制规范实施过程中可能出现的各种问题,若这些问题在规范实施之后才发现,则将花费更多的成本且更为棘手,包括法律要求的解释冲突、模糊不清的要素规定以及相互矛盾的履行要求"[1]。由此可见,以契约方式达成格式条款,可以发挥协商规制的优势,降低交易成本。

其次,以契约作为规制手段,可以获得交易所需的更多信息。政府规制部门通过与被规制对象协商,可以将规制和交易所需要的信息纳入规制规范。在传统的依靠命令与控制方式进行规制的过程中,规制部门单方制定规则,完全依靠单方收集的信息。而在公用事业领域,基于公用事业的资本弱增性,存在严重的信息不对称,企业掌握着大量市场信息。这些信息与规制政策制定密切相关,规制部门与企业共同制定规制政策,则可以从企业那里得到必要和充分的信息。由此,只要设定信托义务所依据的信息是准确的,规制部门便得以充分信任企业,发挥信托代理机制的作用,以降低交易成本。

最后,以契约方式形成混合经济组织,可以减少交易成本。根据交易成本理论,需要选择适合市场特征的经济组织类型。一般而言,可以选择两种不同的经济组织方式:一种为科层制组织,即政府制定大部分经济政策,处于统治集团最高层的人逐层向下发布经济指令;另一种则是所有决策均交由市场完成,个人或企业通过价格自愿交易。但当今绝大多数国家均采用混合经济制度,既带有市场成分,也带有指令经济成分。[2] 混合经济组织为社会所需的原因在于:其一,完全市场化无法有效对资源进行高效的配置;其二,以一体化与顺从为特征的科层制组织的激励效应不足,其所有指令均通过领导的权威执行,组织决策灵活性缺失。"由于混合组织中的合作和资源分享能够使参与者共同获得更多的租金,因此混合组织的出现也是由激励效应所推动的必然结果。"[3] 在公用事业契约规制中,政府部门与私人企业通过各种契约关系形成混合经济组织,能够克服科层制组织和市场组织的弊端,是最适合公用事业的

---

[1] Jody Freeman & Jim Rossi, Agency Coordination in Shared Regulatory Space, 125 *Harv. L. Rev.*, 1182 (2012).

[2] 参见〔美〕保罗·萨缪尔森、威廉·诺德豪斯:《经济学·上册(第十九版)》,萧琛等译,商务印书馆 2012 年版,第 15—16 页。

[3] 赖丹馨:《基于合约理论的公私合作制(PPP)研究》,上海交通大学 2011 年博士学位论文,第 24 页。

市场组织模式，可以减少交易成本。

二、规制效率视角下的契约规制

在经济学视野中，任何经济行为均需考虑效率问题，即投入与产出比。规制经济学同样需要考察如何提高规制效率。公共事务履行的私人化并非以其自身为目的，而是服务于经济角度下整体经济效率的提高和国民经济的实质增长。[①] 英国、美国近些年不断推行更好的规制政策，将规制成本与产出等规制效率要求引入规制政策制定和执行中。

从历史上看，20世纪前半叶，英国的经济性规制以价格和质量控制的形式持续发展，同时确实延伸至某些并不具有显著的自然垄断特征的产业。其关键的发展出现在二战之后，当主要的公共企业被转变为公所有权性质时，法定的控制形式消失了，取而代之的是（某些）政府指令和政治问责。[②] 20世纪70年代一般被认为是放松规制的开始时期，主要的公用事业企业的民营化使得创造新的精致的规制结构成为必要。这个结构以政府政策的形式在相关产业中引入竞争或者带来更多的竞争，并且以此达到减少规制的目的。其中，公用事业特许经营这一方式在更广泛的领域内以及铁路改革中的使用，说明它作为解决自然垄断问题的一种替代性方案已经得到政治上的普遍认同。但是，对招投标程序的性质以及其是否有能力产出符合公共利益目标的公共产品和服务的质疑依然存在。

人们逐渐发现，规制并不总是指令性的、公益的和集中化的。首先，在某些领域，它的形成和实施都是通过自我规制机构而非公共机构完成的。其次，为了追求更多个目标，政府部门通常会综合运用多种工具，如类似于私法关系的特许契约。最后，规制还可以采取一种被称为"经济工具"的形式，这种形式并不具有强制性：从法律上讲，私人或企业可以合法、自由地从事一些也许从公益的角度来看并无合意的活动，只是在进行这些活动时需要为此支付一定的税收或费用。[③] 在经济性规制中，上述因素对于提升规制效率的效果尤为

---

① 参见〔德〕弗里茨·里特纳、迈因哈德·德雷埃尔：《欧洲与德国经济法》，张学哲译，法律出版社2016年版，第291页。
② 参见〔英〕安东尼·奥格斯：《规制：法律形式与经济学理论》，骆梅英译，中国人民大学出版社2008年版，第10页。
③ 同上书，第3页。

明显。

从本质上说，经济性规制的基本功能是，为自然垄断提供一种替代性竞争。广义上说，经济性规制有三种替代形式：第一种是公有制，通过政治指令和责任机制来实现公共利益的目标。第二种是对私有化的公司施加价格或质量等外部控制。第三种是政府通过招投标来确定具有垄断经营权的公司。作为竞标的一部分，这些公司必须保证按照事先拟定的条件提供产品和服务，尤其是关于价格和质量方面的条件。然后，这些条件会成为许可或特许契约中的条款，作为对它们获得垄断权的限制。①

通过比较，第一种公有制的方式并不具有良好的规制效果，因为"国家干预的有利之处，尤其是以立法的形式，在于直接、立竿见影，而且可以这样说，是看得见的。而如果是逐步的、间接的和看不见的，则是有害的"②。而合同以及合同法之于市场体系的重要作用不言自明，对合同的认同具有重要的经济意义。因为假定交易是理性行为，交易双方都能从交易中获利，那么，社会也能因此得利。事实上，交易双方在交易时均认为自己能从交易中获利，不然就不会签合同。在经济学术语中，这被称为"分配效率"——有人因此在经济上获利，但没有人因此变得更加贫穷。在这个理论中，合同自由成为一个必然的选择。假定个人知道对他们来说什么是有利的，并且理性地追求效用（满足他们所好）的最大化，他们就应当被赋予订立合同的自由。③ 任何一个工业化的社会都不可能仅仅依赖私法的原则体系，无论这些原则是来源于法官的裁判还是法典，理由并不难找。④ 如果说"市场失灵"是与"私法失灵"相伴而行的，那么规制和干预就是基于公共利益的需要，这在表面上看起来已经证据确凿。⑤ 但是，这仅能说明规制具有表面上的正当性。因为规制措施并不一定比市场和私法更有效，或者说因规制而引发的其他经济部门的交易成本的增加或错误可能超过规制的效益收益。换句话说，在"市场失灵"与"私法失灵"之外，同样可能存在"规制失灵"。⑥ 而契约规制则通过契约的方式将规制效

---

① 参见〔英〕安东尼·奥格斯：《规制：法律形式与经济学理论》，骆梅英译，中国人民大学出版社2008年版，第6页。
② 同上书，第9页。
③ 同上书，第16—17页。
④ 同上书，第27页。
⑤ 同上书，第28页。
⑥ 同上书，第30页。

率完美地揉进规制体系,以实现提高规制效率的目标。

三、激励机制与契约规制

激励性规制理论认为,规制问题实质上是一个委托—代理问题,规制者与被规制对象间存在着信息不对称,双方进行的是非对称信息博弈。而解决问题的关键是设计出既能充分激励被规制对象,又能有效约束其利用特殊信息优势谋取不正当利益的激励性规制合同或机制。① 在存在自然垄断的情况下,一个大公司可以凭借规模经济的优势,以较低的成本将其他竞争者驱逐出相关市场领域,而对其垄断行为施加法律控制又缺乏合理性。故而,在自然垄断领域,理论上一般认为可对垄断行为进行豁免;一般救济包括限定最高价,可能还包括质量控制,其基本目的是保证相关经营者在类似于存在竞争的状态下提供产品和服务。例如,美国《联邦通信法》(Federal Communications Act)和《天然气法》(Natural Gas Act)的存在就是为了解决这种问题。然而,自然垄断的类型、范围是具有高度争议性的问题,而且科技革新可能将曾经看似属于自然垄断的市场领域转变成非常具有竞争性的市场领域。②

市场失灵具体表现为如下几个方面:(1)垄断;(2)集体行动难题、协调难题和交易成本;(3)信息不充分;(4)外部性。③ 对于这些"失灵"的事实,政府需要加以规制。但是,规制一般被认为是对市场主体自由的抑制。同时,一般而言,规制作为实现财富再分配的工具要劣于直接的转移支付。④ 在更一般的层次上,规制方案往往为以下三种普遍存在的拙劣的政策策略所累:依赖命令和控制策略而不是允许市场激励存在的灵活策略;没有有益的规制方案所可能带来的负面作用;未使规制功能和规制策略相匹配。⑤ 规制悖论指的是,规制方法在导致与其追求的目标恰恰相反的效果这一意义上以自我挫败而告终。⑥ 任何规制方案若无视规制悖论的存在,就必然会付出惨重的代价。因

---

① See Carol Harlow & Richard Rawlings, *Law and Administration* (3rd Ed), Cambridge University Press, 2009, p. 240.
② 参见〔美〕凯斯·R. 桑斯坦:《权利革命之后:重塑规制国》,钟瑞华译,中国人民大学出版社2008年版,第53页。
③ 同上书,第53—60页。
④ 同上书,第61页。
⑤ 同上书,第99页。
⑥ 同上书,第120页。

此，既要解决市场失灵，又要发挥市场主体的积极性，解决之道是探寻市场主体激励机制，必须使市场主体确信："规制不是真的迫使人们做他们不想做的事情，而是通过强制措施使得他们做他们想做的事情。"[①]

由此可见，要解决规制可能带来的负效应，就要支持灵活的、市场导向的、以激励为基础的和权力下放的规制策略。这些规制策略应当具有的积极功能有：(1)解决市场失灵；(2)进行公益性再分配；(3)实现集体愿望和抱负；(4)形成多种经验和偏好等。[②] 一般而言，激励机制主要通过弹性的价格控制、鼓励竞争的机制以及落实责任机制等制度实现，而公用事业契约规制手段则可以很好地实现将这些具有激励机制的要素与规制特征相结合。首先，规制部门可与私人企业约定公用事业价格范围。在强制性立法规范的框架内，规制部门可以在规制性契约条款中给予企业一定的弹性价格，当企业运营良好时，规制部门可以通过提高价格给予激励；反之，则企业无权要求提高价格。其次，契约规制在选择企业的过程中可以设定一定的准入标准，形成鼓励竞争的态势。企业为获得经营公用事业的权利，只能降低成本，提高产出效率。最后，由于政府部门与企业共同参与契约规制的过程，"契约规制所依赖的规则是由被规制对象参与制定的，因此，这些规则可以变得更为透明，明确规则所意欲达成的效果与目的"[③]。即将一部分规则制定权分配给被规制对象，可以使得被规制对象更愿意接受这样的规则，从而实现一定程度的激励效果。

第三节 契约规制的争议与回应

契约规制以协商的方式进行规制，特别是规制性契约中包含协商确定的规则，引起了广泛的争议。总体而言，这些争议表现在：支持者宣称，协商可以提高规制质量，减少交易成本，并且能够增加规制的合理性和正当性；而批评者则辩称，协商并不能达到支持者所宣称的那些好处，而且可能消除政府部门

---

① 转引自〔美〕凯斯·R. 桑斯坦：《权利革命之后：重塑规制国》，钟瑞华译，中国人民大学出版社2008年版，第56页。
② 同上书，第52—82页。
③ Douglas C. Michael, Cooperative Implementation of Federal Regulations, 13 *Yale J. on Reg.*, 554 (1996).

第三章
契约规制正当性的理论支撑

应当履行的法定责任。① 在规制的特定情形中，立法机关无法控制政府负责人采用契约规制的决定；法律没有提供一个完善的规制框架来保护被规制对象；政府部门的契约规制忽略了重要的公共利益价值。② 因此，我们在将契约规制方式运用于公用事业规制时，亦必须积极回应反对者提出的争议问题，并探寻规制改革的方向。

一、规制性契约的不平等性与契约自由减损

契约既作为服务与福利供给的载体，又同时作为规制工具，该观念的兴起给规制性契约设计和契约救济途径带来巨大的挑战。这就要求行政机关、法院以及立法机关对这种契约和规制的混合体作出必要回应。采用契约规制以构建具有建设性意义的责任保障机制，必然要求政府部门在实施规制行为时转变态度，权衡如何扮演契约当事人与保持规制者应有的权威性的双重角色。因此，政府部门应当将规制性契约当成一种全面的责任性机制进行监督，并且保证程序正义，为公共决策提供公众参与保障，而非将其视为监督支付巨额款项的财会工具，或为缓解严格规制而采取的一种裁量权制度。作为一种规制工具，契约规制具有规制的特点，被规制对象只能被动地接受规范与约束。同时，在契约规制中，作为规制者的政府部门与被规制者的私人主体之间的地位是不平等的，而这种不平等关系与契约的本质是存在冲突的。如何协调这种冲突是契约规制中最具有争议的话题之一。

另外，契约规制的媒介为契约，而契约一般是两个主体之间的利益交换行为，以意思表达为核心要素。"合同自由原则仍然是现代合同法的核心。其包括三个要素，自由选择合同对象，通过合同行为追求自己合同目的以及根据合同发生时的基础自由设定合同条款的自由。"③ 在公用事业契约规制中，政府部门与私人主体之间通过契约联结。相较于其他民事合同而言，私人主体在与政府部门签订的两类典型契约（即政府特许经营协议和混合所有制公司章程）

---

① See Jody Freeman & Laura I. Langbein, Regulatory Negotiation and the Legitimacy Benefit, 9 *N.Y.U. Envtl. L.J.*, 60 (2000).

② 参见〔英〕A. C. L. 戴维斯：《社会责任：合同治理的公法探析》，杨明译，中国人民大学出版社2015年版，第27页。

③ Dorota Leczykiewicz, Private Regulation, Compliance, and Reviewability of Contracts, in Roger Brownsword, Rob A. J. van Gestel & Hans-W. Micklitz (eds.), *Contract and Regulation*, Edward Elgar Publishing, 2017, pp. 323-368.

中，契约自由度显然更低。

这些契约自由减损表现如下：其一，私人主体仅能与政府部门签约，没有选择合同对象的自由。其二，私人主体在规制性契约中并不能完全追求自身的全部目标，即完全追求自身利益。因为经营公共企业不能完全追求自身利益，其中只有以满足个人需求为经营目的的公共企业才可能有收入；即使是可以追求经营收入的公共企业，也与私人企业的经营目的迥异。私人企业旨在追求利益，并以此作为承担责任的报酬。公共企业则不同，即便是那种需要用户付费购买其产品的混合所有制企业，仍然以满足公共利益为经营目的。当然，这种目的性并不排除公共企业存在收支平衡的问题，长期的入不敷出可能危及公共企业的生存。然而，公共企业的产品和服务的定价必须考虑全体民众的承受力，有时甚至要遵守国家的社会政策。同时，公共企业在经营平衡之外去追求利润也是被允许的。但需要明确的是，公共企业追求利润的目的在于获得资金，以便再行投资，改善公用事业，更好地满足民众的需求。[①] 其三，规制性契约的条款并不能完全根据契约双方当事人的意愿设定。特别是强制性条款，如关于价格、退出条件等条款均是强制性的，不允许当事人任意变更。也就是说，对于私人主体而言，只有同意或不同意的自由。

综上所述，契约规制的基本特征与一般意义上的契约平等与自由存在一定程度上的冲突，在规制过程中引起争议亦是不可回避的课题。

二、不受约束的规制权

无论是公共合同还是规制性契约，都会带来公法的尊重行政行为的观念与私法的契约解释原则之间的紧张关系，给行政、司法和立法机关带来挑战。这种挑战在司法上表现得尤为明显：

第一，规制性契约对行政机关是否具有公法上的强制性效果。在美国 USA Group Loan Services v. Riley 案中，法院并不认为行政机关应以其与私人利害关系人之间的协议作为其行为的依据，因为依照诚实信用原则、以讨价还价的方式达成的合意并不具有公法上强制执行的效果，而行政机关在颁布规则时可能背离该合意。[②] 该判例确立的精神是，只要州政府向法院证明其违约

---

① 参见〔法〕让·里韦罗、让·瓦利纳：《法国行政法》，鲁仁译，商务印书馆2008年版，第445—447页。
② USA Group Loan Services v. Riley，82 F. 3d 708 (7th Cir. 1996).

第三章
契约规制正当性的理论支撑

是基于公共利益方面的原因，符合国家公权力合法行使的条件，就不需要向私人主体承担违约责任，由此引发被规制对象权利如何保障的问题。而在美国 United States v. Winstar Corp. 案中，最高法院则认为联邦政府应当对其违反规制性契约的行为承担责任。该案确立了一项原则：政府订立规制性契约后又违反了该契约的，应承担其违约责任。① 该案裁判中的多数意见被诸多学者认为打开了潘多拉盒子，因为该判例将会对未来的规制性契约产生深远的影响——在该案之后私人主体会被鼓励与政府缔结规制性契约，但批评者更担忧其反民主的可能性。② 更有批评者认为，该案偏离了司法机关对政府特殊高权地位的承认，而趋向于将政府视同私方契约当事人一样。③ 这些案例所反映的问题，在公用事业契约规制中显现得更为明显，政府部门既作为规制者又作为契约当事人，如何平衡这种身份混同所导致的契约约束力冲突是公用事业契约规制必须面对的挑战。

第二，在公用事业契约规制中，在相同契约规制形式下，如何区分公、私法的适用范围。在契约规制中，私人主体通过契约取得一定的垄断权，亦行使一些原本属于政府部门的权力，是否应当将这些私人主体作为公共部门进行规制呢？换言之，是否可对私人主体适用公法规范。在美国 Gay Law Students Ass'n v. Pac. Tel. & Tel. Co. 案中，加州最高法院认为，私人企业经营公共设施应当遵守禁止歧视的规范，因为此类私人主体具有州政府赋予的垄断地位，并且州政府对其进行了广泛的规制。④ 本案中，太平洋电话电报公司通过公共合同取得公法上的地位，因而可对其适用公法规范，如适用行政程序法对其进行司法审查。而在美国 Jackson v. Metro. Edison Co. 案中，最高法院拒绝将具有垄断地位的私人公用事业公司视为需要遵守正当程序的政府部门，即裁定私人公用事业公司并非政府部门，因而不可将反歧视的规范适用于类似的公共利益商业活动中。⑤ 其理由是，私人企业并不能因为通过公共合同取得垄断地位，即具有政府部门地位。但是，通过契约规制所发生的公、私法混同现

---

① United States v. Winstar Corp., 518 U.S. 839 (1996).
② Jody Freeman, The Contracting State, 28 (1) *Fla. St. U. L. Rev.*, 210-211 (2000).
③ See Thomas J. Gilliam, Jr., Note, Contracting with the United States in Its Role as Regulator: Striking a Bargain with an Equitable Sovereign or Capricious Siren?, 18 *Miss. C. L. Rev.*, 264-269 (1998).
④ Gay Law Students Ass'n v. Pac. Tel. & Tel. Co., 595 P. 2d 592, 598-601 (Cal. 1979).
⑤ Jackson v. Metro. Edison Co., 419 U.S. 345, 358 (1974).

象是一个不争的事实,如何在契约规制中解决这个问题无法回避。

第三,在契约规制机制下,由于国家将其控制扩张到私人主体,而且对其形成依赖,政府权力很可能增加。① 由此,在为维护统一适用(于公共合同和普通合同)的规则而努力,还是面对实现公共利益的需求的压力而发展出适用于公共合同的特定规则的抉择问题上,美国学界曾经分歧颇大。代表前者的观点援引了 1934 年的美国 Lynch v. United States 案,在该案中最高法院认为:在美国政府进入合同关系时,其在合同中的权利与义务一般是由适用于私人之间合同的法律界定的。代表后者的观点则援引了 1949 年的美国 Larson v. Domestic and Foreign Commerce Corp 案,该案中最高法院认为:政府作为全民之代表,不能因原告提起涉及财产和合同权利的争议问题而停止其继续前进的步伐。美国政府采购法专家乔舒亚·I.施瓦茨教授认为,上述两种理念的冲突在美国契约规制中始终存在,她认为这种冲突实质上是"趋同主义"(congruence)与"例外主义"(exceptionalism)之争。②

三、对上述争议的回应

虽然前述案件以及美国运用契约方式进行规制的经历,如保健系统、监狱管理,以及"杰出领袖工程与栖息地保护计划"等案例都说明了政府运用契约进行规制时会遇到的挑战,即契约起草与监督实施的困难。具体而言,使契约足够明确以便进行有意义的强控的期望,与使契约保持足够的弹性与灵活性以便容许根据不可预见的变化条件进行调整的优惠之间,必然产生足够的张力。③ 但与质疑者相反,有学者通过大量的质证数据发现,协商制定契约能够减少规制者与被规制者之间的冲突,并且从结果上说并不会造成比传统规制方式更不公平的后果。④

首先,通过规制性契约,私人主体会同意遵守或接受那些其参与方能适用、执行的实体性规则或程序规范。同时,规制性契约也可以作为信息披露机制来确定与明确规制目标,这又反过来使得政府监督者和第三方审计者能够监

---

① See Jody Freeman, The Private Role in Public Governance, 75 *N. Y. U. L. Rev.*, 569 (2000).
② See Joshua I. Schwartz, Public Contracts Specialization as a Rationale for the Court of Federal Claims, 71 *Geo. Wash. L. Rev.*, 863-878 (2003).
③ See Jody Freeman, The Private Role in Public Governance, 75 *N. Y. U. L. Rev.*, 667 (2000).
④ See Jody Freeman & Laura I. Langbein, Regulatory Negotiation and the Legitimacy Benefit, 9 *N. Y. U. Envtl. L. J.*, 63 (2000).

第三章
契约规制正当性的理论支撑

督实现这些目标的进程。可以说，在适当的情形下，规制性契约将证明，在效率与民主方面它并不比其他规制工具逊色。① 学者们倾向于指出一系列地理、统计和经济等可能阻碍公共服务外包效率收益的因素，这些因素包括诸如缺乏竞争、缺少降低成本的机会以及市场规模狭小等问题。② 对于很多重要的公共服务和政府职能而言，契约的不完全性是无法避免的。③ 由此，基于规制性契约的错漏可能造成的法律后果考量，行政机关经由契约设定标准的方式具有空前的执行性寓意。例如，美国一些州政府发现，若不仔细起草其与供应商之间的契约，它们将承担原本希望转嫁给私人护理组织的服务与补助。而行政机关仍然偏爱契约规制工具的原因在于，相较于传统的通过规则制定程序进行医疗规制，契约规制具有程序便利的特点，即使便利性以牺牲公众参与为代价。④

其次，关于契约规制中当事人是否具有契约自由的问题。我国有学者认为，行政契约中也有自由合意，"亦即合意是在不对等地位基础上，通过事先对契约内容的限定、有效的行政程序和救济，来保障处于劣势的相对一方当事人自由表达意思而形成的"⑤。还有学者认为，有限的合同自由不是对合同固有特性的否定，而是为了建立起行政权的正当行使与契约自由精神之间的良性互动关系，以充分实现公共利益和私人利益的双赢。⑥法国学者则认为，在行政契约中，签约人仅有签订合同或者不签订合同的自由。⑦ 笔者认为，这二者都有失偏颇。第一，从行政契约的产生来看，行政契约属于行政管理的一种创新方式，就是因为以往的以命令、服从为表现形式的行政处分权太刚性，只有明确的法律规定依据才能行使，导致政府机关无法有效地进行国家管理和经济管理，才发展出通过契约来进行管理的新方式。但是，如果依照法国学者的上述观点，则契约规制方式与传统的规制方式无异，行政契约便丧失了其存在的

---

① See Jody Freeman, The Contracting State, 28 (1) *Fla. St. U. L. Rev.*, 159 (2000).
② See Steven C. Deller, Local Government Structure, Devolution, and Privatization, 20 (1) *Rev. Agric. Econ.*, 145-150 (1998).
③ See F. Trowbridge vom Baur, Differences between Commercial Contracts and Government Contracts, 53 *A. B. A. J.*, 250 (1967).
④ See Jody Freeman, The Contracting State, 28 (1) *Fla. St. U. L. Rev.*, 183 (2000).
⑤ 余凌云：《行政契约论（第二版）》，中国人民大学出版社2006年版，第13页。
⑥ 参见施建辉、步兵：《政府合同研究》，人民出版社2008年版，第51—53页。
⑦ 参见〔法〕让·里韦罗、让·瓦利纳：《法国行政法》，鲁仁译，商务印书馆2008年版，第574—577页。

意义。第二，行政契约借用私法契约的概念、原则等内容，与民事契约的最根本区别在于不平等，在行政契约中，一方是监管者，另一方是被监管者。由此，不能用契约自由原则来解释行政契约条款的形成，因为契约自由原则的土壤是私法主体之间的平等，不平等主体之间何谈自由？第三，契约条款的形成可以从协商行政角度解释，即政府在管制过程中需要与被管制对象之间就管制标准、处罚条件、许可条件等问题进行协商，吸收被管制对象对特定管制事宜中的标准、专业知识，制定科学、合理的监管标准，使得被监管者自愿接受监管，促进监管目标的实现。

再次，作为真正意义上的规制机构，行政机关要对契约条款的履行进行评估，并且衡量契约的执行质量，进而适时地惩罚供应商或者终止契约，引入新的供应商。由此，社会福利与公共服务的提供是通过契约方式实现的，即在政府部门之间有类似授权的委托契约，在政府部门与私人供应商之间亦存在契约关系。① 这种契约的规定可能模糊不清，因为政府的监督可能比较弱，行政机关的监督也可能存在不足，在缺少代位责任的情形下，行政机关可能缺少足够动力监督供应商遵守契约。② 此外，契约规制理论的支持者并没有考量运用契约规制政策是否可能影响到其他重要的公共利益。虽然合同是否应被用来实现社会目标，在对公众进行授权或者至少不是限权时如何将此引入合同等，都是很难回答的问题，但是一个设计精良的合同化政策可能以一种明确、公正的方式解决这些问题。③ 然而，要使契约规制成为一种真正意义上的责任性机制，行政机关必须发展和提升自身监管能力，因为这既要求充足的资金保障，也要求专业的管理能力。行政机关必须有足够的资源去雇用和培训契约管理所需的员工，还应该将契约管理的优先权从防止欺诈与浪费转移到质量监督与保证利益相关者的诉求的相应机制中去。"要实现这一点，还要求行政机关进行内部的组织性改革，例如将合同管理权集中到一个单一的经理受理或者是在一个分别对其上级负责的相互协作的经理小组中划分合同。"④

最后，对于契约规制中行政权扩张的事实，一方面可以通过制定统一行政

---

① See Jody Freeman, The Private Role in Public Governance, 75 *N. Y. U. L. Rev.*, 597 (2000).
② Ibid., p. 605.
③ 参见〔英〕A. C. L. 戴维斯：《社会责任：合同治理的公法探析》，杨明译，中国人民大学出版社 2015 年版，第 26 页。
④ Jody Freeman, The Contracting State, 28 (1) *Fla. St. U. L. Rev.*, 212 (2000).

程序法进行控制,另一方面可以通过具体的制度设计对契约规制中存在的行政裁量权进行约束。我们应当明确,规制是指政府为达到对社会和经济的管理目标而依据法律强制个人和组织遵循特定的行为准则要求。[①] 因此,其中必然涉及国家公权力的行使。为了防止国家公权力侵犯私人基本权利,应当制定统一的行政程序法,从公权力的权力内容到行使程序的广泛范围内对公权力进行约束与控制。例如,在法国,公用事业的职员受公职法约束,因为资产是国有的,执行的法规是具有执行力的决定和行政契约,所以其所负责任要依照特别准则来衡量。[②] 此外,我们也应当注意到,在契约规制中,政府公权力与传统的公权力行使有所区别,主要外化为更为柔性的行政裁量权。对于行政裁量权进行控制并非契约规制独有的现象,该课题已引起诸多学者的重视。而依靠立法控制、行政裁量的自我约束机制、司法权对行政裁量权的控制以及商谈理论的引入等方法,是破解行政权难以控制的四个基本进路。[③]

[①] See J. Den Hertog, General Theories of Regulation, in B. Bouckaert & G. De Geest (eds.), Encyclopaedia of Law and Economics (Vol. 3), Edward Elgar Publishing, 2000, p. 223.

[②] 参见〔法〕让·里韦罗、让·瓦利纳:《法国行政法》,鲁仁译,商务印书馆 2008 年版,第 451 页。

[③] 参见郑春燕:《现代行政中的裁量及其规制》,法律出版社 2015 年版,第 20—30 页。

第四章
契约规制的规制技术

契约规制本身是一种灵活的规制工具,因此公用事业的规制部门在利用契约进行规制时,需要掌握一些具有较强技术性的专业知识。这些规制技术包括不对称规制、规制目标设定、规制过程的行政程序控制以及争议纠纷解决机制的设定。只有掌握这些规制技术,规制部门才能制定出科学、合理的规制政策,并正确行使规制权。

第一节 契约规制中的不对称规制

在公用事业契约规制中,主要的规制对象是公共企业,而公共企业数量众多,其中政府部门与私人主体共同设立的公共企业是主要类型。因此,对这类企业的规制是本书研究的重点。在对公共企业进行规制时,应当特别注意到这类企业具有不同的法律地位,应当依据其不同的法律地位采用不同的规制政策。基于此,笔者引入"不对称规制"的概念。不对称规制本来属于规制经济学的概念,是对不对称竞争的回应,旨在培育市场竞争机制,对原有企业与新企业实行不对称规制,对新企业给予一定的优惠政策,与原有企业实行势均力敌的对称竞争,以实现公平、有效的竞争。[①] 在本书语境下,不对称规制指的是针对不同市场地位的公共企业运用不同的规制密度,其目的在于保障公共企业之间形成有效的竞争,以提高公用事业的效率。

---

① 参见王俊豪:《政府管制经济学导论:基本理论及其在政府管制实践中的应用》,商务印书馆2001年版,第150页。

第四章
契约规制的规制技术

一、不对称规制的区分标准——公共企业具有公、私法律地位

在秉持公、私法二元划分传统的国家及地区，依法人是否分担政府统治职能区分为公法人与私法人。公、私法人区分的效果在于，发生诉讼时的管辖法院、执行方式以及是否会发生刑法适用等不同法律效果。① 不同国家及地区公、私法人区分的典型判例存在认定标准不一且判决观点解说不足等问题。例如，在德国汉堡电力公司案与德国电信案中，德国联邦宪法法院与德国联邦行政法院认定法人公法地位的标准不一。② 在美国，公共学校不可以在没有提供基本正当程序的情形下开除学生，而私立学校则没有这种行为方式限制，但法院没有详述其原因何在。③ 从根本上说，这是由PPP模式的属性决定的，"PPP模式本质特征尤为表现于其张力的维持，这种张力既要满足将公部门与私人捆绑在一起合作，又要满足保持二者之间恰当的距离"④。可以确定的是，当具有公法人地位的主体使用公权力时，应当引入公众参与和正当程序等公法规范进行约束。⑤ 问题的症结在于，经济领域公、私法人依照何种标准区分？境外公共企业法律地位评判标准的主要理论来源于司法案例，故分析这些评判标准的合理性与不足将大有裨益。

（一）渗透理论标准——以公股股权的控制力为衡量要素

渗透理论标准又称"身份标准"，源于德国汉堡电力公司案，是指若政府权力部门对某一私法主体的营业具有绝对的控制力（渗透力），则这一私法主体就处于公法上之地位，不享有宪法上的基本权利，应受公法约束。德国汉堡电力公司案的基本案情是：汉堡电力公司是汉堡市的能源供应企业，汉堡市政府独资设立的汉堡市参与行政有限公司持有公司72%的股权，其余28%的股权则由2.8万名私人股东持有。本案中，该公司因其客户拒绝缴纳复核之后应当补缴的电费而对其中止供电，客户由此向法院起诉请求确认被告的中止供电行为违法，汉堡市高等法院支持了原告的诉请。随后，汉堡电力公司即向联邦

---

① 参见史尚宽：《民法总论》，中国政法大学出版社2000年版，第140—142页。
② 参见詹镇荣：《民营化法与管制革新》，元照出版有限公司2011年版，第71—75页。
③ See Paul M. Schoenhard, A Three-Dimensional Approach to the Public-Private Distinction, 2 *Utah Law Review*, 638 (2008).
④ Yseult Marique, *Public-Private Partnership and the Law: Regulation, Institutions and Community*, Edward Elgar Publishing, 2014, pp. 24-25.
⑤ See Peter Cane, *Administrative Law* (5th Ed), Oxford University Press, 2011, p. 7.

宪法法院提起宪法诉请，主张其为一般私法主体，享有基本法所保障之行动自由权、平等权等。① 德国联邦宪法法院认定，汉堡电力公司不属于私法主体，不享有基本法规定的基本权，而裁定驳回其提起的宪法诉愿，不予受理。② 联邦宪法法院裁判的主要理由为：供电为一项"生活照顾"性质的公共事务；纵然汉堡电力公司的股份并非全部为政府持有，仅72%股份为政府股权，但是汉堡市政府对业务经营具有决定性之影响；汉堡电力公司受到电力法等高密度的强制性规范的约束，几乎没有私法自主性。③ 此案在德国法上具有标志性意义，由此形成以政府持有私人企业的股份多少作为认定私人企业法律地位的重要标准。④ 这一标准的主要逻辑落脚点在于分析法人控制力的属性，如果公法人股东对某法人有很强的控制力或支配力，则该法人为公法人，其中判定控制力或支配力主要以股权比例为标准。

渗透理论虽然在大陆法系国家有众多支持者，但单纯以股权比例或者公部门的控股支配力为标准难以科学厘清公共企业的法律地位。因为在非政府垄断经济领域，政府亦可设立公共企业，依照渗透理论此种公共企业应属于公法人，但其行为与一般私法人并无本质差别。此外，渗透理论采用的标准中的"生活照顾"属于不确定概念。根据一般理解，最广义之生活照顾是指"任何满足个人生活需求之行为"，包括产品之制造、物质与服务之提供和分配等行为。在此意义下，提供生活照顾的主体并不只有国家，私人亦同时可为该事务之行为主体。⑤ 即以生活照顾作为判定法人法律地位的标准在外延上亦无法

---

① 参见刘淑范：《行政任务之变迁与"公私合营事业"之发展脉络》，载《"中研院"法学期刊》2008年第2期，第54页。

② 基本权是德国基本法意义上的权利，类似我国宪法规定的公民的基本权利。"基本权能力"指成为基本权主体的能力，其概念主要涉及基本权释义学中基本权的"人的保护范围"问题。其通说认为，享有基本权的主体不仅包括自然人，也包括法人。但并非所有法人均享有基本权，仅私法人享有和自然人一样的基本权，而公法人则是基本权的对立面，是可能侵犯基本权之主体。因此，法人的公法或者私法上的法律地位其实就是区分其是否享有基本权能力的标准。本书探讨之法律地位是从公私法之层面进行观察，德国法上的基本权能力是在宪法层面上的研究，二者属不同法位阶。

③ 参见詹镇荣：《民营化与管制革新》，元照出版有限公司2011年版，第73页。

④ 在德国，公私合营公司中公股权和私股权之比例并无强制性安排的规定，如联邦国防军资通科技有限责任公司中德国联邦政府持有49.9%的股权，两大私人企业则持有50.1%；德国公司伙伴关系股份公司中公股股东持有57%的股权，其他43%的股权由私人企业和德国联邦政府联合组成的"德国公司伙伴关系控股有限公司"持有。参见刘淑范：《公私伙伴关系（PPP）于欧盟法制下发展之初探：兼论德国公私合营事业（组织型之公私伙伴关系）适用政府采购法之争议》，载《台大法学论丛》2011年第2期，第542页。

⑤ 参见詹镇荣：《民营化与管制革新》，元照出版有限公司2011年版，第95页。

周全。

（二）作用法理论标准——以任务属性为衡量要素

作用法理论标准又称"功能标准"，源于德国电信案，核心内容为，判定法人是否具有基本权能力，取决于法人的活动与任务功能是否可直接归属于基本权所保障的私经济生活领域。① 该案基本案情为：电信公司不服主管机关对其所谓的管制措施而寻求法律救济，要求法院确认其享有营业自由等基本权能力。德国联邦行政法院认为，虽然电信公司是公私合资公司，并且国家持有该公司的绝大多数股份，但电信公司在《基本法》第 12 条和第 14 条所保障的营业自由和财产权范围内享有基本权能力。原告之基本权能力，得由其单纯从事私经济活动及任务（《基本法》第 87 条 f 款第 2 项）而导出；在此范围内，原告系从公法上特别财产之"德意志联邦邮政"或是公法上部分特别财产"德意志联邦邮政电信"分离而出；虽移转股份予私人投资者，但迄今联邦仍具有多数股份等事实因素则不具有重要性。② 该标准是联邦行政法院对联邦宪法法院标准的违反，也是对股权比例标准的放弃，联邦行政法院在裁判中明确提出了"私经济活动"这一概念。然而，联邦行政法院既未对此前联邦宪法法院提出的"生活照顾""私经济活动"之划分标准进行说明，也没有对不适用股权比例标准作为评判标准进行解释。即便如此，该标准因为区分了公、私经济行为，达到逻辑上的自洽，获得众多学者的支持。如詹镇荣认为，公股与私股之间于基本权问题上对立性是公私合营公司的客观情况，从作用法的角度，以公民合资公司之"任务属性"作为是否承认其基本权能力之判断基准，至少应是较为符合此类型法人本质之立论出发点。③

然而，作用法理论中最为核心的任务属性认定，即政府行政权力的认定是极大的难题，也是该标准的重大缺陷。其一，国家公共事务随时代发展而不断变迁，行政权力的内涵亦不断修正。传统上在公共设施建设与私人开发领域之间可较为清晰地划出一条国家—市场的分界线，亦即私人主体仅仅负担私人开

---

① 参见詹镇荣：《民营化与管制革新》，元照出版有限公司 2011 年版，第 65—67 页。
② 同上书，第 74 页。
③ 参见詹镇荣：《基本权能力与释宪声请能力》，载《法学讲座》2002 年第 5 期，第 67 页。

发建设，公共设施建设则将由政府通过税收方式实现。① 但 20 世纪中期之后，政府逐步将部分公共设施建设任务转移给私人开发者，出现公共设施建设国家任务转移的模式，即开发者负担制度。② 相应地，古典自由主义建构起来的国家、社会二元区分开始不断被穿透，行政权以及约束行政裁量权的相关法律均不断地扩张。③ 其二，公共企业的经营范围与行政主体公共任务之属性无法耦合。值得注意的是，有行政主体参与之行为并非都涉及行政权力，实践中可能发生执行权与行政权的定位重叠、逻辑混乱。为此，现代国家试图从执行的视角来定位行政权，用委托授权—代理的制度框架来规范行政权，甚至把行政机关的角色当作有着确切目标的经理或规划员。④ 但是，"随着公共行政观念的发展，行政部门的具体组织概念日益淡化，除了履行国家职能之外，将其他行政职权委托给公法人或私法人都是一样的"⑤。所以，虽然作用法理论标准本身具有合理性和逻辑上的自洽，但却深陷行政权力难以界定的沼泽。

（三）公私之间授权标准——以是否存在政府授权为衡量要素

关于公私之间授权标准，如果公部门和私人之间存在授权，那么该私人主体的行为可以被认定为政府行为。这是美国司法界较主流的标准，来源于 West v. Atkins 案。在该案中，Atkins 医生接受政府的委托，为囚犯 West 提供私人医疗服务，因医疗不当导致 West 身体损伤，原告 West 可以依据美国《宪法》第八修正案起诉 Atkins。美国联邦最高法院认为，保障囚犯的身体健康、提供医疗服务的行为本身属于政府行为，被告 Atkins 虽然是私人主体，但是其行为是得到政府授权的，即属于政府行为，因此本案不属于一般的民事侵权案件，应当适用美国《宪法》第八修正案。⑥ 该标准的本质在于，私人主体与公权力主体之

---

① See John J. Delaney, Larry A. Gordon & Kathryn J. Hess, The Needs-Nexus Analysis: A Unified Test for Validating Subdivision Exactions, User Impact Fees and Linkage, 50 *Law & Contemp. Probs.*, 139-140 (1987).

② 参见刘连泰：《宪法上征收规范效力的前移——美国法的情形及其启示》，载《法学家》2012 年第 5 期，第 167 页。

③ H. W. R. Wade & C. F. Forsyth, *Administrative Law* (11th Ed), Oxford University Press, 2014, pp. 3-4.

④ 参见〔美〕理查德·B. 斯图尔特：《美国行政法的重构》，沈岿译，商务印书馆 2002 年版，第 13—14 页。

⑤ 〔法〕让·里韦罗、让·瓦利纳：《法国行政法》，鲁仁译，商务印书馆 2008 年版，第 293 页。

⑥ West v. Atkins, 487 U.S. 42 (1988).

第四章
契约规制的规制技术

间存在公权力的委托，类似于大陆法系行政法上的行政委托，即接受行政委托的法人或组织在行使接受委托的公务行为时便处于公法上的法律地位。

鉴于授权的公权力类型广泛，公私授权标准可能导致对公权力范围的认定过宽，也无法作为一个统一、清晰的标准，更无法解决当今各国政府广泛运用PPP模式大量进行公私授权所面临的问题。在当代，国家通过普遍的授权将其任务委托私人主体，并且"公共任务"亦非法律明确规定的概念。"公私授权中的行政权力概念亦属于变动之概念，行政权力自法国行政法产生至今仍属于无法清晰界定之概念，各路人士出现了旷日持久的分歧。"[1] 即使行政主体授权私人主体从事原本由其承担的经济行政活动，但"原则上，授权的法律制度适用于经济行政的所有领域"[2]，造成仅仅依照授权或者特许等方式来判断是否涉及行政权力不再准确。因此，公私之间授权标准与作用法理论一样，也无法准确区分公共企业的法律地位。

综上所述，在行政法领域"公私交融"的特征不断凸显，这一趋势要求学界提供新的应对措施。[3] 同时，私法如公司法、合同法的强制性规范也持续增多。于此情形下，对被授权提供公共产品和服务的私人主体适用公法还是私法，应主要从其法律行为进行判断，而其法律行为又深受公共产品和服务属性的影响，仅从私人主体的外在形式无法判断其法律地位。因此，以公共企业从事公共产品和服务领域的经营活动的义务属性作为判定其法律地位应为较科学的路径。从公经济行为任务属性的中立性、行政任务与私经济活动的可区分性两方面看，作用法理论作为评判公共企业法律地位的标准具有科学性。[4] 作用法理论聚焦于公共企业任务属性的甄别，而甄别的结果能合理判定各该公共企业的法律地位，是既有理论中较为合理的标准。但如前所述，作用法理论中的任务属性本身无法确定，导致公共企业法律地位模糊，这无疑会影响PPP模式在民营化中的适用。

---

[1] 参见苏宇：《行政权概念的回溯与反思》，载姜明安主编：《行政法论丛（第17卷）》，法律出版社2015年版，第105—115页。

[2] 〔德〕罗尔夫·施托贝尔：《经济宪法与经济行政法》，谢立斌译，商务印书馆2008年版，第501页。

[3] See Alfred C. Aman, Globalization, Democracy, and the Need for a New Administrative Law, 49 UCLA L. Rev., 1687-1716 (2002).

[4] 参见詹镇荣：《民营化与管制革新》，元照出版有限公司2011年版，第88—97页。

(四) 市场规制的差异性是公、私法主体区分的实质意义

公共企业法律地位评判确属法学理论之难题。诚如陈爱娥所言:"判断私法形式的法人是否具有公法人地位,通常无法作概括的、公式化的界定,毋宁必须在个案中断定,公权力主体对于该私法组织是否具有实质的影响力。"① 然而,个案中的判断标准有时亦具有共性,同时只有确立一般的区分方法论和原则,才能在理论上形成正当性,并且统一概括式的标准界定更有利于司法实务中形成统一裁判标尺。其中难点在于行政任务的判断,而以公共企业在相关市场中是否具有国家独占经营地位作为判定其法律地位的标准,可摆脱行政任务或行政权力难以判断的窘境。

公、私法人的划分源于国家与社会二元区分理论,其目的在于甄别法律适用,保障私法人权益不受公权力侵害。公法人适用行政法、行政程序法等公法规范,被课以公法责任,是私法人享有基本权利的相对方和义务主体;私法人则受宪法规定的基本权利保障,享有包括出版结社自由、营业自由、财产权、契约自由等权利。"公、私法人的区别在于:授予公法人特定特权以及赋予其特定的义务和责任,并且设计一套权力限制体系。"② 但在公、私法融合的形势下,在国家任务不断变换面孔的迷雾中,公、私法人的区分变得不再清晰,二者原本的可区分性已逐渐模糊。③ 在法国,公共企业甚至基本上被认为属于私法主体,仅为国家保留若干支配权。④ 在民营化冲击下,国家组建国有公司或公共企业从事公共服务经济行为时,其行为与私法主体趋同,国家任务或行政任务变得忽明忽暗。换言之,在市场领域,公、私法人的区分在形式上已不再具有意义。"如果国家设施以前的功能和任务因新的市场形势而不再有意义,国家就应当将其责任限制在市场的监控,确保市场竞争秩序,不得用其他形式的垄断变相延续以前的行政垄断。"⑤ 该问题便转换为:国家为维护市场秩序,

---

① 陈爱娥:《行政主体、行政机关及公法人》,载《行政法争议问题研究(上)》,五南图书出版股份有限公司 2000 年版,第 251—252 页。

② Peter Cane, *Administrative law* (5th Ed), Oxford University Press, 2011, p. 6.

③ See Jody Freeman, Extending Public Law Norms through Privatization, 116 *Harv. L. Rev.*, 1303-1305 (2003). See also Carol Harlow & Richard Rawlings, *Law and Administration* (3rd Ed), Cambridge University Press, 2009, pp. 350-351.

④ 〔法〕让·里韦罗、让·瓦利纳:《法国行政法》,鲁仁译,商务印书馆 2008 年版,第 314 页。

⑤ 转引自〔德〕汉斯·J. 沃尔夫等:《行政法(第三卷)》,高家伟译,商务印书馆 2007 年版,第 468 页。

应当如何进行市场规制。韦德等人更直言："民营化使得对规制技术的根本性变革成为必须。"① 例如，在美国电力行业实践中，在经历了民营化之后，又出现要求规制部门对费率和成本进行扩大规制的趋势，电力企业更趋向于公法人的地位。② 因此可以说，公、私法人区分的实质意义在于市场规制方式的差异性。

综上所述，不同的市场结构决定了市场规制的方式和强度，这便是公、私法人区分的实质意义所在。在这层意义上，规制者往往更像对待竞争市场中的私法人一样对公共企业进行规制；而垄断市场的企业受到的市场规制显然更密集、强度更大，在该市场结构中，公共企业更像公法人。

二、公用事业不对称规制的经济学基础

如何对接公共企业的公、私法人地位区分之形式意义与实质意义，关键在于摆脱政府行政权力认定困难的窘境。其实，经济领域政府行政权力的认定与国家独占经营存在内容与表象的关系，即行政权力在经济领域的行使意味着国家对特定市场秩序的干预，在公用事业领域更是表现为国家直接组建公共企业进行经营，这意味着对特定私人主体准入的排除和对私人主体意思自治的侵入。如果某一公共服务领域仅有国家独占经营，或者由公共企业独占经营，在一定时空范围内排除其他私人主体进入，那么这些领域便涉及政府行政权力。

公共企业从事的行业与领域涉及公用事业，公用事业传统上包括具有管网属性的公共产品和服务，如铁路、电力、电信、管道煤气与自来水等行业。由于公众有公平获得公共产品和服务的基本权利，传统上由政府部门作为提供主体，因此各国均在宪法中明确将该义务划归政府部门，并通过公法的强制性规范来确保政府履行义务，代表政府部门的国有企业进而形成国家垄断经营。随着社会进步和科技发展，公共服务领域根据行业特点可区分为自然垄断行业和竞争行业，或分为自然垄断属性强和弱的行业，在某些自然垄断行业引入竞争机制是完全可行的。③ 既然自然垄断行业是可区分的，那么，哪些自然垄断行业是可以引入竞争机制的，或者说自然垄断属性更弱呢？"自然垄断行业的基

---

① H. W. R. Wade & C. F. Forsyth, *Administrative Law* (11th Ed), Oxford University Press, 2014, p.116.

② See Jonas J. Monast, Maximizing Utility in Electric Utility Regulation, 43 (1) *Fla. St. U. L. Rev.*, 135-186 (2017).

③ 参见王俊豪：《论自然垄断产业的有效竞争》，载《经济研究》1998年第8期，第42—46页。

本特征是假设一定产出为前提，生产函数表现为规模回报的递增趋势，即单位产出的成本与生产规模成反比。"[1] 亦即公共服务领域是否保持自然垄断是出于经营企业的规模和成本考量。由于自然垄断行业中的规模经济与范围经济特别显著，足以影响整个垄断性产业的生产效率，因此这些行业一般由一家或特定几家国有企业独占经营。与此相反，具有竞争性的公共服务领域的规模经济和范围经济并不显著，可以引入不同的企业展开竞争。[2] 从经济学的角度看，具有管网属性的业务一般属于强自然垄断业务范围，但是，在这些产业中产品的生产、销售以及配套服务等环节却未必具有自然垄断的合理性。由此可知，自然垄断行业可依照垄断强度的不同分为强自然垄断行业、弱自然垄断行业，同一行业内部之不同业务亦可区分自然垄断领域和竞争领域，如我国的电力行业（见表4-1）。

表 4-1 电力行业的垄断强度及管制密度[3]

行业名称	业务	垄断强度	经营主体	管制密度
电力行业	发电	竞争性	除中国国电集团和国家电力投资集团等多家国有企业或控股企业外，还存在大量民营企业	逐步放松监管，降低准入门槛，定价实行"竞价上网"，发电企业与电力大用户双边协商定价等
	输电	强自然垄断	国家电网、南方电网以及其下属多家区域性和省级输电公司	通过电力大用户与发电企业直接购买，形成输电网外的电力批发市场；政府进行严格的价格管制
	配电	弱自然垄断	省、市、自治区内各地区配电公司	允许地区配电公司相互进入，交叉经营；运用区域间比较竞争管制
	售电	竞争性	国家电网、南方电网以及自2015年以来云南、贵州、江苏等试点区域成立的独立售电公司	放松管制，形成多元竞争

---

[1] K. W. Clarkson & R. L. Miller, *Industrial Organization: Theory, Evidence, and Public Policy*, McGraw-Hill Inc., 1982, p.119.

[2] 参见王俊豪：《垄断性产业市场结构重组后的分类管制与协调政策——以中国电信、电力产业为例》，载《中国工业经济》2005年第11期，第70页。

[3] 本表由作者收集整理，部分内容参考王俊豪：《垄断性产业市场结构重组后的分类管制与协调政策——以中国电信、电力产业为例》，载《中国工业经济》2005年第11期。

第四章
契约规制的规制技术

由于自然垄断行业的可区分性，强自然垄断行业基于其资本弱增性，属于国家严格管控的领域，需要保持特定企业的垄断经营，即需要运用行政权力进行企业准入、价格控制。① 严格管控的原因在于，强自然垄断行业涉及公共利益，一般为非营利产业，需要国家财政支持。"公共利益具有不可分性和公共性，国家必须负责管理并从财政上支持公共利益，就必须强制实行某些要求纳税的有约束性的规则。"② 我们可以发现，强自然垄断行业具有很强的不可替代性，国家一般设立一家或特定几家纯国有性质的企业经营，即国家独占经营。"透过国家的垄断性地位，私人活动原则上被排除。"③ 国家独占经营时，相关企业则会被排除定价权，交易自由受限制，并且必须履行普遍服务义务等。同时，取得特许的公共企业便取得了类似国家独占经营的地位，在提供公共产品和服务时负有公法上的义务。在这种情形下，"国家与私人之间存在一个紧密的法律关系形态，在此意义上私法自治原则应当受到限制"④。

国家独占经营的公共企业不得自行定价，不享有缔约自由，应当依照法定程序公开披露经营、财务等信息。反之，不具有国家独占经营地位的公共企业则更多地享有私法自治的权利，国家对其规制应当控制在最小范围内。但是，我国《反垄断法》第8条的规定并未区分自然垄断行业的规制差异性，⑤ 导致有观点认为所有自然垄断行业的国有企业或公共企业均不适用《反垄断法》规制，而依赖于行政规制。⑥ 实际上，立法和理论上的模糊之症结就在于未认识到垄断行业的可区分性。只有在具有合理性和必要性的垄断行业内，即强自然垄断行业中，国家独占经营的公共企业才属于《反垄断法》适用的除外情形。⑦ 这种除外适用的根源在于，公共企业具有公法人法律地位，应当通过强

---

① See Daniel F. Spulber, *Regulation and Markets*, The MIT Press, 1989, p. 41.
② 〔美〕约翰·罗尔斯：《正义论》，何怀宏等译，中国社会科学出版社1988年版，第267页。
③ 转引自程明修：《行政法之行为与法律关系理论》，新学林出版股份有限公司2005年版，第428页。
④ 同上书，第428页。
⑤ 我国《反垄断法》第8条规定：国有经济占控制地位的关系国民经济命脉和国家安全的行业以及依法实行专营专卖的行业，国家对其经营者的合法经营活动予以保护，并对经营者的经营行为及其商品和服务的价格依法实施监管和调控，维护消费者利益，促进技术进步。前款规定行业的经营者应当依法经营，诚实守信，严格自律，接受社会公众的监督，不得利用其控制地位或者专营专卖地位损害消费者利益。
⑥ 参见吴敬琏：《国有经济进退》，载吴敬琏、江平主编：《洪范评论（第13辑）》，生活·读书·新知三联书店2011年版，第6页。
⑦ 参见方小敏：《论反垄断法对国有经济的适用性——兼论我国〈反垄断法〉第7条的理解和适用》，载《南京大学法律评论》2009年第1期，第128—139页。

制性的行政规制方式进行规制。综上所述，国家独占经营标准本质上是对作用法理论的修正，解决了公、私法人区分中行政权力难以界定的难题，更与前述公、私法人区分决定市场规制的工具手段理论一脉相承。

三、不对称规制的具体区分要素

公共企业的经营活动是否处于独占和排他性地位，其依据在于既有法律是否有准入限制规定。若仅允许国家单独或者与私人企业合资进行独占经营，则相关公共企业为公法人；反之，若为除了公部门可组建公共企业参与经营外，也可通过授权或者特许的方式允许私人企业单独提供公共服务的领域，则具有一般市场的竞争特征，于此情形，其法律地位与一般私人主体无异。[①] 基于国家独占的排他性，附着在公共企业之外的经济管制规范呈现高密度之景象。在公用事业中，国家独占经营如何与非国家独占经营相区分呢？笔者认为，国家独占经营的认定包含以下几个要素：

（一）相关市场界定

公共企业是否具有国家独占经营地位需要在一个相关市场内进行判断。界定相关市场需要考虑三个要素：竞争所发生的一定时期，存在竞争关系的产品和服务的范围，存在竞争关系的产品和服务所处的地域范围。[②] 即相关市场包含特定时期内的相关产品和服务市场与相关地域市场。

关于相关产品和服务市场的界定。除了关注产品和服务本身的差异性外，不能仅仅依照两种产品和服务之间的功能和用途相同作为唯一的判断条件，还应该衡量供给面的设施差异性和需求面的便利性。[③] 公用事业相关产品和服务市场的界定较为容易，因为公用事业的资本投入巨大，同类产品和服务之间的可替代性较小，相关产品和服务之间区分较为明显。例如，在交通运输业，公路交通和铁路交通服务区别显著，公路交通中的公交服务和出租车服务之间的设施差异性和需求面便利性亦容易辨别。

关于地域市场的界定。鉴于我国地域广阔，对于国家独占经营的认定需要

---

① 如我国《基础设施和公用事业特许经营管理办法》第16条规定："实施机构根据经审定的特许经营方案，应当通过招标、谈判等公开竞争方式选择特许经营者。"
② 参见王晓晔：《反垄断法》，法律出版社2011年版，第85—97页。
③ See Gregory J. Werden, Demand Elasticities in Antitrust Analysis, 66 (2) *Antitrust L. J.*, 363-414 (1998).

考量相关产品和服务市场的地域性特点。一般而言,在地域市场的界定中,"需要考虑合理的产品可替代性以及用户需求的交叉弹性"①。具有网络特性的公共服务领域的相关市场认定较为容易,因为网络性的公用事业投入成本极高,在特定区域市场内,政府规划仅可能允许一个经营者经营。例如,我国于2016年施工建设的首条民营控股铁路——杭绍台高速铁路,在该三个城市之间的区域内仅有一个高速铁路营运项目,并且这个区域的该项目与其他区域的高速铁路项目没有竞争关系。而其他如垃圾处理、污水处理、发电等行业,地域市场的界定则较为复杂,需要进行个案分析,一般而言,应当考量各个企业之间是否具有跨区域的竞争关系。以电力规制为例,在 City of Cleveland v. Cleveland Electric Railway Co. 案中,双方当事人对地域市场争议较大,最终法院主要以被告与另一家电力供应公司 MUNY 是否具有跨区域的竞争关系为依据,认定被告主张的 30 平方英里(相当于 77.7 平方千米)为相关地域市场。② 该案的裁判要旨可作为认定相关地域市场的参考依据。

(二)国家独占经营的市场份额

公共企业在相关市场中占有多少份额才可被视为国家独占经营呢?这里首先需要明确我们讨论的前提,即国家独占经营的形成是基于市场结构的状态,而非经营企业的行为,国家独占经营的应有之义为排除竞争。公用事业是否为国家独占经营应根据公用事业的行业特点判断,只有强垄断性行业才属于国家独占经营的行业。"强垄断性业务主要是指那些固定网络性业务(如燃气管道网、自来水管网、污水管网等),其他领域的业务则属于竞争性业务。"③在强垄断性行业中,公共企业在相关市场中往往独占市场份额,即在该市场中没有其他竞争者。换言之,在相关市场中,公共企业实现了市场份额的独占,并不存在竞争关系。不过,作为政府"伸出的手",具有国家独占经营地位的公共企业显然不能具有经营自由等意思自治的权利,而是政府运用公权力对其进行直接的经营控制。

---

① Simon Bishop & Mike Walker, *The Economics of EC Competition Law: Concepts, Application and Measurement*, Sweet & Maxwell, 1999, p.65.
② See George Sawyer Springstein, Government Regulation and Monopoly Power in the Electric Utility Industry, 33 (2) *Case W. Res. L. Rev.*, 258 (1983).
③ 王俊豪:《中国城市公用事业民营化的若干理论问题》,载《学术月刊》2010年第10期,第61页。

将国家独占经营标准用于前述几个案件,会得出更清晰的结论。例如,德国汉堡电力公司案的争点在于电力公司的提价行为是否应履行正当程序,若该公司在相关市场中具有独占地位,其提价行为则应接受高密度规制,如听证程序的约束,未经法律要求的程序,其提价行为即因不合法而无效。又如,德国电信案的争点在于政府的管制措施是否合法的问题,同样考察电信公司是否具有独占地位:若成立,则政府的管制措施合法;若不成立,则政府的管制措施不合法。再如,美国West v. Atkins案的争点在于囚犯是否有选择医生的权利,即医生提供特定监狱的医疗服务是否唯一:若是,则接受政府部门委托为犯人提供医疗服务的Atkins所属医疗机构应当被视为公法人,并应受到更多法定程序约束;反之,则不然。

四、不对称规制之合理性分析

国家独占经营的标准实现了公、私法人区分形式意义与实质意义的连接。将经济领域公、私法人区分置于市场环境中才能达到区分的目的,即公法人所在的市场环境为非竞争性,主要适用公法规范进行直接规制;反之,私法人主要适用反垄断法和私法规制。其中的合理性主要表现在如下几方面:

(一)国家独占经营标准为消费者利益保护提供直接依据

国家独占经营形成的最重要法律关系——公共企业与消费者即公众之间的关系具有不对等性。公共产品的提供者是唯一或特定的,且为生活照顾所不可或缺;公共产品的消费者为维持生存,并无选择自由,处于类似管理与被管理的行政法律关系中的被支配地位,公共企业极有可能利用其在市场中的绝对支配权侵害消费者利益。在公共服务领域,消费者利益主要表现为以合理价格获得服务,公共服务提供者应当履行普遍服务的义务。[①] 市场规制可实现消费者利益保护,因为"公共事业规制的效果之一即要求公共服务的提供者进行普遍服务,并且服务的价格越高,在低收入消费者中的普及越低"[②]。依照公私法划分之基本原理,对公共企业必须课以公法上的责任,适用更多、更强的强制性规范和程序约束其行为,才能保障处于被支配地位的消费者的利益,特别是

[①] 参见曲振涛、杨恺钧:《规制经济学》,复旦大学出版社2006年版,第130—131页。
[②] Inara Scott, Applying Stakeholder Theory to Utility Regulation, 42 *Ecology L. Currents.*, 9 (2015).

消费者中的困难群体的利益，保证其有能力负担得起基本的公共服务。

在国家独占经营领域，这种高密度的强制性规范主要表现在：公共服务价格遵从政府指导价；限制或剥夺公共企业在与消费者缔约时的契约自由；在信息公开方面适用《政府信息公开条例》等规定。在非国家独占经营领域，国家在制定规制政策时应更遵从市场规律，减少干预与管制。总之，若经营者获得了国家独占经营法律地位，与消费者形成支配和被支配的关系，则应当认定相关公共企业具有公法人的法律地位，需要运用类似公法人权力控制的规制手段，以更有效地保护消费者利益。例如，我国《反垄断法》第 8 条第 2 款规定，国家垄断行业的经营者不得利用其控制地位或者专营专卖地位损害消费者利益。

（二）国家独占经营标准为市场规制的差异性规制创造了前提基础

市场秩序维护的第一个层面表现在规制工具的选择上，即对不同类型的法人需要适用不同的规制工具。在公共服务经济性规制中，政府规制的核心要素表现在进入控制、价格规制以及公用事业的服务义务三方面。[①] 以价格规制为例，可分为竞争性的价格规制与垄断企业的价格规制两类，前者主要发生在竞争性市场，政府规制的目的在于控制反竞争行为和价格压榨行为，更注重实现分配的正义；后者则更趋向于政府直接为垄断企业设置垄断价格。[②] 换言之，二者的规制手段和工具不同。"与传统管制方法不同的是，趋向放松管制的领域聚焦于自然垄断行业的特定领域内对投入（例如网络管道）的规制，以及更多地依赖于与其他领域的竞争，而非对产品（如服务的价格和质量）进行规制。"[③] 从规制实践看，"为了提升其在多种公共服务购买中的控制力，英国财政部使用了非常典型的大棒与萝卜相结合的工具包"[④]。因此，公共服务的规制有两种模式，"一种被视为对企业私法自治的侵入，另一种则被认为是不同

---

① 参见〔美〕J. 格里高利·西达克、丹尼尔·F. 史普博：《美国公用事业的竞争转型：放松管制与管制契约》，宋华琳、李鸧等译，上海人民出版社 2012 年版，第 113 页。

② 参见〔英〕安东尼·奥格斯：《规制：法律形式与经济学理论》，骆梅英译，中国人民大学出版社 2008 年版，第 300—311 页。

③ Jim Rossi, *Regulatory Bargaining and Public Law*, Cambridge University Press, 2005, pp. 53-54.

④ Carol Harlow & Richard Rawlings, *Law and Administration* (3rd Ed), Cambridge University Press, 2009, p. 340.

主体之间的协作"①。

市场秩序维护的第二个层面，则是需要赋予国家独占经营企业类似传统公法人的市场监管职权。因为垄断性市场中信息不对称明显，国家独占经营企业具有信息资源优势，国家和消费者均处于弱势地位，需要在制定规制政策时对规制任务不断复杂的形势进行回应。"被监管团体或其他社会利益在规制过程中将发挥更大的作用，或更加全面地参与到政策过程之中，减少对行政机构资源的需求。"②即赋予被规制对象一定的规制权成为必须。例如，我国电力行业中的输电和配电业务属于国家独占的业务范围，不仅有《电力法》《电网调度管理条例》《电力监管条例》《价格法》等法律法规对相关企业进行规制，而且电力公司还可以同行政机关一样颁布规则，基于电力供应的公共利益，享有一定程度的管理和处罚等权力。③

国家独占经营标准可为规制工具与手段的选择提供明确、清晰的依据。其一，政府部门为降低公众使用公共产品和服务的价格以及提高服务质量，通常会直接或间接地对国家独占经营的公共企业进行价格规制和财政补贴。在政府确定垄断价格时，企业的意思自治被完全排除，此时企业即为政府"伸出去的手"，与政府在一定程度上连为一体。政府财政补贴行为涉及对纳税人权利的处分，"如果一个私法主体存在强制、授权和补贴，则其行为应当视为国家行为"④。而对国家行为的规制只能适用于公法人。传统市场规制理论认为，自然垄断行业不受反垄断法规制，而是通过政府直接干预价格、监督质量的政策和命令等方式进行规制。⑤ 其二，公共企业在具有国家独占经营地位时具有一定程度的管理权和规制权，如同政府市场规制一样，"规制的正当性在于对公共利益的维护"⑥。国家独占经营和公共利益的实现具有很强的黏合度，在国

---

① Tony Prosser, *The Regulatory Enterprise: Government, Regulation, and Legitimacy*, Oxford University Press, 2010, pp. 5-6.
② 〔美〕马克·艾伦·艾斯纳：《规制政治的转轨（第二版）》，尹灿译，中国人民大学出版社2015年版，第5页。
③ 例如，我国国家电网公司2014年印发了《国家电网公司分布式电源并网服务管理规则（修订版）》，其中第35条等规定了电网公司对发电企业具有稽查权。
④ Daphne Barak-Erez, A State Action Doctrine for an Age of Privatization, 45 *Syracuse L. Rev.*, 1173 (1995).
⑤ See John H. Shenefield, Antitrust Policy Within the Electric Utility Industry, 16 *Antitrust Bull.*, 713 (1971).
⑥ 〔英〕迈克·费恩塔克：《规制中的公共利益》，戴昕译，中国人民大学出版社2014年版，第229页。

家独占经营中，相关企业显然属于政府公权力"伸出去的手"，规制者应依照公法规范进行直接约束。这就需要通过正当程序控制相关企业的权力，如强制性立法规范或市场规制工具，同时需要采取更为丰富的规制工具，即需要权力控制和激励规制。综上所述，国家独占经营标准可以将强制性规范等公法规制工具适用于具有国家独占经营地位的公共企业，排除其私法自治，而非国家垄断经营的公共企业则适用反垄断法等市场交易规则进行规制。

（三）国家独占经营标准为公法规范适用于私法主体提供了理论依据

自20世纪90年代始，行政国观念伴随着民营化潮流产生巨大影响，并为公、私法学者所关注。与此同时，行政权力开始扩张，有限政府理论逐步走向消亡，具体表现为越来越多的公法规范适用于私法主体。[1] 这种改变更多通过合同的方式进行，"这些合同中蕴含着规制的特征，其目的在于保证社会公共服务的供给与政府提供有益的社会保障"[2]。即政府为了公共产品和服务的有效供给，需要扩大公法规范的适用范围。从私法角度看，此即公法规范控制私法契约理论。公法规范对私法契约的控制主要表现在国家管制的原因、目的、对象、方式等均越来越广，需要研究私法的转介条款如何建立操作标准，研究是否容许公法规范进入私法契约以及进入的程度等问题。私法主体主要通过契约行为参与市场交易，契约法中存在更多的身份契约，强制性规范转介条款也更多，这些强制性规范即国家规制的外化，这一命题应当更多考量公法规范介入私法契约的比例和边界问题。[3] 那么，公法规范以规制的形式适用于私法主体，规制比例和边界等问题在市场经济环境下的合理性何在？

国家独占经营区分标准可在理论上予以回应。从私法主体角度观察，可认定国家独占经营的公共企业为公法人，而否认其私法上如意思自治、营业自由等基本权利具有正当合理性。私法主体的本质是通过市场交换进行经营活动，获取利益，仅在涉及公共利益等情形下才受到强行法的约束。在国家独占经营中，公共企业已非处于传统的私法市场中，国家通过授权或许可以将其他私法主体排除出相关市场，即相关企业通过接受更多管制而换取独占经济利益。虽然提供公共产品和服务的私人企业具有营业自由的权利，但由于其享受了政府

---

[1] See Gary S. Lawson, The Rise and Rise of the Administrative State, 107 Harv. L. Rev., 1233-1237 (1994).
[2] Jody Freeman, The Contracting State, 28 (1) Fla. St. U. L. Rev., 189 (2000).
[3] 参见苏永钦：《寻找新民法》，北京大学出版社2012年版，第353—374页。

的优惠政策,因此应当受更多的公法规范约束。但在传统的经济规制中,立法机构并没有设立把公法规范适用于私法主体的制度,为此,应在垄断性的公共服务领域扩大公法规范于私法主体上的适用。[1]

综上所述,与其以行政权力运用这一模糊的概念判断公共企业的公法人地位,不如从相关企业是否实质上在相关市场中形成国家独占经营的法律地位角度观察更为直观、合理。国家独占经营的公共企业应当受到更多的公法约束和监督,以强调其所承担的公共行政职能,强调其行为应当符合强制性程序,应适用如价格听证、普遍服务等原则;对私法主体性质的混合所有制公共企业,更多地强调对其进行外部监督,即国家保障其营业自由等基本权利,主要通过软法(或称"柔性法")进行监管,通过在私法中设置强制性规定或者通过协商规制的方式构建公共企业自我监管规则。"通过协商,使得政府完成公共服务的提供,节约公共资源,私人主体获得了正当性收益,并且在协商行政和正当收益之间可以寻求平衡点。"[2]依照国家独占经营标准区分公共企业法律地位,可以正确处理市场规制、消费者利益保护以及财政补贴等问题。

第二节 公用事业契约规制的原则和要素

在进行公用事业契约规制时,具有规制性的契约条款应当依据一定的目标和原则设定。公用事业的规制原则通过具体规制中的三个核心要素实现,一方面要能提高公用事业效率,另一方面也要保证社会公平。政府管制的核心要素表现在进入控制、价格管制以及公用事业的服务维持三方面。[3]

一、公用事业规制原则、目标与规制标准设定

(一)公用事业规制的原则和目标

公用事业规制的原则可以表现为提高公用事业效率、保证分配正义以及保

---

[1] See Jody Freeman, Extending Public Law Norms through Privatization, 116 *Harv. L. Rev.*, 1303-1305 (2003). See also Dominique Custos & John Reitz, Public Private Partnerships, 58 *Am. J. Comp. L.*, 577 (2010).

[2] Jody Freeman, Private Parties, Public Functions and the New Administrative Law, 52 *Admin. L. Rev.*, 814 (2000).

[3] 参见〔美〕J. 格里高利·西达克、丹尼尔·F. 史普博:《美国公用事业的竞争转型:放松管制与管制契约》,宋华琳、李鹄等译,上海人民出版社2012年版,第113页。

证私人企业的正当利益回报。① 第一，提高公用事业效率。从整个社会的角度来衡量，公用事业规制要实现社会生产力的提升、人民福祉的缔造等目的。由此展开，可以从经济学的角度探寻需要何种政府规制，从而通过政府规制，实现社会资源的最大化利用。第二，保证分配正义。由于公用事业涉及公共产品和服务的提供，这种公共产品和服务是公民生活照顾的基本权利，必须保证每一个公民平等地获取公共产品和服务，不能出现贫困公民无法承担公共产品和服务的现象。第三，私人企业的正当利益回报。私人企业加入原本由国家独占经营的公用事业，必定需要设立一定的利益回报机制，才能保证私人企业的积极性。例如，法国公用事业法规定，必须给予共同签约者报酬，不是在契约中将报酬定死不变，而是应当根据其实际承担的责任支付报酬。这样可以确保相关私人企业的报酬不因偶然事故等受到影响。这种规定是以不定实契约义务理论为基础的。也就是说，共同签约人若在履约过程中遭遇了意料之外、不可预见的实际困难，应当获得全部补偿。②

公用事业的规制原则在契约规制实践中亦应予贯彻。规制原则的贯彻主要通过进入控制、价格管制以及公用事业的服务维持三个核心要素实现。其中，进入控制可以保证政府部门选出优质的私人企业，以提高公用事业的运营效率。价格管制是政府部门、私人企业以及公用事业利益相关者之间的利益划分连接点。公用事业的服务维持则是保证公共利益有效实现的必然逻辑结果。

(二) 规制标准设定

在上述契约规制目标的指引下，规制标准的设定应考虑以下几个方面的问题：

首先，与传统标准设定的关系。基于公用事业公私合作中不同利益、目的的冲突，可适用性的法律框架的区分显得大有裨益。政府的纯粹获利行为亦包含着抵消性质的诸如保障公共健康与安全的考量，并且亦应当避免不正当的财务风险。然而，相较于提出这些竞争性的利益追求（提供公共服务、公共健康与安全）的必要性，明确完全摆脱这些限制的财务目的，似乎将提供更多的救济途径。取而代之的是，一个足够严格的法律框架应包含以下因素：对公用事

---

① See Daniel F. Spulber, *Regulation and Markets*, The MIT Press, 1989, p.35.
② 参见〔法〕让·里韦罗、让·瓦利纳：《法国行政法》，鲁仁译，商务印书馆2008年版，第573页。

业公私合作中政府的目的有一个清晰的认识；将这样的目的进行委托比获取利益具有更大的正当性与权威性；保证对诸如公众健康与安全、公共财政以及私人市场所造成的副作用提供保障。①

其次，自愿的自我规制。公共企业自愿的自我规制标准设定往往与政府规制并行不悖，在确立调整具体行业或活动的实际标准方面发挥着强有力的作用。但是，公共企业自我规制是否具有代替抑或补偿政府规制的作用，则取决于政府部门的态度。若进行自我规制的公共企业在技术上违反了制定法或规制标准，行政机关可通过执行对该公共企业有利的行政自由裁量权，以鼓励自我规制的顺利进行。②

再次，受监督的自我规制。规制性契约还能使行政机关扩大其影响，即契约成为体现规制力量的工具，而非削弱行政机关的力量。在自由裁量权范围内或根据立法机关的授权，行政机关可与被规制方达成协议，从而使得被规制方灵活地负担法律与契约所未规定的义务。③

最后，协商制定规则。美国学者认为，地方土地使用条例为规制性契约的理论与实践提供了先例。地方政府通常会通过规划契约和开发协议与私人开发商和居民进行讨价还价，并形成包括规制性冻结与强制性费用等法律上强制执行的协议。这种形式的政府行为既非传统意义上的规制，也非传统意义上的契约，而是具有规制与契约权利相结合的特点。④

二、市场准入与退出规制

公用事业民营化可能采取的形式不止一种。一方面，政府可以将其某项职能向市场外包，仅有最低限度的合同承诺，几乎没有监管，仅有很少的规制。另一方面，政府坚定地详细规定合同条款，并且严格监督执行这些约定，由此伴随着信息披露、公开咨询以及强制审计等措施。依照后一种方式进行的民营化是为了最大限度地加强问责制度，这可能损害人们关心的其他规范性的目标，如经济效率，但也恰恰说明了在每个案例中对相互竞争的目标进行权衡和

---

① See Judith Welch Wegner, Utopian Visions: Cooperation Without Conflicts in Public/Private Ventures, 31 (2) *Santa Clara L. Rev.*, 331 (1991).
② See Jody Freeman, The Private Role in Public Governance, 75 *N. Y. U. L. Rev.*, 644 (2000).
③ See Jody Freeman, The Contracting State, 28 (1) *Fla. St. U. L. Rev.*, 207 (2000).
④ See Carol M. Rose, Planning and Dealing: Piecemeal Land Controls as a Problem of Local Legitimacy, 71 (3) *Cal. L. Rev.*, 892 (1983).

超越的必要性。① 这意味着，公用事业民营化过程中对私人主体准入与退出的条件设定要较为弹性，但不论条件宽严，对私人主体的准入与退出限制都是契约规制中极其重要的参数。

（一）缔约前的甄别

契约规制，一般通过政府部门与私人主体签订政府特许经营协议的方式进行。缔约前的甄别主要是选择特许经营者的标准，对参选者是否具有相应管理经验、专业能力、融资实力以及信用状况是否良好等进行审查。在我国，政府鼓励金融机构与参与竞争的法人或其他组织共同制定投融资方案。同时，特许经营者的选择应当符合内外资准入等有关法律、行政法规的最低规定。② 需要注意的是，按最低标准选择特许经营者虽然具有一定的经济效益优势，但对于整个项目而言可能并非最科学的选择标准。而最有利标得标制度则由于综合考量了报价结构、技术、工期、财务状况、资格与经历等方面的因素，因此往往可以选择到最为合适的特许经营者。若采用竞争性谈判的方式，则应由实施机构组成谈判小组，分别与每个供应商进行谈判，谈判结束后，谈判人应当要求所有参加谈判的供应商在规定时间内提出最后报价，谈判人依据评标标准确定中标供应商。

（二）退出条件设定

政府同意的市场退出对维护市场安全、保障市场运行效率、维护公共利益具有重要意义。市场退出是指已经进入市场的市场主体依照法定的条件和程序离开市场。③ 在公私合作项目中，政府与私人主体合作一般会先签订公私合作项目合同，然后设立一个项目公司，政府与私人主体皆为项目公司的股东。在正常设立的有限责任公司或者股份有限公司中，在不损害其他人利益的前提下，股东可以依据法定条件或约定退出项目公司。在公司法中，典型的退出机制为：股权转让、股权回购与司法解散。④ 但是，在公私合作项目中，为了保障公共产品和服务的持续性供给，私人主体不能随意退出项目公司，私人主体的退出是附条件的，一般需要得到政府等实施部门的批准。

---

① See Jody Freeman, Extending Public Law Norms through Privatization, 116 *Harv. L. Rev.*, 1287-1288 (2003).
② 参见杨汉平：《政府采购法律问题研究》，中国政法大学 2001 年博士学位论文，第 33 页。
③ 参见杨紫烜：《国家协调论》，北京大学出版社 2009 年版，第 216 页。
④ 参见林成铎：《有限责任公司股东退出机制研究》，中国政法大学出版社 2009 年版，第 127 页。

契约规制：政府规制的新趋势

市场经济要求市场主体能够设立自由、营业自由、解散及转让自由，但是这种自由的价值有可能与国家安全保障的价值相冲突。① 在公私合作模式中，政府在授予私人主体提供某一公共产品和服务资格的同时，会要求私人主体放弃一定权利，以保障公共产品和服务的可持续提供与经济安全。需要政府同意的退出机制是政府对市场的干预，市场经济的自由要求市场主体能够自由进入或退出市场，但是在公私合作模式中，市场主体的退出行为受到公共利益的约束，市场主体的任意退出有可能导致公共产品和服务无法持续供给，从而影响到公民最基本生活保障。私人主体在享受到某种特别权利的同时也应当放弃一些权利，保持权利义务的相对平衡。

在公私合作中私人主体不享有自由退出市场的权利，为了公共产品和服务的持续供给，法律会设定一定的退出条件，私人主体只有在履行法定程序之后才可退出。这种附条件退出主要有政府同意转让第三方、政府方回购两种形式：(1) 政府同意转让第三方。在公私合作项目中，私人主体在股权锁定期之后有权将其在项目公司的股权转让给第三方，以退出公私合作项目。但是，这种行为要事先通知公私合作项目的政府实施部门并得到其批准。同时，受让的第三方应当具备履行提供相关公共产品和服务的资格，并且有能力持续履行该公共产品和服务的供给义务。在公私合作项目中，私人主体将其在项目公司中的股权转让后，其权利义务是否全部由第三方受让，法律并没有明确规定。笔者认为，在公私合作项目中，为保持公共产品和服务的连续不间断供给，转让股权的私人主体在整个项目期间应当与受让的第三方共同承担该公共产品和服务的连带责任。(2) 政府方回购。是指在项目公司运营过程中，因发生法定或约定事由，由政府依据法律或约定向私人主体回购其在公私合作项目中的股权，私人主体退出项目公司运营。政府方回购一般会在公私合作项目合同中进行约定，其实是保障私人主体利益的一种形式，也是私人主体收回成本的手段之一。公私合作项目涉及公共利益的保障以及公共服务的持续供给，若项目公司违约，无法持续提供公共产品和服务，则政府可以回购私人主体在项目公司的股权，以保障公共产品和服务的持续性。若项目公司没有违约，但合同规定的政府回购期届满，此时政府方应当依据项目合同回购私人主体的股权，私人

---

① 参见江眺：《公司法：政府权力与商人利益的博弈——以〈公司律〉和〈公司条例〉为中心》，中国政法大学出版社 2006 年版，第 61 页。

主体有权退出项目公司运营，而无须承担公共产品和服务维持义务。

三、价格规制

价格规制是政府规制中的一个重要目标，因为只要有政府的地方就有价格控制。从经济学上观察，在制定公用事业价格规制政策时，政府主要考虑对非竞争性市场中的垄断企业实施价格控制。[1] 从契约过程看，价格规制可以分为设定定价机制和价格变更机制两个方面的内容。而这两方面内容均成为政府部门设定私人主体与公众之间的利益分配条款，以及是否允许私人主体获得超额利润的重要规制工具。[2]

（一）设定定价机制进行规制

公用事业的规制体系可以视为政府部门与垄断企业之间的长期协议，后者同意遵守规制要求，以最低的成本来满足消费者的合理需求，所获得的回报是政府部门允许其制定足以收回这些成本的价格。[3] 因此，价格设定是契约规制中政府部门最为首要的规制内容。大量的规制学和经济学文献都在研究公用事业价格规制中存在的种种难题。这些难题之一在于公用事业私有化所带来的一般财务问题，其中包括如何评估资产——它们在私有化时很可能被低估了——这一错综复杂的问题。这些难题还包括决定合理资金回报以及基本设施再投资的基本水平等社会问题。[4]

公用事业具有自然垄断性质，为提高公共产品和服务的效率和质量，需要根据特定行业选取一家或极少数家企业提供产品和服务，而这可能导致这些企业利用市场垄断力量获取垄断利润，扭曲社会分配效率，从而需要政府管制。[5] 其中，价格管制目标体现着政府部门对价格管制的偏好，但促进社会分

---

[1] 参见〔英〕安东尼·奥格斯：《规制：法律形式与经济学理论》，骆梅英译，中国人民大学出版社2008年版，第300页。

[2] See Tony Prosser, Theorising Utility Regulation, 62 (2) *Mod. L. Rev.*, 198 (1999).

[3] See Paul L. Joskow & Richard Schmalensee, Incentive Regulation for Electric Utilities, 4 *Yale J. on Reg.*, 14-15 (1986).

[4] 参见〔澳〕马克·阿伦森：《一个公法学人对私有化和外包的回应》，载〔新西兰〕迈克尔·塔格特：《行政法的范围》，金自宁译，中国人民大学出版社2006年版，第62页。

[5] 自然垄断的基本特征在于其成本弱增性，具有显著的规模经济、范围经济、网络经济性和资源稀缺性，其典型产业包括有线通信、电力、铁路运输、自来水和煤气供应等。在自然垄断行业中，政府部门既要保证垄断经营，又要防止相关公共企业利用垄断地位获取暴利，因此在这些行业中需要政府规制发生作用。参见王俊豪：《政府管制经济学导论：基本理论及其在政府管制实践中的应用》，商务印书馆2001年版，第32、98—99页。

配效率、刺激企业生产效率和维护企业发展潜力共同构成自然垄断产业价格管制的三维政策目标体系。① 它是政府制定自然垄断产业管制价格的主要经济依据，也是进行价格管制政策分析的重要工具。从具有代表性的英国和美国的价格管制实践看，对价格变动监管采取的最高限价管制模式和投资回报率管制模式均体现了前述目标。英国的价格管制采用的是最高限价管制模式，考虑了通货膨胀因素，即一定时期内固定价格的上涨幅度，以激励公共企业降低成本、获取更多利润，一般以 3—5 年作为一个调整期。美国价格管制者根据那些影响价格的变化情况，对企业提出的价格（或投资回报率）水平作必要调整，确定企业的投资回报率，作为企业在某一特定时期内定价的依据。其中，投资回报率由管制双方通过"讨价还价"解决。②

（二）设定价格变更机制进行控制

在政府特许经营协议中，价格变更条款是最为重要的条款。政府特许经营协议中的价格变更条款与一般的民事合同中的变更条款不同，民事合同中的变更条款只有在符合合同约定的情形发生时或者经过合同双方当事人同意时，才会发生效力。在英美法系国家，"从政府合同（类似大陆法系的政府特许经营协议）超过一百多年的历史看，政府部门被赋予了单方价格变更权，以追求公共利益的实现"③。可以说，价格变更和管制伴随公用事业发展的全生命周期，设计价格变更法律制度时应强调价格变更条款的规制性。但是，也应当注意到，政府部门在进行单方价格变更时，应当遵循法定的条件。

公用事业涉及公共利益，属"市场失灵"产业，因为纯公共产品和服务或自然垄断是自发性的、无法避免的，需要国家干预。④ 传统上，公用事业由公共部门或国有企业经营，国家干预表现为颁布政治指令和构建责任机制，以确保公用事业的经营活动满足公共利益的需要。由于提供公共产品和服务具有国家任务属性，因此采用行政命令、强制的方式依然属于法律保障的政府权力。例如，我国《价格法》第 18 条、第 23 条分别规定，公用事业价格适用政府定

---

① 参见王俊豪：《政府管制经济学导论：基本理论及其在政府管制实践中的应用》，商务印书馆 2001 年版，第 99 页。

② 同上。

③ F. Trowbridge vom Baur, Differences between Commercial Contracts and Government Contracts, 53 *A. B. A. J.*, 250-251 (1967).

④ 参见〔美〕维托·坦茨：《政府与市场：变革中的政府职能》，王宇等译，商务印书馆 2014 年版，第 5 页。

第四章
契约规制的规制技术

价或政府指导价，价格的确定、调整应当进行价格听证程序，应征求经营者、消费者和有关方面的意见。虽然特许经营者可以提出价格变更，但最终是否变更、在多大范围内变更由政府部门核准。在当前民营化背景下，政府部门更多通过特许经营的方式将公用事业经营权交由私人主体或公私混合体经营，退出直接参与公共产品和服务的提供，但仍对公用事业负有担保责任，国家担保责任是公用事业管制的重要内容。[①] 而通过与私人企业签订契约的方式是国家担保的主要管制手段，较其他契约外的管制手段而言，行政契约更具有优越性，也是政府部门与私人企业建立公共任务执行合作法律关系的主要架构。即契约成为一种重要的管制工具，发挥着国家管制的作用。

规制性是政府特许经营协议的一个面孔，激励性则是契约制度的原生特征。面对越来越多的私人企业参与公用事业，政府部门一方面需要基于维护公共利益而进行监管；另一方面需要基于维持私人企业参与之热情而进行引导、扶持，设置利益激励。政府部门在契约中设置对公共产品和服务价格、质量等进行管控的条款，特许经营者在接受这些条款后，可以获取不同程度的排他性经营权，进而获取一定范围内的利润。理论和实践已证明，规制性和激励性可共生于政府特许经营协议中，规制性条款的形成过程实质上就是监管机构、被监管企业、用户和利害关系人之间的一场讨价还价，如同私法契约的条款是经过当事人协商过程的结果一样。[②] 即价格条款的形成和变更的过程更体现多方利益主体的参与，而非单纯由政府特许经营协议双方当事人协商或单方行为即可完成，这意味着价格单方变更权的行使与政府单方面的控制性不同，亦与一般私权利不同。综上所述，价格变更需要在立法上确立变更原则，并围绕该原则构建具体制度。

那么，政府部门具有单方变更权的理由何在？法国的公用事业规制法给予的回应是，政府部门有公共利益维护的义务，这种义务的反面是政府部门"王权"的具体表现形式。"单方变更权"之概念常与"王之行为"（le fait du prince）理论相提并论，而且二者常被视为相同的概念。就其实质而言，王之

[①] 国家担保责任的兴起是国家理念变迁的表征，国家角色从公共服务的生产者、给付者和执行者退出，变成担保私人企业提供相同的人民生活照顾所需服务的责任。这种担保责任的基础在于社会国原则和国家对宪法基本权利的保障义务。

[②] See Daniel F. Spulber, *Regulation and Markets*, The MIT Press, 1989, pp. 269-272.

行为即为国家公权力对私权利的侵入。① 因为公用事业所提供的产品和服务具有特征不一的表述,诸如产品质量和标准等要素均会随着社会的变革而发生变化,政府部门作为公共利益的代表,有责任依据契约履行过程中出现的变化随时调整契约内容,这便是政府价格单方变更权的法律依据。"从'王权'的法律角度关于政府合同的任何讨论均变得十分复杂。因为王权被认为拥有个人的所有权力,包括有权进入任何合同,这种行为将带来异常广泛和弹性的讨论框架。"②

当行使公权力的行为使得履行契约的条件恶化时,政府部门有义务给予共同签约人补偿,而且要全部补偿,即补偿额应当与共同签约人所遭受的损失相等。但是,法律上的解决办法是复杂的,而且要根据签约公法人或其他某个公法人采取了什么样的措施,以及这些措施是普遍性的还是个体化的情况,采取略有不同的解决办法:当签约公法人利用自己的权力单方面改变共同签约人的职责时,契约外政府强制行为理论从来都能得到贯彻落实。公法人有时对其共同签约人采取措施,增加后者的负担,但这种负担不是以所签契约为基础,而是以其他名义施加的。如果加重共同签约人负担的措施不是由签约公法人,而是由其他某个公法人采取的,比如,当国家的法令规章使地方政府部门的共同签约人陷入恶化的社会环境时,契约外政府强制行为理论就不起作用了。在这种情况下,将行政偶然事件视同经济偶然事件,就可能要适用不可预见理论。"当缔约公法人采取的普遍性措施加重了共同签约人的负担时,可能按照契约外政府强制行为理论办理;但是,只有该措施直接影响契约的基本内容,方可适用这一理论。"③

赋予政府部门"王权"具有重大的现实意义。例如,美国加州放松对能源批发销售市场的规制,却规定了零售商可以对消费者收取电费的价格上限。但是,由于自 2000 年夏天开始的能源原料价格上涨,加州两大电力供应公司——太平洋燃气与电力公司(Pacific Gas and Electric)和南加利福尼亚艾迪

---

① 参见陈淳文:《论行政契约法上之单方变更权——以德、法法制之比较为中心》,载《台大法学论丛》2005 年第 2 期,第 239 页。
② Carol Harlow & Richard Rawlings, *Law and Administration* (3rd Ed), Cambridge University Press, 2009, p. 341.
③ 〔法〕让·里韦罗、让·瓦利纳:《法国行政法》,鲁仁译,商务印书馆 2008 年版,第 573—574 页。

讯公司（Southern California Edison）濒临破产，因为能源原料公司不愿将原料出售给这两大企业，导致能源短缺。加州居民强烈要求政府采取行动解决这一危机。① 当然，政府单方变更权往往会引申出对政府权力进行限制的问题。因为政府单方变更权属于行政裁量权的行使，该过程可能发生权力滥用和规制合谋行为，需要制定行政程序法对政府行为进行规制。

四、公共服务维持规制

（一）公共服务维持的内容

公用事业必须满足民众共同利益的需要，而民众共同利益的满足是不能中断的，任何中断都可能导致集体生活的极度混乱，为此各国司法判例都提出了公用事业连续性的原则。例如，美国公用事业法律的本质特点在于要求公用事业承担无歧视的、基于合理价格向所有人提供服务的普通法责任。② 为了实现这种持续的、无差别的公共产品和服务的提供，在行政契约方面，对共同签约人的履约时间要求十分严格，任何延误都有使公用事业陷入瘫痪的危险，为此，各国公用事业相关法律特别规定了适用不可预见理论相关规则。也就是说，行政契约中的不可预见理论是作为公用事业连续性原则的一种制度保证提出的，在出现不可预见的风险的情形下，为了保证行政契约的继续履行而对契约条款的内容进行变更。与此类似，PPP项目合同是一种不完全契约，在漫长的契约履行周期中，可能出现很多在订立契约时所无法预见的风险和客观环境的变化，因而需要在契约履行中不断进行沟通和协商，不断达成新的协议。其理由在于，作为PPP项目合同的标的，公共产品和服务标的的数量和质量要求是很难通过订立契约时的条款完全界定的，既然标的的数量、质量要求和标准很难界定，那么其价格亦无法进行清晰的界定。因此可以说，不可预见理论在经济学角度看来是"可预见的"，不可预见理论是保证PPP项目合同顺利履行的必要制度。

（二）公共服务维持的实现手段

政府监管是实现公共服务维持原则的重要途径。在公用事业民营化后，公

---

① See The Congress of the United States Congressional Budget Office, Causes and Lessons of the California Electricity Crisis, ACBO Paper, https://www.cbo.gov/sites/default/files/107thcongress-2001-2002/reports/californiaenergy.pdf, visited on 2023-12-20.

② 参见〔新西兰〕迈克尔·塔格特：《行政法的范围确定了吗?》，载〔新西兰〕迈克尔·塔格特：《行政法的范围》，金自宁译，中国人民大学出版社2006年版，第9页。

共服务提供主体的多元化对政府执行契约与监管角色的分离提出了要求。实践中，作为公用事业规制主体的政府部门可以通过公益董事或监督员制度对PPP项目进行监督。私人主体在PPP项目中应对项目的运营情况进行信息披露，以保障消费者的知情权。公众也可以充分发挥监督作用，监督政府部门和私人主体的行为，以实现公共服务维持的目标。实现公共服务维持原则的最终救济途径是政府采用强制力。在PPP项目中，为了保障公共服务维持原则的实现，政府方有权随时介入PPP项目，有权对PPP项目合同进行单方变更、解除或者对PPP项目进行临时接管。毋庸置疑的是，最终救济途径的实施需要满足法律规定的条件以及程序。

第三节　契约规制的程序控制

正如对公用事业契约规制的批评意见指出的，政府部门在绕开制定法明确规定的情形下，利用契约这种柔性形式避开宪法和行政程序法对行政权力的约束。"在合作规制时，必须出现不受限制的行政裁量权。因为行政机关拥有宽泛的执行裁量权才能推动与利害关系人团体达成协议。"[①] 因此，有必要对契约规制过程进行相关程序控制。公众参与机制的引入、规制过程的行政程序控制以及司法审查制度的建立这三方面，是有效抑制契约规制过程中行政权扩张态势的有效进路。

一、公众参与机制的引入

（一）公众参与机制引入的必要性

从契约规制的外观观察，仅有政府部门与私人主体参与规制的过程，不存在公共参与的机会。例如，关于提供公众保健的公私合作契约经常将法律和条例的要求纳入契约，使得这些要求成为可执行的契约条款。在将条例纳入公众保健契约的过程中，政府部门提供的医疗补助便成为标准设定的一种手段。然而，有些学者批评，规制过程仍然缺少程序性保障，"程序性规则，例如政府规则发布之前所要求的通知与评论程序，可以提供给受政府规则影响的公众质

[①] 〔美〕朱迪·弗雷曼：《合作治理与新行政法》，毕洪海、陈标冲译，商务印书馆2010年版，第117页。

疑的空间，进而保证政策选择的正当性"[1]。该问题即因为契约规制在本质上属于合作治理的范畴，契约本身不仅对签约双方产生拘束力，更对公众以及利益相关者（stakeholder）的权益产生影响。即政府部门与私人主体之间的契约在设计的时候具有双面性，政府部门通常规定条件，而私人主体通常会接受，在这一过程中存在较大的协商和妥协空间。但是，这种情形可能导致契约的不公平或不合理。而通过与供应商以及消费者代表进行更为广泛的沟通，可以为契约的签订带来程序上的正当性。[2]

在契约规制中，我们可以看到，独立规制机构、社区、消费者组织、游说团体和个人都能更多参与到政策制定中去。如果我们无法实现这一点，前景将是：经济将无限延伸直到天际，提供给我们的是只有商业利益的无趣风景；它许诺给我们一种只有分配和生产效率，但没有社区精神的生活。[3] 因此，将公众参与机制引入公用事业规制显得极其重要。

（二）公众参与机制的具体方式

国家对公共企业的规制不仅涉及被规制企业的利益，更与作为消费者的公众利益相关。"契约监管的过程实质上就是监管机构、被监管企业、用户和利害关系人之间的一场讨价还价，如同私法契约的条款是经过当事人协商过程的结果一样。"[4] 对公共产品和服务的价格、质量等内容的监管需要履行"讨价还价"程序，即在立法中规定的听证程序。听证的公开进行可以使公众了解行政权的行使依据、方式、步骤和时限等，满足公众的知情权。[5] 在公用事业规制中，听证程序可为各方利益主体提供一个平台，对公用事业的成本进行评估，对私人主体可能得到的回报进行衡量，最终确定政府特许经营协议的内容。虽然政府特许经营协议的主体为政府部门和特许经营者，但关于公共产品和服务的价格、质量要求以及变更等内容均需进行法定的听证程序才能确定。此外，公众不仅可以自己参与其中，在实践中消费者委员会和咨询委员会也会作为承载公众利益的载体参与前述程序。例如，英国的电力、公路、铁路和邮

---

[1] Jody Freeman, The Contracting State, 28 (1) *Fla. St. U. L. Rev.*, 176 (2000).
[2] See Jody Freeman, Extending Public Law Norms through Privatization, 116 *Harv. L. Rev.*, 1328-1329 (2003).
[3] 参见〔澳〕马克·阿伦森：《一个公法学人对私有化和外包的回应》，载〔新西兰〕迈克尔·塔格特：《行政法的范围》，金自宁译，中国人民大学出版社2006年版，第85页。
[4] Daniel F. Spulber, *Regulation and Markets*, The MIT Press, 1989, p. 269.
[5] 参见章剑生：《行政听证制度研究》，浙江大学出版社2010年版，第16页。

电的消费者委员会和咨询公司都能为消费者表达其意见提供渠道,包括提供建议和信息,以及对消费者投诉进行调查。① 又如,在高速公路通行费调整时,通过举行听证会,可以综合考虑公众的意见、运营成本等因素确定通行费的调整幅度。

二、规制过程的行政程序控制

(一)契约规制中不可忽视的效应——公权力扩张

在运用契约规制的国家中,私法的间接治理工具在公共利益领域不断发挥重要作用。例如,不管是对民间机构的自我规制体系的批准和确认,还是协调政府和非政府组织监管机构等,均成为规制者偏爱的市场规制方法。此外,早年对私人经济组织的规制仅是民营化的副产品,但在今天,规制者的触角已向更深、更广领域伸张:公权力复兴。② 这种公权力扩张不得不引起我们的注意。在契约规制过程中,行政权可能穿着私法的外衣,但是我们仍可以看到国家规制的触角。作为介入公民生活的高权的载体,规制合同("假合同")发挥着越来越重要的作用。这种趋势下,行政权对民事权利的干预更加频繁。行政法应当围绕正当程序构建行政权控制规则,其宗旨在于保障那些在个人化形式的协商规制下处于不利地位的公民的平等权。同时,行政法也应聚焦于评估政府干预的范围和程度。那么,如何以及在何种环境下才能使其更为有效呢?这些问题均与行政强制的使用以及使用的比例相关。这些规制性契约不像传统合同那样不具有强制性,相反,违反其约定将产生行政强制,强制措施包括预防民事禁令和罚款,或者利益和特权的剥夺。③

正是由于规制过程中充满了公权力扩张的阴影,而规制的授权存在强烈的公益正当性基础,因此产生了责任问题,即规制者应对它们行使权力的方式负责。这里的责任应区分为三种不同的责任形式:首先是财政责任,规制者应满足特定财务管理的标准;其次是程序性责任,即程序必须是公正、客观的,因而需要制定规则和作出决定的恰当流程,以服务于公共利益并抵制私人主体利

---

① 参见〔英〕A. W. 布拉德利、K. D. 尤因:《宪法与行政法·上册(第14版)》,程洁译,商务印书馆2008年版,第594—595页。
② See Carol Harlow & Richard Rawlings, *Law and Administration* (3rd Ed), Cambridge University Press, 2009, p. 235.
③ Ibid., pp. 350-351.

益的不当影响；最后是实体性责任，也是最为重要的，可以保障规则和决定自身的正当性，进而符合公共利益的要求。①

（二）对契约规制中公权力行使的行政程序控制

对于行政权的扩张，最好的应对方法是通过行政程序法进行合理限制。行政程序法是关于行政权内容以及行使程序的立法。在行政程序法的立法例中，美国《行政程序法》是较为成功的典型。该法规定了四类行政程序：正式的规则制定、非正式的规则制定、正式裁决和非正式裁决。② 但在进行合法性审查时，仅对两类程序规定了要求，一类是正式的审判型裁决程序；另一类是非正式的通告—评论规则制定程序。在这种法定框架下，行政程序控制在很大程度上有赖于将行政机关的行为纳入正式还是非正式的行政程序：若被纳入正式的行政程序，则行政机关必须遵循司法审判或与之类似的程序要求；反之，行政过程中所遇到的法定阻碍就少很多。③

公用事业契约规制显然属于非正式的通告—评论规则制定程序。因此，美国《行政程序法》其实对公用事业契约规制中的行政权的控制效果有限。"尽管《行政程序法》对正式的规则制定规定了如此详尽以至于实际上不可用的机制，但是对于非正式裁决规定的要求却寥寥无几。"④ 主要原因在于，美国《行政程序法》实际上根本没有采用"非正式裁决"这一术语，而且几乎没有承认这一概念。事实上，这一概念主要是评论者的评论以及对立法结构进行逻辑推导的产物，立法者并没有提及"非正式裁决"，因为他们并未将其作为行政活动的明确类型加以概念化。由于美国《行政程序法》程序化的正式规则制定并不存在，同时又忽略了非正式的裁决，因而其所确立的四角网格实际上减少为两套可用的程序性要求：一是非正式的规则制定程序，二是正式的裁决规则制定程序。

对此，有学者提出对行政权进行控制的替代方案。其一，立法机关更为精确地表达其给予行政机关的指令。其二，一方面承认行政机关拥有大量自由裁

---

① 参见〔英〕安东尼·奥格斯：《规制：法律形式与经济学理论》，骆梅英译，中国人民大学出版社 2008 年版，第 114 页。
② See 5 U.S.C.A. § 551.
③ See Keith Werhan, Delegalizing Administrative Law, 1996 U. Ill. L. Rev., 442-443 (1996).
④ 〔美〕爱德华·L. 鲁宾：《行政程序法行政化的时代》，蒋红珍译，载罗豪才、毕洪海编：《行政法的新视野》，商务印书馆 2011 年版，第 307 页。

量权,另一方面要求自由裁量权的行使必须遵循一致适用的普遍规则。其三,提高行政自由裁量权的实体性规则的效率。① 尽管如此,虽然这些替代方案具有一定的合理性,但是在政策执行的过程中却存在诸多变数。现实问题是,立法机关为了使得立法更具有弹性,倾向于给予行政机关更为精确的指令。此外,普遍规则与效率原则的实践运用价值亦较为有限。因此,笔者认为将契约规制的行政权拉回至正式的规则制定程序进行规范显得更为妥当。

三、司法审查机制的构建

通过上述分析可以发现,仅仅依靠行政程序法,无法有效地对契约规制中的行政裁量权进行有效约束。而在一些学者倡导的"回应性规制"中,监管部门创造性地与个别公司(或工厂现场)合作以达到个性化的监管水平,其危险在于政府通过协议放弃法定标准或作出越权承诺,从而要求行政机关拥有足够的执行裁量权。② 正如学者指出的,"《行政程序法》半推半就地将非正式规则制定程序司法化,给进行审查的法院造成了困境。法院的回应主要是'严格审查',但严格审查是行政机关必须对证据审查还是对行政机关的决定程序进行严格审查,不无疑问"③。在这种情况下,司法审查便成为控制行政权扩张的最后关口。

(一)司法审查的范围

由于司法审查是对公法产生的公权力滥用行为的预防与补救,因此在确定司法审查的审查范围时,应当考量公法与私法的划分问题。公法方法与私法方法之间的显著差异,因普通法缺少权利滥用法则而加强了。权利滥用法则发源于法国,在民法法系国家以及加拿大魁北克民法法系地区被广泛接受,主要为了防止权利享有者仅为伤害他人或其他不当目的,或以不合理的方式行使权利。在19世纪末,普通法改变了这一法则,拒绝考量个人或法人行使合法权利的动机和根据,无论其对公共利益是多么不公和有害。拒绝权利滥用法则与

---

① See Richard B. Stewart, The Reformation of American Administrative Law, 88 *Harv. L. Rev.*, 1693 (1975).
② See Marshall J. Bregert, Regulatory Flexibility and the Administrative State, 32 *Tulsa L. J.*, 335 (1996).
③ See Merrick B. Garland, Deregulation and Judicial Review, 98 *Harv. L. Rev.*, 525-542 (1985).

行政法的出发点极度冲突，缺少这样的法则将会至少在某种程度上妨碍前面所提到的公法与私法的融合或综合——除非这一点得到重新审视。①

随着契约化规制持续发展，公、私法区分变得不那么分明，法院有了相应的机会去主张公法一般原则适用于所有权力运用的场合，而不论权力来源如何。②例如，英国法院在确定公法的范围时无法完全逃离戴雪式依宪治国观。其一，在判断来源于非成文法的权力是否具有可审查性时，法院明显表现出不愿意抛弃对"权力来源"的依赖；在把那些明显并非来源于议会的权力纳入公法管辖范围时，法院甚至求助于议会意图使这种做法正当化。其二，在将特定权力排除在公法管辖之外时，法院继续依赖于如下事实：该权力拥有其特定"来源"——或者是合同，或者是当事方一致同意。③

（二）司法审查的审查标准

当一种权力来源于合同时，英国法院判断其可审查性的方法也显示戴雪式观念的影响依然存在。例如，在英国 R. v. Disciplinary Committee of Jockey Club, ex parte Aga Khan 案④中，存在许多可被视为满足了达特芬"公元素"⑤的因素。在该案中，英国赛马俱乐部有效地管理着一种重要的全国性活动，行使着影响到公众并且应该为了公共利益而行使的权力。它曾经获得过皇家的特许状。那些想赛马的人除了接受赛马俱乐部的规则外别无选择。更值得注意的是，在该案中，"如果赛马俱乐部不管制这种活动，政府可能被迫创立一个公共机构来管制这种活动"，这样的一个公共机构所颁布的成文法可能近似于赛马俱乐部所制定的赛马规则。尽管存在上述所有事实，上诉法院仍然认为该俱乐部纪律委员会的决定不应该接受司法审查，因为其权力唯一的来源是当事人之间的协议。虽然赛马俱乐部的权力可以被描述为公共的，但它们不是政府权

---

① 参见〔新西兰〕迈克尔·塔格特：《行政法的范围确定了吗?》，载〔新西兰〕迈克尔·塔格特：《行政法的范围》，金自宁译，中国人民大学出版社2006年版，第21页。

② 参见〔英〕默里·亨特：《英国的宪政与政府契约化》，载〔新西兰〕迈克尔·塔格特：《行政法的范围》，金自宁译，中国人民大学出版社2006年版，第47页。

③ 同上书，第41—42页。

④ 1 WLR 909 (1993).

⑤ 达特芬"公元素"来源于达特芬案（R. v. Panel on Take-over and Mergeres, ex parte Datafin Plc.）。在该案中，英国法院首次对属于私法或者民事的团体或裁判所的权力进行司法审查。"公元素"是判定法院是否进行司法审查的要素，主要是指权力的功能属性，如是否具有管理权力、权力是否具有公共性等。参见〔英〕默里·亨特：《英国的依宪治国与政府契约化》，载〔新西兰〕迈克尔·塔格特：《行政法的范围》，金自宁译，中国人民大学出版社2006年版，第35—36页。

力；该俱乐部履行的也不是会导致法院监督管理权的公共管理职能。因此，申请人受制于其与该俱乐部签订的合同所载明的权利。

20世纪末，英国的法院在司法审查中运用过"垄断性权力"的概念。① 如果它被采纳为一项标准的话，垄断性服务的提供和普遍意义上的国家——如果将国家定义为暴力的垄断者的话——将被带进公法的范围。这在处理私有化法人和全面性体育协议时可能很有用。但是，它作为确定公法范围的标准可能太狭窄或太宽泛了：说它太狭窄，是因为其在词源学上意指排他性市场，这使它不适用于存在补充或对立的权力以完成多种不同任务的场合；说它太宽泛，是因为它也适用于那些由公平交易法所控制的私人行为。它很可能仍然被采用，或者对其加以修正并详细阐述，以使公、私法之间的区分无须借助"国家"的概念进行界定，从而得到令人满意的适用。②

在判断是否存在接受司法审查的义务时，英国的法院将权力来源作为一个因素保留下来。尤其是在 R. v. Disciplinary Committee of the Jockey Club, ex parte Aga Khan 案中，明显的一个趋势是：决策者的权力来源于合同时，不受司法审查的监督。这必然导致人们对公法回应政府契约能力的担心。如果政府选择与私人企业进行合同安排的方式组织特定服务的提供，就会存在一种真实的威胁：法院将这些活动视为超出公法领域外的活动，并且仅仅用有关合同的私法进行控制。③正如弗莱德兰德所述，"我们担心的是公共活动完全转入私法领域中，并由此进入私法而非公法的领地"④。伊恩·哈登（Ian Harden）也曾指出，无论公用事业属公还是私，法律总会发现：公用事业机构与生活消费者之间是合同关系，这一观念存在许多困难。当价格和其他条款是格式化的，并且以命令的方式规定时，相信那种关系仍具有合同性质的倾向并不能改变上述困难。对此，哈登主张在确定合同条款和标准时，应更多适用公法上的"公布和评议"程序。⑤

---

① E.g., R. v. Jockey Club, ex parte Massingberd-Mundy, 2 ALL ER 207 (1993); R. v. Jockey Club, ex parte RAM Racecourses, 2 ALL ER 247 (1993).
② 参见〔英〕约翰·W. F. 艾利森：《独立行政法的理论与制度基础》，载〔新西兰〕迈克尔·塔格特：《行政法的范围》，金自宁译，中国人民大学出版社2006年版，第109页。
③ 参见〔英〕默里·亨特：《英国的宪政与政府契约化》，载〔新西兰〕迈克尔·塔格特：《行政法的范围》，金自宁译，中国人民大学出版社2006年版，第42页。
④ 同上。
⑤ 参见〔澳〕马克·阿伦森：《一个公法学人对私有化和外包的回应》，载〔新西兰〕迈克尔·塔格特：《行政法的范围》，金自宁译，中国人民大学出版社2006年版，第69页。

就行政机关发放补贴与授予契约的决定行为而言,法院可以认定相关行为所依据的法律规范并未排除司法审查程序,并且赋予行政机关更积极地审查合同的义务,否则行政机关一旦被发现失职,将被以专断或滥用权力为由追责。换言之,若非正式决策行为成为传统政府职能外包的主要工具,并且法院发现这严重违反了公法规范,则意味着相关政府部门放弃对这些非正式决策行为的审查豁免。已有契约规制改革的批评者呼吁,应当重新考量司法机关给予行政机关类似的司法审查豁免,特别是当行政裁量权被用于侵犯强制性规范和规制要求时。即使相关契约无须遵循《行政程序法》规定的通告—评论程序,法院仍可以审查行政机关的契约或补贴行为的合法性,除非国会有相反的规定。①

第四节 契约规制的争议解决途径

交易成本经济学认为,人们不可能在合同签订之前,就估计到所有的讨价还价行为,正好相反,讨价还价是无处不在的。② 特别是公用事业契约,因其履行周期漫长,并且契约不完全性显著,因而需要不断地谈判与磋商。在当事人对于契约条款发生争议时,要解决这些争议更需要不断地讨价还价。因此,当契约规制发生争议时,首先可通过再谈判机制进行解决,若仍无法得到满意的解决效果,则可通过其他方式解决争议。契约规制中的问题是否仅能通过诉讼解决?仲裁解决是否有存在空间?若通过诉讼解决,适用民事诉讼还是行政诉讼程序和规则?这些问题均是立法在预设争议解决制度时所无法回避的。

一、再谈判机制的构建

(一)再谈判机制必要性的根源——PPP项目合同的不完全性

再谈判机制是契约规制中解决契约履行纠纷的一种应对机制。③ 再谈判机制发生在契约的履行过程中,是因当事人发生分歧导致合同履行困难而进行再

---

① See Jody Freeman, Extending Public Law Norms through Privatization, 116 *Harv. L. Rev.*, 1320-1321 (2003).
② 参见〔美〕奥利弗·E. 威廉姆森:《资本主义经济制度:论企业签约与市场签约》,段毅才、王伟译,商务印书馆2003年版,第51页。
③ See Yseult Marique, *Public-Private Partnerships and the Law: Regulation, Institutions and Community*, Edward Elgar Publishing, 2014, p.134.

次谈判与协商的机制。再谈判机制是缔约谈判与沟通的延续,是对新出现的合同履行障碍进行排解的重要制度。

公用事业契约规制的载体从本质上是一种不完全合同。不完全合同指的是,由于订立合同时的信息是可观察但不可验证的,以及合同中存在事前不可缔约的重要内容,因此,合同需要留有一定的事后协商条款,即订立合同时合同条款并不包含所有的合同内容。[①] PPP 项目合同是典型的不完全合同,其主要特点在于,假定在订立合同时无法预见到合同履行过程中的各种变量因素,因此也就无法将这些应该规定在合同中的内容形成合同条款,或者事先的规定应该放弃,需要通过事后协商和补充约定。

PPP 项目合同是天然的不完全合同。理由在于:其一,PPP 项目合同的签订、履行和运营具有长期性。在漫长的履约过程中,项目合同双方除了可能受到各种外在环境因素影响之外,私人主体还可能面临自身内部人事、财务以及营运管理等诸多订立合同之时所不能预见的情况,特别是市场环境变化和公共目的变化等,都可能使得合同履行出现困难或者发生争议。其二,PPP 项目合同所涉及的合同条件均具有不完全性。经济学家哈特认为,在政府规定的基本产出标准之上,民营合作者可以多种不同的符合产出标准的方式来完成,同时也由于基础设施或公共产品和服务的质量、规格的产出标准均存在部分衡量困难,因此具有事后的可观察但不可预先验证的特性。[②] 也就是说,PPP 项目合同对于产出标准具有特定要求的特性,以及民营合作制的灵活性,导致基础设施或公共产品和服务的质量、规格均具有部分不完全性。PPP 模式中政府部门对民营资本参与项目的激励机制具有多样性,这能够赋予民营资本灵活多样的参与方式,相应地产出衡量模式更加具有特定性,但这些在签订合同时是无法定义的。因此,无论是 PPP 项目的产出标准,还是民营资本的参与方式,都使得 PPP 项目合同具有不完全性。

(二)再谈判机制的内容

再谈判机制在我国合同法上体现为情势变更和不可抗力制度,同时还可以在合同中约定协商和争议解决机制来应对不可预见的情况。再谈判机制,即在

---

① See Oliver Hart & John Moore, Foundations of Incomplete Contracts, 66 (1) *The Review of Economic Studies*, 115-138 (1999).

② See Oliver Hart, Incomplete Contracts and Public Ownerships: Remarks and an Application to Public-private Partnership, 113 *Economic Journal*, 69-76 (2003).

第四章
契约规制的规制技术

合同中对出现履行障碍时解除障碍的方法等进行约定。从本质上说，再谈判机制是缔约时协商程序的延续，因此仍然需要遵循协商的基本目的与原则。通过缔结合同，当事人之间形成特殊的法律关系，在合同履行阶段，这种关系的核心表现为"物有所值"（Value for Money，VFM）的维持与风险的合理分担。[①] 不同的合同表现的具体内容有所不同，但是保证通过物有所值与合理分配风险是再谈判机制中需要贯穿始终的普适性内容。因为物有所值是公用事业民营化的前提与目标，任何违反物有所值的合同条款均是对合作关系的破坏。而合理分配风险则是合同双方合作稳定性的保证。

在确定合同内容之后，还需要将这些内容具体嵌入再谈判机制的构建中。首先，应当设计出合理可用的再谈判机制。再谈判机制是否发生作用与其科学合理性有关，在构建再谈判机制时应当咨询相关专家，并应针对特定公用事业项目进行构建。其次，应当为再谈判机制设置合理的程序。当合同履行遭遇阻力时，什么时候应当引入再谈判机制，再谈判机制何时结束等问题既关系争议能否顺利解决，也关系争议解决的效果。最后，应当抑制再谈判机制对消费者、公众利益的侵害。

再谈判机制可能带来两个方面的弊端：其一，私人主体对政府敲竹杠，以涉及面较大的项目为主，私人主体出现机会主义行为，向政府发起再谈判，要求政府把初始合同修改为对自己更有利的合同，如提高收费标准或延长收费年限，而为了保证供给的可持续性，再谈判的结果往往是政府向私人主体妥协，损害公众利益。其二，政府对私人主体敲竹杠，以涉及面较小的项目为主，政府利用自身强大的公权力对私人主体敲竹杠，私人主体出于自身的利益考虑或迫于消费者的压力修改合同，表现为政府承诺缺失导致投资激励下降，消费者不能获得基础设施等的充分供给，利益受损。[②] 为此，应该从提高公众参与、引入第三方、保证信息公开透明、完善制度禀赋等方面优化再谈判程序，使再谈判过程更加公平公正，最好能兼顾到消费者的利益。

[①] See Yseult Marique, *Public-Private Partnerships and the Law: Regulation, Institutions and Community*, Edward Elgar Publishing, 2014, p.116.

[②] 参见陈富良、刘红艳：《基础设施特许经营中承诺与再谈判研究综述》，载《经济与管理研究》2015年第1期，第88—96页。

二、诉讼抑或商事仲裁

关于契约规制所发生的争议是否可以提交仲裁程序，国内外学界虽然存在不同观点，但是绝大多数学者认为这些争议属于公权力行使所发生的纠纷，不能适用一般的仲裁程序。① 其理由在于，契约中的规制条款涉及公共部门的责任，这种责任是公法上的责任，因此当然地排除仲裁程序的运用。如英国学者戴维斯认为，政府部门在契约规制中有制定契约规制条款的责任，这种责任含有使契约双方负有保障基本人权的责任。② 仅有少数学者概括性地认为政府特许经营协议不排除司法途径外解决，可适用商事仲裁。③ 除此之外，还有第三条路径，即设立专门的争议解决部门，如英国为 PFI 设立专业裁决人员（Adjudicator），或者组成专门的争议解决委员会（Dispute Resolution Board，DRB），这个委员会设常有专家库，通常由三名专家共同审理案件。而这一般也是仲裁庭的基本组成方式，即争议双方各推荐一名专家，然后由双方专家再一致推荐第三位专家。④

我国《政府和社会资本合作项目通用合同指南（2014 年版）》第 73 条明确将仲裁作为争议解决方式之一。此种制度设计的逻辑在于，该指南适用于所有 PPP 项目合同，如政府采购合同等私法合同。但是，该条款应理解为仅有私法合同可约定仲裁条款，特许经营协议中的价格变更纠纷则不应当适用仲裁。在学理讨论中一般都概括性地讨论政府特许经营协议是否具有仲裁容许性，导致一些实务人士笼统地认为包括政府特许经营协议的价格变更在内的纠纷均可进行仲裁。⑤ 这种观点显然与我国《仲裁法》第 2 条、第 3 条关于平等

---

① See Peter Vincent-Jones, *The New Public Contracting: Regulation, Responsiveness, Relationality*, Oxford University Press, 2006; A. C. L. Davies, *The Public Law of Government Contracts*, Oxford University Press, 2008; Jody Freeman & Martha Minow (eds.), *Government by Contract: Outsourcing and American Democracy*, Harvard University Press, 2009; Yseult Marique, *Public-Private Partnerships and the Law: Regulation, Institutions and Community*, Edward Elgar Publishing, 2014; 郑雅芳：《论我国 PPP 协议中公私法律关系的界分》，载《行政法学研究》2017 年第 6 期。

② See A. C. L. Davies, *The Public Law of Government Contracts*, Oxford University Press, 2008, p. 237.

③ 参见高俊杰：《政府特许经营项目运行中的行政纠纷及其解决机制——一种框架性分析》，载《当代法学》2016 年第 2 期，第 35 页。

④ 参见徐琳：《法国公私合作（PPP 模式）法律问题研究》，载《行政法学研究》2016 年第 3 期，第 125 页。

⑤ 参见何春丽：《仲裁受理"基础设施特许经营协议"争议的可行性分析》，中国律师网，http://www.acla.org.cn/html/lvshiwushi/20151118/23544.html，2017 年 10 月 6 日访问。

主体之间的合同和其他财产权益纠纷可适用仲裁、行政争议不能仲裁的规定相悖。笔者认为，不管PPP项目合同还是政府特许经营协议中的规制性条款，均涉及国家规制权的行使，故而具有公权力行使之属性，因此，即使契约中包含有非公权力属性，但是基于规制权引发的争议均涉及国家权力之处分，也应排除仲裁程序的适用空间。

综上，由于契约规制涉及公权力的运用，而对公权力的处分属于法律保留的内容，不容许通过当事人之间的意思表示对公权力进行处分。因此，笔者认为，基于契约规制所发生的争议不能提交仲裁解决。

三、诉讼渠道的选择

（一）民事诉讼抑或行政诉讼的争议

在法国，对于行政契约的效力、解释以及履行情况发生争议的，均归行政法官尤其是归行政法庭审理，这是司法机关充分行使司法权的基本诉讼之一。[①] 其中的一个重要理由在于，民众可以提请司法机关对行政契约中的政府行为进行反越权审查，即当政府部门订立契约的行为违反法律的规定时，民众可以要求其承担国家赔偿责任等。

从我国相关司法裁判案件来看，很多案例中法院对政府特许经营协议进行两阶段区分，即特许经营协议的内容既包含行政审批或行政许可事项本身，也包含体现双方当事人平等、等价协商一致达成的具体权利义务及违约责任内容，并且行政审批或行政许可发生于具体权利义务及违约责任内容形成之前。笔者查阅了一些典型案例，这些案例中的受案法院认为，本案双方当事人的纠纷属于特许经营协议后一阶段的合同行为所引发的纠纷，因此应当适用民事诉讼管辖。[②] 这种认识深受德国"行政契约双阶"理论的影响。行政契约双阶理论认为，行政契约（行政协议）可区分为两阶段，第一阶段为行政审批或行政许可阶段，涉及行政处分行为，这一阶段所引发的纠纷为行政纠纷，适用行政法规范和行政诉讼程序；第二阶段才是特许经营协议形成阶段，涉及双方当事

---

① 参见〔法〕让·里韦罗、让·瓦利纳：《法国行政法》，鲁仁译，商务印书馆2008年版，第557—558页。

② 例如，最高人民法院（2015）民一终字第244号民事裁定书、（2014）川凉中民初字第7号民事判决书等；认定为行政纠纷的如（2016）粤17行初6号行政判决、（2014）云高行再终字第1号行政判决等。

人的契约行为，政府特许经营协议属于民事合同，适用民事法律规范和民事诉讼程序。

但是，行政契约双阶理论人为地将两个阶段割裂，增加行政纠纷与民事纠纷的区分难度。第一，前后两个阶段虽然形式上可分，但是在实质上是不可分的。因为行政审批和行政许可是签订行政契约的前提和必要组成部分，后阶段的契约内容均必须符合行政许可的要求，契约内容从根本上讲是行政处分行为的延续。第二，当事人对行政契约的履行、解除等发生争议后，这些争议既可能涉及行政处分行为，也可能涉及民事契约内容，二者还可能交织在一起，更需要在案件审理过程中进行甄别。总之，受案法院无法在案件审理之前决定案件内容到底属于何种性质的纠纷。

(二) 政府特许经营协议纳入行政诉讼渠道的合理性分析

当然，政府特许经营协议中的条款哪些属于规制性条款，哪些属于非规制性条款难以区分。[1] 从实证的角度考虑，如何适用诉讼程序确实亦难以判断。基于这种情况，笔者认为，应当依照我国《行政诉讼法》及其司法解释的规定，将政府特许经营协议纠纷案件纳入行政诉讼渠道，此举具有以下合理性：

首先，行政诉讼有利于公共利益的实现。行政协议与民商事合同的最大区别在于：行政协议的标的直接涉及公共利益。因直接涉及公共利益，需要行政审批或者行政许可等行政行为的介入。不论是公共利益的保障还是对行政行为的约束，均需要通过公法手段实现。因此，行政诉讼是行政协议纠纷无法回避的争讼途径。值得注意的是，公共利益项目的判断并非以是否具有营利属性为依据。以收费公路为例，收费公路属于准公共物品，公路收费的目的并不在于营利，而在于弥补公路建设运营所投入的资金和费用。当投入的费用得到补偿时，收费公路就应当停止收费。因此，收费公路属于公共服务的范围。行政协议的履行不仅涉及协议双方当事人的利益，更涉及公共利益的实现。公路收费定价和调整不仅是行政协议的内容，更涉及公众出行的成本。综上，政府特许经营协议涉及公共利益，适用行政诉讼可以发挥法院的司法审查功能，法院应当主动审查特许经营协议的合法性，以确保公共利益的实现。

---

[1] See A. C. L. Davies, *The Public Law of Government Contracts*, Oxford University Press, 2008, p. 231.

其次，行政诉讼亦可保障公民、法人和其他组织的合法权益。① 通过行政诉讼，不仅可以请求法院对相关争议进行全面的合法性审查，而且除了确认被告行政行为不合法或无效外，法院还可以判决被告履行给付的内容。即在保障公民、法人和其他组织权利方面，行政诉讼程序也能达到与民事诉讼相同的效果。②

最后，我国现有行政诉讼制度并不排斥民事法律规范的适用。③ 行政协议的内容可能包含民事法律关系，如对于收益的分配、违反约定的补偿等，由此引起的纠纷应当适用民事法律规范。也就是说，将政府特许经营协议等行政协议纳入行政诉讼的范围之后，在行政诉讼过程中也可适用民事法律规范，保护社会资本的私权利。若当事人提出私权利保护的诉请，则法院应当另行作出民事裁判文书。这样可避免司法机关遗漏对政府规制权行使的审查。

综上，区分行政协议与民商事合同的本质在于如何对行政机关的契约行为进行规制，即保证其依法行政。④ 因为规制行为本身涉及公权力行使，如果完全交由民事诉讼程序解决契约当事人之间的纠纷，则可能导致遗漏对公权力行使的审查，进而损害公共利益。另外，一个案件在不同法院之间来回转移，在缺乏清晰标准的情形下，亦可能导致当事人对受案法院无法预判，贻误诉请时间。

---

① 参见江必新：《完善行政诉讼制度的若干思考》，载《中国法学》2013年第1期，第16页。
② 我国《行政诉讼法》第73条规定："人民法院经过审理，查明被告依法负有给付义务的，判决被告履行给付义务。"第78条第1款规定："被告不依法履行、未按照约定履行或者违法变更、解除本法第十二条第一款第十一项规定的协议的，人民法院判决被告承担继续履行、采取补救措施或者赔偿损失等责任。"第78条第2款规定："被告变更、解除本法第十二条第一款第十一项规定的协议合法，但未依法给予补偿的，人民法院判决给予补偿。"
③ 我国《行政诉讼法》第61条规定："在涉及行政许可、登记、征收、征用和行政机关对民事争议所作的裁决的行政诉讼中，当事人申请一并解决相关民事争议的，人民法院可以一并审理。在行政诉讼中，人民法院认为行政案件的审理需以民事诉讼的裁判为依据的，可以裁定中止行政诉讼。"2018年2月8日实施的《最高人民法院关于适用〈中华人民共和国行政诉讼法〉的解释》在第十部分，即第137条至第144条具体规定了与行政诉讼相关民事争议一并审理的具体规则。
④ 参见李建良：《行政契约与私法契约区分的新思维——从"青年公园设施委托经营管理维护契约"定性问题谈起》，载《月旦法学杂志》2008年第157期，第323页。

第五章
政府特许经营协议的规则设计

公用事业契约规制以多种形式的契约为载体,规制性的规则表达于这些契约条款之中。如前所述,本书以政府特许经营协议与混合所有制公共企业章程这两个最主要的规制性契约为考察对象,研究如何将具有规制性的具体规则安排于契约之中。本章聚焦于讨论政府特许经营协议具体规则的设计。在此之前,由于契约中既有规制性条款,也包含任意性条款,故而还应当对这两类条款进行区分,抽象出规制性条款的范围与作用领域。政府特许经营协议的规制性条款的设计是公共利益的保障,而公共利益本身又是通过各种具体的规则和制度呈现出来的,因此,在具体讨论契约规制规则时,需要对这些规则加以类型化。政府特许经营协议作为公用事业契约规制最为重要的规制工具,在公用事业规制体系中发挥着重要的作用。国际上关于公用事业的主流观点亦认为,相较于传统的规制方式,利用政府特许经营协议可以降低信息成本与执行成本。[1] 政府特许经营协议具有规制性已毫无疑义。然而,研究的难点在于,规制性契约中的规制条款如何形成,其内容有哪些,其形成过程需要遵守何种程序,以及契约规制发生争议时如何解决。回答这些问题的核心在于保持公权力与私权利的平衡,即规制条款及其达成过程既要使公权力在公共利益的主导下进行,又要考虑被规制对象合法权益的保障。

---

[1] See Harold Demsetz, Why Regulate Utilities?, 11 (1) *J. L. & Econ.*, 64-65 (1968). See also Jody Freeman & Martha Minow (eds.), *Government by Contract: Outsourcing and American Democracy*, Harvard University Press, 2009, pp. 238-242.

第一节　政府特许经营协议中规制性条款与任意性条款的区分

政府特许经营协议属于典型的规制性契约，而规制性契约是规制性条款与一般民事契约的任意性条款的混合体，是公权力与私权利共同发挥作用的领域。依据公用事业规制原则，涉及保障公用事业效率与公共产品和服务分配正义的均应为规制性条款。

一、规制性条款的范围

公用事业契约规制应围绕前述调控目标的实现而展开，即准入与退出、价格控制以及公共服务维持，其内容十分广泛。规制性条款的范围是一个涉及公、私活动领域的问题。为此，应考察当前立法例与学者的观点。

我国《基础设施和公用事业特许经营管理办法》第20条第3款具体规定了政府特许经营协议应当包括项目名称、监测评估等在内共18项内容。日本学者田中二郎教授认为，政府需要进行的监管内容包括："持续的运营，公司的合并、中止和解散，普遍服务，价格利率等，会计财务账簿，在一定情形下为确保企业的资产而限制其资产的融资和交易，有时还有接受国家或者地方自治团体强制收买的义务，同时为了国家和地方团体的其他事业的利益，负有特别的义务（例如缴纳特许协议金、以低廉的价格提供服务等）。"[1]

笔者通过对以上立法例与学界观点的梳理，抽取其中获普遍认同的规制性条款内容，认为公用事业契约规制至少应当包括如下内容：项目公司的经营范围、注册资本、股东出资方式、出资比例、股权转让等；所提供公共产品或者服务的数量、质量和标准；监测评估；收益取得方式，价格和收费标准的确定方法以及调整程序；特许经营期内的风险分担；项目及资产移交方式、程序和要求等；变更、提前终止及补偿等内容。

二、规制性条款的类型化

为更清晰地论述这些内容，下文以政府特许经营协议为例，依照缔约前后

---

[1] 转引自陈清秀：《特许合约与公权力之行使》，载《月旦法学杂志》1998年第34期，第54页。

两阶段进行区分。①

(一) 缔约前的规制

政府部门在缔约前进行的规制，集中于市场准入控制和保障项目的基本收益。主要表现在以下几方面：(1) 为保证高质量的公共产品和服务的供给，国家需要对经营主体进行评估和判断，选择具有良好资质的私人主体是实现规制目的的基础。对私人主体的选择是政府部门进行合同管理的重要内容，体现了很强的规制属性。② 甄选过程应当符合法定程序，一般从私人主体的经营范围、执行能力、组织机构以及财务的完整程序方面进行确定。③ 实践中，一般通过招投标文件、竞争性谈判以及竞争性磋商等方式将这些要求纳入其中。(2) 控制项目的成本与收益比。例如，公路项目需要投入巨额成本，在特许期限内是否可以回收成本以及利润空间等事项需在合同中预设。一方面，为了吸引民间资本参与，必须保证项目具有一定的盈利空间；另一方面，要防范民间资本为获取暴利对社会公众的盘剥。因此，应当对项目的可行性、成本收益比进行预估，以确定价格标准、质量标准等具体合同条款。(3) 对风险分担的预设。例如，公路项目的周期较长，公共企业经营权受政治环境、法律修改及商业环境等因素的影响，故需要在缔约前对可能出现的各种风险依据公平原则进行分配。(4) 约定临时接管的条件和补偿。当出现严重的经营困难或其他风险，导致项目无法继续营运时，国家的担保责任要求政府部门应当接管项目并给予私人主体一定补偿，以实现公共产品和服务的持续供给。

(二) 缔约后的规制

政府特许经营协议签订后，为保证经营企业能依约履行协议，政府部门还应当进行持续性、动态的监管。主要包含以下几个方面：(1) 经营主体的注意义务和维持义务。例如，公路营运企业为在招标投标中胜出，往往于投标文件中承诺很高的义务，但在协议签订后则可能并不能或不愿意依照其承诺履行。因此，政府部门需在合同条款中设立监管条款，随时监督营运企业的注意义务

---

① 参见陈学辉：《我国公路经营权契约规制论——以政府特许经营协议为中心》，载《上海财经大学学报（哲学社会科学版）》2018年第1期，第147页。

② See A. C. L. Davies, *The Public Law of Government Contracts*, Oxford University Press, 2008, p.218.

③ 参见陈清秀：《委托经营法制及实务问题之探讨》，载翁岳生教授祝寿论文编辑委员会编：《当代公法新论：翁岳生教授七秩诞辰祝寿论文集（中）》，元照出版有限公司2002年版，第645页。

与品质义务的履行。(2) 公开与项目经营相关的信息。以公路政府特许经营协议为例，公路营运企业在经营期间内会产生大量与项目有关的信息，如每年的收支情况、车辆通行数量等，这些信息均由营运企业掌控，监管部门应当于契约中约定营运企业应公开信息的具体范围、现场监管和不定期监督检查等监管。(3) 安排公众参与监管机制。公共企业的合理运行与公众利益关系密切，公众往往能最直接地发现营运企业是否有违反法律和政府特许经营协议的情形。因此，在政府特许经营协议中应当设立公众参与监管的条款，如在条款中具体约定听证程序、异议程序的具体操作规则。

三、契约规制的塑造

本书所称契约规制的塑造，是指如何设计一套行之有效的调控机制，如何在契约中安排前述监管内容。政府的调控行为并非都必须表现为强制性法律规定，"因为公权力在行使其分配与促进职能时也运用私法措施，公法的典型标准已失效"[①]。亦即政府的规制行为也可以私法形式实现。彼得·霍格（Peter Hogg）等人也认为，"普通法院将私法适用到政府行政上去，符合我们普遍认同的政治观念，大部分私法的确能够圆满地解决政府与公民之间出现的冲突，最不令人满意的那部分法律，恰好是那些法院拒绝将私法适用到政府身上而造就出来的法律。"[②] 换言之，政府的调控行为既可通过立法的强制性规范实现，也可通过与私人主体进行协商后订立契约。有难度的是，如何塑造这种混合关系的规制体系。

契约的内容与强制性立法规定可能出现重叠，如果重叠，是否可以通过契约变更既有立法规定呢？该问题是 20 世纪末至今市场规制理论和实践的前沿问题。例如，美国国会于 1990 年制定《协商制定规则法》，将政府部门与被监管者进行协商共同制定规则的活动制度化。[③] 沿着该立法思路，协商制定政府规制规则的实践开始在美国大行其道。在美国环境监管领域，克林顿政府推出"杰出领袖工程"（Excellence in Leadership）。在该制度中，环保署掌控了立法上原有的多项环保指标许可，有权仅批准一个综合的许可。试图获取这种综合许可的企业，可通过与联邦或者州的行政机关协商达成一份"最终方案协议"。

---

① 〔德〕哈贝马斯：《公共领域的结构转型》，曹卫东等译，学林出版社 1999 年版，第 178 页。
② Peter Hogg, *et al.*, *Liability of the Crown* (4th Ed), Carswell, 2011, p. 266.
③ See Administrative Dispute Resolution Act, 5 U.S.C., 1994, pp. 571-583.

在该协议中，企业被允许以"更优的环境绩效"换取其某些排放物超过国家既有标准，即企业减少一种或者多种污染物的排放以换取增加另一种污染物的排放，最终达到整体污染排放降低，则环保署可授予其综合许可。[①] 笔者认为，该问题是应然契约规制理论之核心要素，但由于司法审查制度、统一行政程序法等相关制度与立法的不完善，我国尚不具备讨论契约变更立法规定的客观环境。当前我们面临的最关键问题是区分自上而下的强制性规定与行政裁量权的划分，即在规制性契约中哪些内容属于既有强制性法律规定已经明确的内容，哪些属于行政裁量权可行使的范围。在订立契约时，应明确如何正确行使和限制这些裁量权，如何规范政府部门与私人主体之间的"讨价还价"，如何保证这些监管性规范的公众参与度，即设计正当的程序保障，避免监管机构和经营企业勾结而侵犯公共利益。

政府特许经营协议是强制性规范和任意性规范的混合体。其中，涉及国家行政权力行使的部分应视为强制性规范，不允许契约双方随意变更的条款。而任意性规范则具有很大的弹性，允许政府部门与特许经营者根据具体项目进行约定，在本质上是政府行政裁量权的体现，具有私法契约特征，特许经营者亦可承担公共利益的监管责任。同时，前者除规定特许经营协议中的强制性要求，还有对其他内容的框架性规定，比如对于价格、质量以及监管条款的最低要求规定；后者则是在此基础之上由双方当事人的意思自治，自愿地进行约定，比如特许经营者可能在最低要求的基础之上接受更为严格的标准。[②] 强制性规范是传统监管方式的延伸，不容当事人选择和放弃，可弥补立法原则性规定的不足，以强制性命令和处罚作为后盾；任意性规范则更体现私法自治与公共利益的平衡，通过这些任意性规范，监管部门可针对具体项目制定具有积极监管效果的规范，弥补刚性监管的不足。值得一提的是，强制性条款可以确保缔约双方履行责任，实现公共契约体现的公共利益。[③]

笔者认为，强制性条款的内容至少应当包括四类：（1）收费费率标准及调整时机、方式。这类规范应当符合法律规定的最低限度要求，在此基础上可由

---

① 参见〔美〕朱迪·弗里曼：《合作治理与新行政法》，毕洪海、陈标冲译，商务印书馆2010年版，第77—79页。
② 参见陆敏清：《从德国修法历程论公私协力运用契约调控的发展》，载《兴国学报》2013年第14期，第142页。
③ See Jody Freeman & Martha Minow (eds.), *Government by Contract: Outsourcing and American Democracy*, Harvard University Press, 2009, p. 241.

双方协商。(2) 收支差距金标准及权利金调整方式。这类规范涉及公共财政的支持以及公共服务的价格，事关公共利益。(3) 信息公开的内容、范围和程序。规范的信息公开可以防止经营企业利用信息不平等侵害消费者利益的行为，关系重大。(4) 强制接收和征用的条件。这类规范涉及对私人主体财产权的剥夺和补偿，具有强制性规范的特质，亦应通过强制性条款进行规范。

任意性条款则可以包括除上述条款之外的其余事项。这些规范的共同特点是：体现政府部门行使自由裁量权，鼓励当事人意思自治，但必须在强制性条款规定的最低要求之上进行，如果与强制性条款的规定相矛盾，则会导致相关条款无效。例如，依据我国《公路法》第 67 条的规定，因政府行为给公路经营企业造成损失的，应给予相应的补偿，但对于补偿的范围、标准，显然需要结合具体情况进行约定。又如，公路经营权中的服务设施经营权亦可更体现合同双方的意思自治，双方可约定服务设施的种类、服务时间等内容，更体现"因事制宜"。

第二节 政府特许经营协议的规制属性

政府特许经营协议是政府部门在公用事业中最典型的规制形式，也是规制性契约的最典型代表。从本质上讲，政府特许经营协议属于行政许可，是行政许可的外在形式与载体，而其规制性主要体现在诸如价格条款、准入条款以及变更与解除条款中。[1] 此外，政府特许经营协议除了具有规制性条款之外，还可形成私法上的法律关系，如利润分配等。即便如此，规制性仍是政府特许经营协议的最根本特性。

一、私法契约属性贯穿于大陆法系政府特许经营协议法律规范

英美法系国家通过行政契约的形式吸纳政府特许经营协议，并取得了良好的实践效果。在英美法系合同概念扩张的冲击下，大陆法系逐步建立了以行政契约为上位概念、政府特许经营协议为下位概念的法律制度。囿于成文法对法律概念与体系逻辑的束缚，大陆法系的政府特许经营协议在公、私法边界处摇

---

[1] See A. C. L. Davies, *The Public Law of Government Contracts*, Oxford University Press, 2008, p. 135.

摆不定，其制度设计与理论研究均无法摆脱私法契约路径依赖的影响。

（一）大陆法系政府特许经营协议对私法契约路径依赖的表现

行政契约在大陆法系产生较晚，其发展脉络是：国家主权观念在私法契约中消亡，行政契约逐渐被接受为一种与行政行为并存的国家活动形式。但是，无论立法还是司法均未发展出独立于私法契约的法律规范与裁判规则体系。

1. 德国政府特许经营协议的私法契约路径倾向

在德国，行政契约并非一个制定法上的概念，而是一个分析框架，在立法论上并无必然的法政策规范要求。① 德国《行政程序法》第54条至第62条对所有行政契约（亦称"公法契约"）进行了一般性的规定，但无概念界定。该法第54条规定，除有相反规定之外，公法上法律关系之成立、变更与消减，得以契约为之（公法契约）。制定法亦无类型化规定，故在前述类型的契约之外，还可在具体案件中确认其他类型的契约是否为行政契约。该法第59条第1款规定，行政契约的无效可准用民法关于合同无效的规定。由此可见，虽然德国的立法区分了行政契约与私法契约，但行政契约的特殊性仅在于应适用《行政程序法》的规定，当《行政程序法》没有规定时，依然准用私法规范。

德国行政契约"双阶理论"将行政契约分为两个阶段：第一阶段是行政处分行为，属于行政行为；第二阶段的签订合同属于契约行为。即行政契约的一部分内容涉及公权力行使，需适用《行政程序法》；其他不涉及公权力的部分为私法契约，受私法调整。虽然《行政程序法》规定的行政契约并不包括政府特许经营协议，但主流学者认为，政府特许经营协议具有公法效果，是一类与《行政程序法》规定的和解契约和双务契约并存且独立的契约。② 根据该逻辑，政府特许经营协议首先包括特许行为，即"行政机关根据法律的概括授权解除强制性法律规定的限制"③ 此后签订的协议则为交换契约，即双方在契约中约定各自的义务。此外，政府特许经营协议的履行与终止阶段被认为不涉及公

---

① 〔德〕Jan Ziekow：《行政契约之发展现况与前景》，李建良译，载李建良主编：《2012行政管制与行政争讼》，"中研院"法律学研究所2016年版，第117页。

② 参见李霞：《论特许经营合同的法律性质——以公私合作为背景》，载《行政法学研究》2015年第1期，第32页。

③ 〔德〕汉斯·J. 沃尔夫等：《行政法（第二卷）》，高家伟译，商务印书馆2002年版，第52页。

权力行使而将适用私法规范，因为公法契约亦可能受到私法规定之规范。①

在德国司法实务中，与政府特许经营协议类似的概念是开发契约。②学界通说认为，地方自治团体（公权力主体）与私人企业订立有关水、电、瓦斯等供应契约，皆属于私法契约。③司法界主流观点认为，"若将行政契约纳入行政法院的管辖，则可能产生由民事法院全面移至行政法院，造成行政法院审判权扩及私法契约的危险，而这是目前司法审判体系中无法接受的。"④因此，可以认为德国学界、司法实践本质上仍将政府特许经营协议视为私法契约而适用私法规范。

2. 法国政府特许经营协议的合同化表现

在法国传统法律理论中，国家是主权（王权）的象征，其与私人主体签订的契约因为王权而对国家没有拘束力。但随着公共服务概念的诞生，公法上的主权观念正在加速消亡，⑤政府部门可以签订行政契约，也可以签订私法契约。而政府部门与私人主体之间的契约中存在一些具有公共属性的内容，即在契约中政府保留了一些特殊权力。遂在理论上逐步形成有别于私法的特殊的行政契约规则。为实现行政目的而签订的契约被认为属于行政契约，以公共服务原则与是否有超越普通法条款的契约作为甄别的标准。⑥由于公共服务与行政契约中有超越普通法条款，因此，法国行政契约在选定契约相对人的招标阶段、契约履行的变更阶段等均要求公法的介入，进而相应地构建独立的公法规范体系。

法国立法亦未对行政契约的概念进行界定。一般认为，行政契约包括法国《公共合同法典》中所规定的公共合同，其他行政契约由判例确定的规则进行

---

① 参见李建良：《行政契约与私法契约区分的新思维——从"青年公园设施委托经营管理维护契约"定性问题谈起》，载《月旦法学杂志》2008年第157期，第323页。
② 参见林明锵：《行政契约法研究》，翰芦图书出版有限公司2006年版，第22—24页。
③ 参见许宗力：《双方行政行为——以非正式协商、协定与行政契约为中心》，载廖义男教授祝寿论文集编辑委员会：《新世纪经济法制之建构与挑战——廖义男教授六秩寿辰祝贺论文集》，元照出版有限公司2002年版，第279页。
④ 转引自程明修：《公私协力契约与行政合作法——以德国联邦行政程序法之改革构想为中心》，载《兴大法学》2010年第7期，第96页。
⑤ 参见〔法〕狄骥：《公法的变迁》，郑戈译，商务印书馆2013年版，第134—136页。
⑥ 参见陈天昊：《在公共服务与市场竞争之间：法国行政合同制度的起源与流变》，载《中外法学》2015年第6期，第1647—1658页。

补充。① 政府特许经营协议直接与公共服务的概念相关,是一种典型的行政契约。关于政府特许经营协议的缔约、准入资格、效力以及变更、解除等具体规则,散见于具体的法令与判例中。② 此外,欧盟颁布的《特许经营协议指引》(2014)亦适用于法国政府特许经营协议,该指引独立于欧盟颁布的诸如《公共采购指引》(2014)、《公用事业指引》(2014)等其他规范。由于政府特许经营协议是一种长期的契约,特许经营者选取的程序规则、协议的终止和变更等规则均与政府采购规则不同。③ 在早期司法实践中,法国最高行政法院围绕公共服务的核心概念,构建了一套包括维护公共利益、政府单方变更权、"财务平衡原则"以及不可预见规则在内的行政契约规则,强调公法对行政契约的介入。④

法国行政契约历来以有别于私法契约而闻名,特别是其赋予政府单方变更或者解除契约的特权。然而,近些年来,法国理论界与司法实践中在政府特许经营协议的法律适用中均出现了合同化转向。主要表现在两方面:其一,政府特许经营协议文本中出现越来越多的特许经营费用、财政补贴等财务条款。法院更注重审查履约行为是否符合协议的规定,但因这方面没有明确的公法依据而转向私法契约规范。⑤ 其二,强调合同承诺的优先,缩小政府部门行使行政特权的范围,强调在行政契约中明确约定行政特权。⑥ 政府特许经营协议的合同化转向导致理论研究与司法实践更多地受到私法契约的影响,以至于有学者认为行政契约本质上仍是一个契约,政府部门的行政特权来源于所签契约无疑,皆是源自缔约双方意思表示的一致。⑦ 由上可知,法国法将政府特许经营协议认定为特殊的私法契约,是一种受到较多强行法侵入的契约。

综上所述,德国法几乎将政府特许经营协议视为私法契约;法国法虽然在

---

① 参见〔法〕让·里韦罗、让·瓦利纳:《法国行政法》,鲁仁译,商务印书馆2008年版,第542—543页。
② 同上书,第559页。
③ See L. Neville Brown & John S. Bell, *French Administrative Law* (5th Ed), Oxford University Press, 1998, p.205.
④ 参见陈天昊:《在公共服务与市场竞争之间:法国行政合同制度的起源与流变》,载《中外法学》2015年第6期,第1647—1661页。
⑤ 参见〔法〕让·里韦罗、让·瓦利纳:《法国行政法》,鲁仁译,商务印书馆2008年版,第545页。
⑥ 参见陈天昊:《在公共服务与市场竞争之间:法国行政合同制度的起源与流变》,载《中外法学》2015年第6期,第1667—1670页。
⑦ 参见陈淳文:《论行政契约法上之单方变更权——以德、法法制之比较为中心》,载《台大法学论丛》2005年第2期,第247页。

成文法与判例中形成一套可适用于政府特许经营协议的行政契约规范体系,但仍可发现其中以私法契约路径为骨骼、以特定环节适用公法规范为机体的组合特点。

(二)大陆法系政府特许经营协议对私法契约路径依赖的危害

首先,以契约为形式的公权力日益扩张,私法体系缺乏公权力约束机制。特许经营制度的原动力在于推动公共服务的有效供给,将本属于政府的直接供给义务转化为由私人企业提供,并由政府提供担保。在此过程中我们可以清晰地看见政府权力的痕迹,如选择特许经营者的环节,特许权许可的条件设置,政府特许经营协议的履行与终止阶段的监管等。在私法契约路径下,政府特许经营协议为意思自治的产物,无法融入政府规制的相关要素,其后果就是可能出现规制权俘虏或者规制权滥用、不作为等弊病。[①]

其次,私法规范无法平衡公共利益与特许经营者利益之间的冲突。公共利益是特许经营制度中的重要内容,主要表现为与特许项目有直接利害关系的公共利益。为了保障公共利益,需要政府对特许经营者的经营活动进行限制。"一种基于民主要求的公共利益概念有助于将对于与私人财产相关的权利进行的规制加以合法化。"[②] 即对特许经营者的规制必须以公共利益为依据。但是,在依赖私法契约路径的情况下,根据合同相对性原则,政府特许经营协议是政府与特许经营者之间的权利、义务安排,无法吸纳公众利益因素,亦无法承载政府部门的规制权。

最后,无法保证公共产品和服务供给效率与公平。基于提高公共产品和服务供给的效率考量,政府特许经营协议包含准入、价格、质量以及终止等强制性要求;基于公平原则,政府特许经营协议要求特许经营者提供普遍服务。[③] 例如,在政府特许经营协议的履行过程中,政府部门基于公平考量认为应扩大原协议中公共产品和服务的提供范围,有权单方要求扩大特许经营者的义务范围。[④] 但根据私法意思自治原则,契约的变更与终止须有法定事由或者双方合

[①] 根据规制俘虏理论,被规制对象基于利益驱动,可能利用各种交换利益换取政府的不作为,以获得更低标准的规制强度与密度。参见〔美〕W. 基普·维斯库斯等:《反垄断与管制经济学(第四版)》,陈甫军等译,中国人民大学出版社2010年版,第322—323页。

[②] 〔英〕迈克·费恩塔克:《规制中的公共利益》,戴昕译,中国人民大学出版社2014年版,第21页。

[③] See A. Ogus, *Regulation: Legal Form and Economic Theory*, Hart Publishing, 2004, pp. 29-51.

[④] 这种情形在法国法上称为"财务平衡原则",但应给予特许经营者相应补偿。参见〔法〕让·里韦罗、让·瓦利纳:《法国行政法》,鲁仁译,商务印书馆2008年版,第572—577页。

意，政府部门无权单方变更协议内容。

(三) 大陆法系政府特许经营协议私法契约路径依赖的理论根源

大陆法系学者将私法契约准则适用于行政契约是一种客观现象。① 这种现象的产生有其理论根源。

1. "契约"概念无法脱离私法属性

"所有进步社会的运动，到此为止，是一个从'身份到契约'的运动。"② 在罗马法中"契约"概念具有对抗特权的功能，是实现个人独立与自由的重要工具。契约自由与私法自治是民法的核心制度，即便历经国家管制、民法典形式等问题的不断反思与批判，仍体现了其巨大的生命力。③ 当今大陆法系国家的"契约"概念几乎可以与"合同"通用，但与"协议"有所区别，协议的范围大于契约。例如，德国民法中"合同"是指民事主体之间基于意思表示一致而达成的协议。④ 其本质是缔约双方对民事权利的安排，并不涉及第三人利益或公共利益。受潘德克顿法学体系的影响，德国民法极为重视法律体系的作用，即概念之间的逻辑关系与上下属关系，以及逻辑上的相似性与兼容性等。"合同"概念贯穿了《德国民法典》的总则与分则，串联了法律行为、债权、民事责任等制度，形成了一个精密的体系。而其他合同如劳动合同因存在隶属关系，且包含国家管制条款，而不属于私法合同的范畴，即其中的"合同"含义更接近"协议"。因此，德国"合同"概念因受立法体系的影响而无法容纳除前述合同之外的其他类似于合同的协议。

受契约概念私法属性影响，德国主流观点认为，国家不能以公法主体身份而仅可以私人主体身份与私人企业签订契约。奥托·迈耶提出，应严格区分国家主权行为与国库行为，"国库行为"是所有国家作为私人主体出现时的总称，国家与私人企业签订契约是一种国库行为，受民法规范。⑤ 即早期学界并不认可行政契约概念。随着现代公共行政与给付行政观点的提出，行政机关可与私人主体达成私法契约或者公法契约，其中的公法契约即属于狭义的行政契约

---

① 参见〔法〕让·里韦罗、让·瓦利纳：《法国行政法》，鲁仁译，商务印书馆2008年版，第544页。
② 〔英〕梅因：《古代法》，沈景一译，商务印书馆版1959年版，第112页。
③ 参见苏永钦：《走入新世纪的私法自治》，中国政法大学出版社2002年版，第53页。
④ 参见〔德〕卡尔·拉伦茨：《德国民法通论（上册）》，王晓晔等译，法律出版社2013年版，第717页。
⑤ 参见〔德〕奥托·迈耶：《德国行政法》，刘飞译，商务印书馆2013年版，第124—128页。

第五章
政府特许经营协议的规则设计

(本书在狭义上使用行政契约概念),并区分隶属契约与其他公法契约,其他公法契约又分为和解契约与交换契约。① 行政契约是一种与行政行为相竞争的替代性行政活动,是一种补充与取代,② 二者在本质上分属两个不同种属。在德国,行政契约规范的重心在于防止滥用公权力与公权力出卖;在行政契约履行阶段,由于不涉及公权力行使,因此意味着公法规范失效,自然又回归契约概念本身,私法规范便当然地得以适用。大陆法系行政契约始终围绕着契约展开,而契约概念又与私法规范具有天然的紧密度,更与平等、意思自治等私法原则无法分离,相应地行政契约也无法脱离私法规范而存在,政府特许经营协议作为行政契约的一种类型亦受此影响。

2. 大陆法系纯粹的规范分析法忽视政府使用契约的目的

政府特许经营协议研究出现私法契约路径依赖的主要原因是采用了纯粹的规范分析方法,而未探究制度背后的价值追求。纯粹的规范分析方法的基础是既有的制定法,但涉及特许经营制度的法律规范呈现碎片化的特点,导致政府特许经营协议法律适用失去体系解释的可能。例如,行政协议"双阶理论"将行政协议区分为行政处分与合同行为两个阶段,忽略了前阶段的行政行为与后阶段的合同行为之间的联系,因为行政处分依赖于合同行为的履行,将二者割裂将导致法律解释偏离立法目的。政府特许经营协议涉及政府行为、公共利益与私法契约形式的混合,单独依据既有行政法与私法契约规范难以探究特许经营制度的立法价值。因此,当前大陆法系特许经营法律规范未体现特许经营制度蕴含的政治与经济价值。

政府广泛使用契约的表象之下蕴含着深刻的政治与经济原因。政府管理工具被认为是在机构网络中间接使用的,而非在科层体系中直接使用,并带有复杂的利益交换与相互依存的特点。③ 政府部门选择哪种工具受当时政治与经济因素的影响。20世纪七八十年代以来,各国受到公共财政投入不足等因素影响,寻求私有化、提升公共部门治理效率,将市场的竞争管理引入政府部门内

---

① 参见〔德〕Jan Ziekow:《行政契约之发展现况与前景》,李建良译,载李建良主编:《2012行政管制与行政争讼》,"中研院"法律学研究所2016年版,第118—119页。
② 参见〔德〕汉斯·J. 沃尔夫等:《行政法(第二卷)》,高家伟译,商务印书馆2002年版,第147—150页。
③ See Lester M. Salamon, The New Governance and the Tools of Public Action: An Introduction, in Lester M. Salamon & Odus V. Elliott (eds.), *The Tools of Government: A Guide to the New Governance*, Oxford University Press, 2002, p.19.

部成为各国公共管理改革的主流形式。"无论其目标是缩小政府还是仅仅想让政府的工作变得更好,拥有截然不同理念的改革者们都会落在一种竞争观点上,利用市场代替政府控制,利用竞争代替命令与控制的权力。"[1] 然而,不能简单地将这个过程归结为由市场竞争替代政府权力,因为市场失灵所带来的后果使政府的规制成为必须。基于这两方面的考量,带有绩效考量、激励机制、规制标准等特点的治理工具成为政府工具选择的偏好。

公共契约符合政府上述工具选择偏好。公共契约被视为在政府部门与私人企业或者非营利组织之间的一种商业合约,记载契约双方的承诺、利益分配以及提供特定的产品或者服务。[2] 这种公共契约条款中无疑会包含契约主体之间的利益分配、激励条款以及政府部门规制产品或服务的标准等内容。于是,政府与私人企业之间的契约、政府内部部门之间的契约、政府与其员工之间的各种公共契约被广泛运用。这种新的公共治理范式呈现出与以往传统的公共行政不同的特点,包括从科层制到网络化治理,从"公对私"到"公+私",从命令与控制到协商与劝导。这里的契约显然不再是传统意义上的政府采购合同,而是具有公共治理的属性,即属于一种公共权力行使方式。"伴随着一经确认就长期受到批评的各种政府绩效问题,承包制代替了政府传统的以权力为基础的管理模式。"[3] 概言之,政府使用公共契约的目的在于更好地行使公共治理的权力,而这正是大陆法系纯粹的规范分析方法所忽视的核心命题。

综上,大陆法系采用私法契约路径,在特定环节进行公法规范,力图解决行政契约立法与司法中存在的法律冲突。如此就题论题,以问答问的操作,虽在形式上可解决法律规范缺失的问题,但忽视了政府运用契约工具的目的,导致政府特许经营协议法律适用困难。"我们既不是纯演绎也不是纯粹归纳地获得法……我们需要一种由演绎和归纳组合而成的推理形式。"[4] 故而我们应当转变研究方法,寻求合理的政府特许经营协议法律制度。下文笔者首先运用归

---

[1] 〔美〕唐纳德·凯特尔:《权力共享:公共治理与私人市场》,孙迎春译,北京大学出版 2009 年版,第 3 页。
[2] See Peter Vincent-Jones, *The New Public Contracting: Regulation, Responsiveness, Relationality*, Oxford University Press, 2006, p.76.
[3] 〔美〕唐纳德·凯特尔:《权力共享:公共治理与私人市场》,孙迎春译,北京大学出版 2009 年版,第 20 页。
[4] 〔德〕阿图尔·考夫曼、温弗里德·哈斯默尔主编:《当代法哲学和法律理论导论》,郑永流译,法律出版社 2013 年,第 180 页。

纳的方法，挖掘政府特许经营协议制度背后的政治、经济因素，形成政府特许经营协议立法规范对应的价值代码；其后利用演绎的方法，论证政府特许经营协议中蕴含的价值代码并将其植入法律规范中，以探索制度规范构建的进路。

二、特许经营制度政治与经济价值的法学分析

特许经营制度的雏形可追溯至中世纪的欧洲，将契约管理或者特许权招投标的原则作为排他性权利的原理来提供公共产品和服务，是一项古老的政府行使职能的工具。[①] 该制度在政治上具有扩大财政投入，减少公共支出，更好地提供公共产品等效用。20 世纪 60 年代以来，经济学者发现特许经营制度运用的这个政治过程亦是一个经济问题，尤其是一种控制自然垄断的方法。[②] 由此，波斯纳、威廉姆森等主流经济学家开始探讨政府特许经营协议在经济领域的运用效果的讨论。

（一）政府特许经营协议是实现政府公共管理优化的工具

20 世纪 70 年代至 90 年代末，在新公共管理改革的影响下，各国政府在行使公共管理职能时，其组织结构形式、管理方式以及职能发生了重大转变。虽然新公共管理改革在不同国家表现方式各异，但放松政府管制以缩小政府职权、引入市场化机制是新公共管理的典型特征。[③] 政府部门将一部分职能转给私人企业执行，同时，在监管这部分职能执行过程中引入市场化机制。概言之，新公共管理改革的宗旨是对公共机构进行改革，改变政府行为方式，以提高公共部门的效率，减少财政支出。政府公共部门的定位在公共管理去中心化、私有化、合作化、放松管制与再管制、执行机构的引入、公共产品和服务购买者与提供者的分离、招标与投标计划等现象层出不穷的背景下，变得更具有多层维度。[④] 政府部门进行公共管理改革的目的是否能够实现，需要通过一定标准进行检验。不同国家检验政府公共管理改革效果的侧重点不同，较权威的检验标准可以从四方面衡量：减少财政支出，提高政府行使职权的效率，提

[①] See Robert B. Ekelund, Jr & Richard P. Saba, A Note on Politics and Franchise Bidding, 37 (2) *Public Choice*, 343 (1981).

[②] Ibid.

[③] See Christopher Pollitt & Geert Bouckaert, *Public Management Reform: A Comparative Analysis—Into the Age of Austerity* (4th Ed), Oxford University Press, 2017, p. 120.

[④] See Erika Szyszczak, *The Regulation of the State in Competitive Markets in the EU*, Hart Publishing, 2007, p. 6.

升效用，以及增加公民在公共服务方面的满足度与信任度。①

新公共管理改革在公共服务领域产生了深刻的影响。传统上该领域被认为是自然垄断行业，由政府部门直接设立公共企业（国有企业）进行国家管制，即政府直接通过行政命令的方式决定公共企业所提供的公共产品和服务内容、价格与数量。但是，这种公共服务提供方式需要大量公共预算，并且因受行政机关科层制度影响而效率不高。市场化机制是提高公共服务效率与重视用户回应型公共行政的关键要素。公共服务领域市场化机制"通过履行管理，竞争性招投标，合同外包以及内部市场化管理等私人部门的运作方式被植入公共部门"②。受此影响，政府改变了传统的公共服务供给模式，通过契约将提供公共服务的职能交给特定的私人企业履行，亦实现了缩小政府职能的目标。从实证结果看，英国、美国以及新西兰等国家的公共管理改革，"在政府机构引入市场机制，使得市场中的生产者/销售者与消费者/购买者之间，在没有中央行政命令介入的情形下，亦可实现良好的合作"③。

特许经营制度便是新公共管理改革的产物。政府部门根据保护公共利益与提升效率的原则设定授予特许经营权的标准，符合这些标准的私人企业通过竞争性招投标的方式进行竞争，最后政府部门与中标者签订契约——政府特许经营协议。特许经营者由此取得特许经营权，即排除其他经营者在特定市场内提供同类公共产品和服务的权利，在实质上承担了原本属于政府的职能。由于政府对这些公共产品和服务的需求是垄断的，因此政府作为公众消费者的代表与特许经营者签订契约。同时，在与公共产品和服务提供者之间的政府特许经营协议中，政府部门有权决定所需要的服务或者货物是什么，具体体现为公益目标、价格与数量等条款。④ 以此方式，政府对公共服务的管理变成通过契约方式实现，政府的监管标准被植入契约，特许经营者加入协议相关内容的确定中。即作为被规制对象的特许经营者参与监管规则的订立之中，这也是回应型行政管理的表现。特许经营者通过参与政府特许经营协议监管条款的设定，为

---

① See Christopher Pollitt & Geert Bouckaert, *Public Management Reform: A Comparative Analysis—Into the Age of Austerity* (4th Ed), Oxford University Press, 2017, pp. 137-152.
② Ibid., p. 115.
③ Ibid., p. 99.
④ See A. Ogus, *Regulation: Legal Form and Economic Theory*, Hart Publishing, 2004, pp. 324-327.

第五章 政府特许经营协议的规则设计

自己设定了义务,实现了自我规制。① 换言之,政府特许经营协议中嵌套了公共管理的要素。"在创造一个提供公共服务的市场时,政府采用标准格式合同的方式以规制市场如何运行。"② 即政府特许经营协议在形式上是市民社会的行为方式,但实质上却是政府行使公共职权的载体。

政府特许经营协议为何可以成为政府公共管理职能的工具呢?在新公共管理改革中,各种具有市场机制的契约(公私伙伴关系、外包合同等)是实现公共管理效率的有力手段,也是重要的决策工具。③ 结合前述新公共管理改革的四个检验标准可知,政府特许经营协议能提升政府公共管理效果。首先,相较于由政府直接提供,将公共产品和服务交由私人企业提供可以削减财政支出。其次,政府特许经营协议中具有规制属性的价格、数量以及保障公共利益等条款是在特许经营者的参与下制定的,可以使它们更主动、自愿地接受监管,从而提升监管效率与公共服务的效用。最后,特许经营协议的订立、履行、变更等,应当召开听证会,并且需要将相关信息对社会公开,这在提升透明度的同时,也可以实现公众参与,提升公民满意度与信任度。可以说,政府特许经营协议被广泛运用的政治价值即在于此。

(二)替代性竞争机制是政府特许经营协议的经济价值

自由主义经济学认为,只有让竞争成为协调市场关系的工具,才能实现有效率的资源配置,形成良好的经济秩序。"竞争乃是一种形成意见的过程:通过传播信息,竞争使经济体系达致了统一性和一贯性,而这正是我们把它视为一个市场的时候所预设的前提条件。"④ 但是,竞争机制并非在所有市场领域均可完全运行。因为其有效运行需要满足卖方的产品为同质、每个卖方产量的增加或退出不会影响其他卖家的决策、所有资源都是流动的以及市场所有参与者均了解产品价格与其他信息等条件。同时,完全竞争理论一般假定"规模的

---

① 自我规制(self-regulation),指个人或团体以基本权主体的地位,在行使自由权、追求私益的同时,亦自愿地肩负起实现公共目的的责任。参见詹镇荣:《民营化法与管制革新(第二版)》,元照出版有限公司 2011 年版,第 148 页。
② 转引自〔英〕休·柯林斯:《规制合同》,郭小莉译,中国人民大学出版社 2014 年版,第 335 页。
③ 参见娄成武、董鹏:《多维视角下的新公共管理》,载《中国行政管理》2016 年第 7 期,第 78 页。
④ 〔英〕弗里德利希·冯·哈耶克:《个人主义与经济秩序》,邓正来编译,复旦大学出版社 2012 年版,第 115 页。

173

回报恒定",即假定不论实际产出量有多大,单位成本保持不变。① 而实际情形是,在多数市场领域,单位成本受到产出量大小的影响,这导致实践中完全竞争存在比例极低。故主流经济学家根据竞争是否充分,把市场分为完全竞争、不完全竞争(包括垄断竞争与寡头竞争)以及垄断三个部分,形成竞争光谱。②

现代社会垄断行业集中于某些自然垄断的公用事业等领域。因为公共服务具有公共产品属性,"这类服务的提供者不可能只让那些愿意支付费用的人或有能力支付费用的人独享这些服务的好处"③。平等地享有公共服务是现代国家公民的一项基本权利,这导致价格因素无法完全发挥其作用。也就是说,有相当数量必不可少的服务(公共服务)不可能经由完全竞争的市场予以提供。公用事业领域由于其规模经济效应与资本弱增性特点,实行完全的竞争可能使得企业增加成本。④ 此时,政府部门必须参与其中,因为"创造条件使竞争尽可能有效,在竞争不能行之有效的地方,国家应当为其提供补充"⑤。竞争理论为国家侵入公用事业领域提供了理论基础,早期的公用事业主要由国家直接设立企业(公共企业),授予其特许经营权垄断经营。

公共企业的产权不明晰与管理成本过高,导致某些公共企业经营效率低下,引起广泛关注。由于完全的国家经营完全抑制了竞争的发生,自20世纪70年代开始民营化浪潮兴起,为提高公用事业供给效率、引入私人经营者、建立竞争机制与激励机制提供了契机。"我们不应当太过关注某一特定情形中的竞争是否处于完全的状态,而应当更多地去关注该情形当中究竟是否存在着竞争。"⑥ 这一思想催生了可竞争理论,即追求平衡竞争与管制的关系,认为

---

① 参见〔美〕赫伯特·霍温坎普:《联邦反托拉斯政策:竞争法律及其实践(第3版)》,许光耀等译,法律出版社2009年版,第3—4页。
② 参见〔美〕保罗·萨缪尔森、威廉·诺德豪斯:《经济学·上册(第十九版)》,萧琛等译,商务印书馆2012年版,第271—275页。
③ 〔英〕弗里德利希·冯·哈耶克:《个人主义与经济秩序》,邓正来编译,复旦大学出版社2012年版,第112—123页。
④ 参见〔美〕赫伯特·霍温坎普:《联邦反托拉斯政策:竞争法律及其实践(第3版)》,许光耀等译,法律出版社2009年版,第34—35页。
⑤ 〔英〕弗里德利希·奥古斯特·冯·哈耶克:《通往奴役之路(修订版)》,王明毅、冯兴元等译,中国社会科学出版社1997年版,第64页。
⑥ 〔英〕弗里德利希·冯·哈耶克:《个人主义与经济秩序》,邓正来编译,复旦大学出版社2012年版,第114页。

传统上竞争机制不起作用的公用事业领域也可以引入竞争机制。① 公用事业可竞争理论的逻辑在于，通过特许经营权招标的方式替代传统价格、质量因素的直接竞争，竞争的标准是预设一个有资质的企业以最低的成本经营公用事业。虽然主张在公用事业领域引入一定程度的竞争，但可竞争理论仍认可一定区域内维持一定数量的企业独占垄断经营或者寡头经营的必要性，进而主张必须在产品价格、数量等方面进行管制。可竞争的公用事业处于竞争光谱中的不完全竞争形态。公用事业完全的垄断经营或不完全竞争，受资本弱增性、科技与社会因素的影响，处于一种变动的状态。②

因此，特许经营制度是国家对经济干预的一种形式，即通过行政许可控制进入特定公用事业的企业数量，维持寡头垄断经营或者完全垄断经营。从本质上说，特许经营制度是一种人为设置的替代性竞争制度，其目的在于保证公共服务行业的整体供给效率。一方面，投标者在特许经营权招标阶段进行竞争，可达到竞争的效果；另一方面，由于特许经营制度排除其他市场竞争者而形成一定程度的垄断，特许经营者便需要接受政府的规制，这样既可实现前一阶段竞争效果的维持，也能够防止特许经营者利用垄断地位实施垄断定价、捆绑销售等垄断行为。在竞争光谱中，特许经营制度可以存在于不完全竞争、垄断两种形态下，但二者受到政府规制的程度不同。（如图5-1）

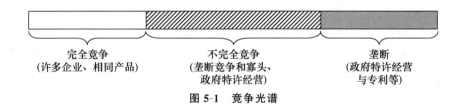

图 5-1　竞争光谱

（三）特许经营制度的法学转译

经由前述分析可知，不论从政治学还是经济学角度，特许经营制度与政府规制都存在着紧密的联系，故而，特许经营制度法律规范的构建应当吸收特许经营制度的政治与经济价值。为此，首先需要将这些价值转译成法律语言。

---

① 参见〔美〕赫伯特·霍温坎普：《联邦反托拉斯政策：竞争法律及其实践（第3版）》，许光耀等译，法律出版社2009年版，第36页。
② 参见王俊豪：《政府管制经济学导论：基本理论及其在政府管制实践中的应用》，商务印书馆2001年版，第84—86页。

契约规制：政府规制的新趋势

1. 契约概念的进化

政府特许经营协议作为政府行使公共管理职能的方式，包含规制属性的内容，即政府特许经营协议与政府规制有紧密的黏合度。然而，传统法学中契约属于对抗公权力的私法概念，无法承载政府特许经营协议的规制属性。"合同概念的本质在于从强权或者合同法用语中的强迫，向自由的过渡"①，聚焦于私人领域的法律关系。因此，为了使特许经营制度发挥其价值，应当扩大契约的法学内涵。即契约不仅仅是平等主体之间的协议，亦可以是一种政府规制方式，政府可以通过契约对特定主体进行约束、控制与引导。这种转变要求法学上契约概念的进化。

我们在英美法政府合同制度中看到了这种进化。英美合同法在现代化过程中呈现出对其他学科特别是经济学与社会学的借鉴。麦克尼尔将关系契约引入契约概念："契约不过是有关规划将来交换过程中的当事人之间的各种关系。"② 据此，契约的范围不仅包括传统私法契约的合意和承诺，也包括命令、身份、习惯等多种社会关系。关系契约的提出虽然在学界引起了激烈争论，③ 但在客观上扩张了传统契约的范围，并且更注重对社会现实的回应。英美合同法不管是在合同形式、主体还是内容等方面，都超越了合同的确定性，呈现出开放性与灵活性。④ 这为英美政府合同体系提供了理论基础。随着政府合同的广泛运用，合同开始被视为一种新的社会治理方式。⑤ 政府合同在形式上仍然是私法的形式，但从中可发现更多的公法上的制度。例如，因为涉及集体利益，政府合同中包括政府对公共服务运营者的欺诈以及保障公共服务维持等进行干预和调节的条款。⑥ 国家对政府合同内容的干预与私法合同不同，合同被

---

① Roy Kreitner, The Gift beyond the Grave: Revisiting the Question of Consideration, 101 *Colum. L. Rev.*, 1878 (2001).

② 转引自刘承韪：《英美法契约法的变迁与发展》，北京大学出版社 2014 年版，第 205 页。

③ 参见〔美〕理查德·波斯纳：《超越法律》，苏力译，北京大学出版社 2016 年版，第 504 页。See also Randy E. Barnett, Conflicting Visions: A Critique of Ian Macneil's Relational Theory of Contract, 78 *Va. L. Rev.*, 1176-1181 (1992).

④ 参见刘承韪：《英美法契约法的变迁与发展》，北京大学出版社 2014 年版，第 137—161 页。

⑤ See Peter Vincent-Jones, *The New Public Contracting: Regulation, Responsiveness, Relationality*, Oxford University Press, 2006, p. 34.

⑥ See Carol Harlow & Richard Rawlings, *Law and Administration* (3rd Ed), Cambridge University Press, 2009, p. 343.

理解为"一种相互的概念，相互的义务以及通过设定责任以达到权利的平衡"①。由此，契约脱离自由与意思自治的标签，成为一种"假合同"，成为社会控制的规制工具。②

基于契约概念的进化，在英美法中政府特许经营协议从私法契约转变成一种治理方式，与治理、规制等概念相联系。契约概念在英美法中得以进化的原因在于其判例制度的开放性与包容性，通过个案解释政府特许经营协议中的规制要素，可脱离私法契约路径，并且可探究契约规制中的公权力行使与监督问题。同时，通过单行条例的方式形成一套与传统私法契约并列的政府合同规范体系。故而，只有突破传统契约的概念，将政府特许经营协议视为政府规制的形式，才能使得政府特许经营协议法律制度承载其内在的政治与经济价值。

2. 政府特许经营协议体现自我规制与公共利益保护

政府特许经营协议作为新兴的政府规制媒介，体现了政府规制方式的变化。传统上规制权力来源于立法机构与中央政府的立法，但新公共管理改革要求规制权去中心化。公共领域的去中心化是为应对公共领域难以形成共识而提出的，具有良好效果的民主治理需要去中心化的公众舆论，更需要一个总体上妥协与共识的结果。③ 去中心化的结果是，政府部门不再由中央政府制定自上而下的统一规则，而是将规制权下放给地方政府和非政府部门组织，并形成合作关系。政府特许经营协议中的准入、价格、数量等规制性内容并非如传统上的由政府单独决定，而由规制部门、被规制对象、利益相关者（公众）共同决定，即体现了合作性。换言之，被规制对象加入规制内容的制定与执行，形成自我规制。因此，在政府特许经营协议法律规则设计时，不能仅将特许经营者设为被动接受规制的对象，而应当使其发挥规制者的作用。即在订立政府特许经营协议时，对于准入、价格、数量等规制性条款，在满足政府最低要求的基础上，特许经营者可与政府协商以细化这些条款。在政府特许经营协议履行过程中，特许经营者可以根据履行的客观环境而要求变更协议条款。

---

① Peter Vincent-Jones, *The New Public Contracting: Regulation, Responsiveness, Relationality*, Oxford University Press, 2006, p. 13.
② See Carol Harlow & Richard Rawlings, *Law and Administration* (3rd Ed), Cambridge University Press, 2009, pp. 345-356. 另参见〔英〕休·柯林斯：《规制合同》，郭小莉译，中国人民大学出版社2014年版，第61页。
③ 参见贺羡：《论协商民主体系中的公共领域》，载《探索》2015年第4期，第54页。

政府特许经营协议法律制度还负有保障公共利益的重任。米尼克在界定政府规制的本质时考虑了公共利益与利益集团要素，认为"管制是依据由公共利益凝结的规则，对私人活动进行干预的公共行政政策"①。政府的市场规制行为属于政治过程，其中充斥着政治利益集团以规制政策的制定和执行作为工具进行利益博弈。政治学研究政府规制的侧重点在于规制政策是如何形成与被执行的。② 只有包含公共利益的规则才能成为政府规制的依据。因此，在规制政策的形成中应考量何种规则可以作为规制依据，由此形成公共利益的概念。政府在运用特许经营协议进行规制时，不可避免地涉及其与利益集团、被规制市场主体之间以及规制主体与公众之间的讨价还价，其中涉及利益分配、程序公正、利益诉求表达等具体议题。公众作为公共产品和服务的消费者，是政府规制过程中的利益相关者，是公共利益的集中体现。为此，政府特许经营协议法律制度需要将公众利益纳入其制定与执行的考量要素。

综上所述，特许经营制度的运用有其政治与经济价值，集中体现为政府履行规制职能的方式和竞争替代机制。为了实现这些价值，需要突破契约的私法属性，将其视为一种规制形式，并将特许经营者与公众纳入规制过程。由此便可发现，政府特许经营协议更加接近于政府规制政策形成与执行的过程，由罗马私法发展起来的私法契约理论无法在特许经营制度构建中起到积极作用。由于该政府规制政策关涉市场竞争内容，故而笔者将政府特许经营协议界定为竞争政策，下文将从规范分析的角度论证将政府特许经营协议解释为竞争政策的可能性。

三、政府特许经营协议是竞争政策载体的规范分析

政府特许经营协议可分为订立与履行两个主要阶段，笔者参照行政协议"双阶理论"的两阶段分析方法，论证政府特许经营协议统一的竞争政策属性。具体而言，政府特许经营协议的订立是竞争政策的形成，履行是竞争政策的执行。

---

① Daniel F. Spulber, *Regulation and Markets*, The MIT Press, 1989, p. 30.
② Ibid., p. 31.

第五章
政府特许经营协议的规则设计

（一）政府特许经营协议的订立是竞争政策的形成

公共政策属于法的非正式渊源，是指未被整合进法律的政府政策或行为。① 政策是指"由公职人员实施的公共计划、方案中的目标、价值和目的，并且对授予行政机关职能、权利与义务的立法条款进行释明与合理化、正当化解释"②。政策的本质是一种评价与裁量。"政策"与"法律"两个概念经常混用，二者均是有约束力的行为规范，统称为"法律规则"。根据程序要求不同，法律规则分为正式规则与非正式规则，前者属于法律或法规，后者属于政策。因此，政策对应我国行政机关颁布的行政指导、规范性法律文件。政府特许经营协议的内容均具有竞争属性，亦符合政策的特征，故而属于竞争政策。

1. 政府特许经营协议的内容具有竞争规则属性

在政府特许经营领域，政府部门作为管理者向私人企业购买公共产品和服务时，更偏好物美价廉的产品，更强调构建一套独有且复杂的程序，以及形成效益最大化的流程。③ 遵循如此的公共管理价值目标，政府便构建一种竞争机制来选取最适宜的合作对象，并通过契约的形式加以调节。将正式契约作为政府调节自身与服务承接者之间关系的重要工具，其理论预设在于：竞争机制能够提高生产效率和配置效率。④ 由此可见，私人企业在公共产品和服务提供方面的效率优势，是促使政府大规模与其签订契约的原动力，亦是政府部门希望实现公共政策效率目标的体现。

在宏观层面，特许经营制度是基于整个国家经济效率的考量，而在公共服务领域采用的一种替代普通市场竞争机制的制度。公共服务领域的规制是政府在准入、价格、数量等方面进行管控的前提下，采用特许权招标的特殊竞争机制。以价格控制为例，政府的价格控制目标在于寻求一个以最低价格或者最高性价比提供公共服务的经营者，政府需要对价格的形成、变更等内容进行设

---

① 参见〔美〕E. 博登海默：《法理学：法律哲学与法律方法》，邓正来译，中国政法大学出版社2017年版，第487页。
② Peter Cane, *Controlling Administrative Power：An Historical Comparison*, Cambridge University Press, 2016, p.239.
③ 参见陈天祥、郑佳斯：《双重委托代理下的政社关系：政府购买社会服务的新解释框架》，载《公共管理学报》2016年第3期，第39页。
④ 参见〔美〕唐纳德·凯特尔：《权力共享：公共治理与私人市场》，孙迎春译，北京大学出版社2009年版，第158页。

定。① 特许权招标的目的在于，政府希望通过竞争的方式选定既有能力完成持续提供公共服务的企业，又希望能在其中选择能以最低成本提供公共服务的企业，以提高公共服务的效力。② 在该意义上，特许经营制度适用区别于其他市场的竞争规则。

在微观层面，政府特许经营协议条款体现了竞争规则。首先，选定特许经营者的程序具有竞争性。各国立法均要求选择程序的公平性、透明性与无差别对待性，以形成公平、透明的竞争秩序。其次，公共产品和服务价格、质量、数量等主要条款与竞争政策相关。这些规制性内容均是维持一定的不完全竞争或者垄断状态而进行计算的结果。因为监管部门的管制必须基于对成本的精确测算，才能既防止特许经营者实施垄断价格，又防止经营者丧失追求效率的动机。③ 最后，除了直接与竞争政策相关的条款，政府特许经营协议中还有大量涉及财政补贴、融资等的财务条款，这也成为一些学者主张政府特许经营协议为私法契约的主要依据。④ 孤立地看，这些条款无疑具有私法属性，但政府特许经营协议是一个整体，财政补贴条款等与前述价格、质量、数量等条款都是其不可或缺的组成部分。财政补贴的目的是维持合理定价，仍属于竞争政策中的价格管制内容。

2. 政府特许经营协议是对竞争政策再次具体化的结果

政府规制不仅可以指政府的规制行为，还可以指规制的依据。"规制是政府部门在直接介入市场分配机制或间接改变消费者和企业需求与供应决策时，所依据的一般规则或特定行为。"⑤ 即政府规制不仅需要法律，亦需要行政指导、规范性法律文件等政策作为规制依据。由于公用事业领域内行业众多，每个具体行业又都有其自身特点，因此对公共服务的竞争规制主要依靠各个具体行业的管制法律与政策。此外，根据其资本弱增性等特点，公共服务领域可以

---

① 参见〔美〕奥利弗·E. 威廉姆森：《资本主义经济制度：论企业签约与市场签约》，段毅才、王伟译，商务印书馆2003年版，第490—492页。
② See Daniel F. Spulber, *Regulation and Markets*, The MIT Press, 1989, pp. 252-254.
③ 参见〔美〕赫伯特·霍温坎普：《联邦反托拉斯政策：竞争法律及其实践（第3版）》，许光耀等译，法律出版社2009年版，第36页。
④ 参见崔建远：《行政合同族的边界及其确定根据》，载《环球法律评论》2017年第4期，第27页。
⑤ Daniel F. Spulber, *Regulation and Markets*, The MIT Press, 1989, p. 37.

第五章
政府特许经营协议的规则设计

分为完全垄断经营与不完全垄断经营，针对这两种类型的规制政策也不同。①因此，政府对公共服务领域进行规制时更多依据不同时期、不同地区以及不同行业中形成的竞争政策。

由于公用事业竞争法律与政策涉及较多的行政裁量权，如公共服务的价格如何确定，特许经营者如何选择、依照何种标准选择等方面，均涉及行政裁量权。给予政府部门较大的行政裁量权在满足其规制需求的同时，可能出现政府部门滥用规制权的现象。为了控制行政裁量权，制定裁量基准是一个可行的方法，如要件裁量基准与效果裁量基准。②虽然行政裁量基准并非严格意义上的法律，但是从效果看，它是一种规范行政裁量权行使的建章立制，是沟通抽象的法律与具体的事实之间的一种媒介和桥梁，更像是为了贯彻执行法律而实施的"二次立法"。③从依宪治国角度看，"二次立法"属于"软法"。虽然将行政裁量基准视为一种"软法"面临诸多质疑，但将行政裁量基准作为行政裁量权的行使依据，在客观上符合法律规范稳定性与确定性的要求。④而从实证角度看，公用事业规制方面存在大量的软法，"无论是国家管理还是社会自治领域，其实都正在从一种单一的硬法或者软法之治，转向软硬并举的混合法治理"⑤。

政府特许经营协议是政府规制的软法依据。因为作为政府特许经营协议最为重要的价格、数量与质量等内容，是政府财政支出、消费者支出以及特许经营者收益与风险等各方利益的综合体现，其本身具有公共属性。⑥相较于政府制定的政策，政府特许经营协议的内容更为具体地规定了行政裁量权，并且政府规制裁量权的行使只有在具体项目中才能确定。例如，在对特许经营者进行价格规制时，特许经营者的定价到底在何种情形下构成垄断定价，其他的立法

---

① 参见陈学辉：《政府参股PPP项目公司法律地位：理论反思与标准建构》，载《行政法学研究》2017年第5期，第134—144页。
② 参见郑春燕：《现代行政中的裁量及其规制》，法律出版社2015年版，第147页。
③ 参见余凌云：《游走在规范与僵化之间——对金华行政裁量基准实践的思考》，载《清华法学》2008年第3期，第57页。
④ 在规制法方面，"软法"是"旨在影响政府决策的成文或者不成文的规则"。See Lorne Sossin & Charles W. Smith, Hard Choices and Soft Law: Ethical Codes, Policy Guidelines and the Role of the Courts in Regulating Government, 40 *Alta. L. Rev.*, 871 (2003). 另参见沈岿：《软法概念之正当性新辨——以法律沟通论为诠释依据》，载《法商研究》2014年第1期，第13—20页。
⑤ 罗豪才、宋功德：《软法亦法：公共治理呼唤软法之治》，法律出版社2009年版，第437页。
⑥ See Nicholas Miranda, Concession Agreements: From Private Contract to Public Policy, 117 (3) *Yale Law Journal*, 536-538 (2007).

与上级机关的行政指导并不能直接提供一个明确的标准，只能结合特许项目在政府特许经营协议中确定。这些标准化的契约条款不仅安排当事人各自的义务，还确定公共产品和服务的具体内容，这种方式类似于行政规则、通知和决定所实现的方式。从规制效果来看，对特许经营者而言，政府特许经营协议可以作为预判政府规制的依据；对利益相关者而言，政府特许经营协议是确定其接受公共服务权益的直接标准。如柯林斯所言，"通过契约的自我规则与通过行政规则的自我规制之间的区别可以忽略"①。因此，政府特许经营协议是竞争政策再次具体化的结果。

3. 政府特许经营协议具有竞争政策的效力

政府特许经营协议虽然由双方当事人订立，但其部分条款具有强制性规范的属性。特许经营者取得特许权后便向公众提供公共服务，签订一个个具体的公共服务合同。公共服务合同是私法合同，因而适用合同法，其中的价格、质量等重要条款虽然可以由特许经营者与公众个体自由约定，但均受到严格管制。如前所述，公用事业立法一般仅对价格、质量等作原则性规定，对公共服务合同产生实质管制效果的内容主要来源于政府特许经营协议。政府特许经营协议的内容与特许经营者—公众之间的公共服务合同的内容紧密相连，公共服务合同的价格、质量等内容应依照政府特许经营协议的内容确定。② 相对于无数个公共服务合同而言，政府特许经营协议的部分条款具有强制性规范的效力。若公共服务合同的内容违反政府特许经营协议的规定，将导致其效力瑕疵。从实证效果看，政府特许经营协议具有强行法效力已经在一些国家的判例上得到确认。例如，法国行政法院依照司法部的泰西埃先生所得出的结论，认可大型铁路公司特许状条款具有法令的性质，并在 1912 年的马克案中裁定每一份特许状都有立法的属性，违反特许状的经营行为被视为违法。③

4. 政府特许经营协议的订立符合政策制定的程序

软法区别于传统的国家单方立法的一个特征是通过与被规范对象进行沟

---

① 〔英〕休·柯林斯：《规制合同》，郭小莉译，中国人民大学出版社 2014 年版，第 334 页。
② 例如，杭州地铁 1 号线项目的《项目书》明确：特许协议是核心，是 PPP 招商谈判的成果、"公私合作"的依据；公司章程、合作经营合同、资产租赁协议均为特许经营项目的实施服务，均受特许协议的约束。参见国家发改委公布的典型案例二十五——《浙江省杭州地铁 1 号线项目》，第 4 页，http://tzs.ndrc.gov.cn/zttp/PPPxmk/pppxmal/dypdxal/201811/P020181119546969585631.pdf，2019 年 7 月 25 日访问。
③ 参见〔法〕狄骥：《公法的变迁》，郑戈译，商务印书馆 2013 年版，第 117 页。

通、协商的方式立法,即协商式立法。协商式立法已经在环境监管、公用事业监管等领域得到运用,并取得了一定的积极效果。① 而在经济社会日益复杂化的年代,完全依赖成文法规范无疑会引发人们对其合理性与特定性的担忧。"管制机关的行为受到成文法和宪法的控制。"② 成文法均是体现命令与控制的制度产物,相较而言,判例法等"自发性制度"所形成的规则可以提高政府规制的合理性,因为前者剥夺了参与者为实现其目的而利用其专有知识的可能性。③ 换言之,政府的规制依据不能仅仅来自成文法,更应当来自市场中各个参与者在市场交换中所形成的自发性规则。这为特许经营协议成为政府部门的规制依据提供了理论基础。政府特许经营协议即经由双方的沟通、协商、商谈等方式而订立,因此其作为政府部门规制依据更具有针对性,进而也能增强规制的合理性。虽然经济学界对政府特许经营协议作为规制依据的观点有争议,认为通过立法作为规制依据无法实现的规制结果,通过政府特许经营协议的方式也同样无法实现。④ 但这恰印证了经济学界将政府特许经营协议视为政府规制的依据。

政府特许经营协议的订立过程符合协商式制定政策的程序构造。首先,政府部门制定招标文件,初步确定特许经营权的授予条件、财政补贴以及公共服务的提供方式、价格、数量、质量等内容,而后通过与中标者协商的方式确定具体条款。其次,由于政府特许经营协议的内容与公众有直接利害关系,因此政府部门应向社会公开征求意见以吸纳公众的意见,这个过程同法律颁布之前公开征求意见的程序一样。最后,在政府特许经营协议的履行过程中,需要变更或者终止协议时,亦应当向公众公开以及征求意见,或者召开听证会等程序方得以完成。

综上,政府特许经营协议是针对特许经营项目,对上位法与上级行政机关行政指导的进一步具体化与延伸,其本身为竞争政策。订立政府特许经营协议为竞争政策制定的过程,是监管部门与被监管者协商式制定监管规则的行为。但需注意,基于公用事业的复杂性、广泛性与变动性,不同行业、同行业不同

---

① 协商行政立法被认为具有更灵活、更容易被服从、成本低等优势。参见〔美〕朱迪·弗里曼:《合作治理与新行政法》,毕洪海、陈标冲译,商务印书馆 2010 年版,第 197—311 页。
② Daniel F. Spulber, *Regulation and Markets*, The MIT Press, 1989, p. 79.
③ Ibid., p. 87.
④ 参见〔美〕奥利弗·E. 威廉姆森:《资本主义经济制度:论企业签约与市场签约》,段毅才、王伟译,商务印书馆 2003 年版,第 510 页。

环节对竞争替代机制的强度要求均不同,即对政府管制强度的要求不同,这决定了不同政府特许经营协议之间的竞争政策属性强弱有差异。

(二) 政府特许经营协议的履行属于竞争政策执行

公共政策执行的法律属性为行政执行。行政执行在英美法中称为"行政决定"或者"行政命令",包含事实查明、寻求法源依据以及将法律规范适用于事实等具体步骤。① 德国法上的行政行为不包括制定规则的行为,行政执行即等同于行政行为。② 我国行政立法没有界定行政执行,主流观点将行政执行狭义地理解为行政强制执行。③ 本书在广义上使用"行政执行"的含义,指我国《行政诉讼法》中的一般行政行为,即行政机关根据法律或者规范性文件作出的行政决定或者命令。

1. 政府特许经营协议履行为何是竞争政策执行

首先,政府特许经营协议符合公共行政中给付行政行为的要素。随着"福利国家"概念的兴起,行政法借鉴公共行政中"给付行政"的概念,强调行政机关应当承担提高社会福祉的义务。虽有学者认为,"给付行政不拘泥于给付形式的公法或私法形态,法理上赋予了其形式选择自由的空间"④。但在社会法领域,行政行为仍然不可或缺且发挥着很大的作用,坚持管制行政=行政行为、给付行政=行政合同的单纯模式不妥当。⑤ 政府部门在政府特许经营协议中担负的诸如提供财政补贴、创造公共服务运营基本条件等行为具有公共性,将其纳入公法轨道有助于督促行政机关履行义务。亦有学者认为,应当根据给付行政的行政法治价值划分行政行为的类型,确认新的行政行为类型。⑥ 故而,将政府特许经营协议履行视为行政执行,归入一般行政行为具备公法基础。

其次,政府特许经营协议的订立与履行不可分割。由于政府特许经营协议是竞争政策,履行协议即是实施该竞争政策。特许经营者为了达到中标的目

---

① See Peter Cane, *Controlling Administrative Power: An Historical Comparison*, Cambridge University Press, 2016, p.326.
② 参见〔德〕奥托·迈耶:《德国行政法》,刘飞译,商务印书馆2013年版,第100—111页。
③ 参见胡建淼主编:《行政行为基本范畴研究》,浙江大学出版社2005年版,第542页以下。
④ 胡敏洁:《给付行政范畴的中国生成》,载《中国法学》2013年第2期,第41页。
⑤ 参见〔日〕大桥洋一:《行政法学的结构性变革》,吕艳滨译,中国人民大学出版社2008年版,第173页。
⑥ 参见关保英:《给付行政的精神解读》,载《社会科学辑刊》2017年第4期,第41页。

的，可能在投标之前故意压低条件，而在履行的过程中则以成本过高为由要求变更协议的内容。政府特许经营协议的履行期间一般较长，政府部门需要将政府特许经营协议作为监督特许经营者是否依照协议提供公共产品和服务的依据。由此，基于对特许经营者的监督，加上协议需要更新、重签等原因，在协议履行阶段更突显了政府部门规制的重要性，而规制的主要依据是政府特许经营协议本身。① 协议的履行应当遵循协议订立时的保证不完全竞争原则，是对前一个订立阶段的延续，在性质上是对竞争政策的动态维持。

最后，政府特许经营协议由政府与特许经营者共同履行，是合作治理的过程，可实现竞争政策执行中追求正义的目的。当今社会是一个合作与竞争并存的社会，正义的内涵已从契约正义转向合作正义，故而政策过程也应当实行目标转向，即在尊重个体差异的基础上促进合作行动，在共生共存的观念中实现正义追求。② 在放松管制、权力下放的趋势下，政府机关与私人主体合作进行公共治理的理念不断延伸。该现实需要催生了协商合作的行政观念，即公共部门与私人主体就政策制定、实施与执行进行协商与合作。③ 在合作治理过程中，特许经营者经授权而行使公共职能，亦因公共服务具有公共属性，特许经营者的履行被视为与政府部门的行为结合为一体。从这个意义上讲，该过程保障了公共政策执行过程中的参与正义。

2. 政府特许经营协议履行包含一系列竞争政策执行行为

根据政府部门履行义务过程的作为与不作为标准，可将执行行为分为积极的执行行为与消极的执行行为两类。政府部门在订立政府特许经营协议后，需要通过作为的方式积极履行一系列行为。首先，授予特许经营权。在政府特许经营协议订立之后，政府部门应向签署协议的中标人授予特许经营权。其次，政府特许经营协议中一般均规定政府为保证特许经营项目的有效运营而应履行的作为义务，包括提供项目的保障措施、支付财政性补贴资金等。这些义务属于给付行政的内容。最后，履行对特许经营者监管的义务。政府部门应当对特许经营者实施的诸如垄断行为等进行规制。前述不论是授予特许经营权、给付

---

① 参见〔美〕奥利弗·E. 威廉姆森：《资本主义经济制度：论企业签约与市场签约》，段毅才、王伟译，商务印书馆 2003 年版，第 492—496 页。
② 参见向玉琼：《从契约正义到合作正义：公共政策的目标转向》，载《浙江学刊》2018 年第 3 期，第 65 页。
③ 参见〔美〕朱迪·弗里曼：《合作治理与新行政法》，毕洪海、陈标冲译，商务印书馆 2010 年版，第 318 页。

行为还是规制行为,均是政府部门依据法律、规范性文件或政府特许经营协议作出的命令或者决定。

另外,为保证特许经营项目的正常运营,应禁止政府部门实施不当的干预行为。其一,政府特许经营协议要保证特许经营者在相关市场中的独占或者市场支配地位,故政府部门不得实施侵犯特许经营权的行为。其二,政府部门不得利用行政权力实施行政垄断行为。在实践中,"自然垄断和行政垄断往往交织在一起,自然垄断为行政垄断提供了必要性,行政垄断又强化了自然垄断"①。政府部门在履行监管职能中有可能为了自身科层利益,利用行政权力强迫特许经营者或者与其共同实施行政垄断行为,侵害作为消费者的公众利益与公共利益。②

综上,政府特许经营协议的履行并非一次性的履行行为,而是一系列持续性行为,其核心是保证达到竞争政策的实施效果。这些行为均系因执行法律或者政府特许经营协议而作出的行为,故而应当认定为行政执行行为。

四、围绕政府特许经营协议竞争政策属性构建程序规则

"随着政府权力持续地猛烈扩张,只有通过程序公正才能使其产生容许性。"③ 政府特许经营协议作为政府治理工具,"为保障治理过程的公正与效率,需要在合作治理过程设立程序透明与责任追究等程序"④。因而,为政府特许经营协议设立法定程序成为特许经营制度构建的关键。

(一)公平竞争审查程序

"在竞争政策系统中,总是存在剩余立法权和剩余执法权。这一方面要求政策执掌者勤勉、忠信、合理地善用自己的专业判断能力和权力,另一方面要求将其权力纳入可问责的法治轨道中去。"⑤ 政府部门制定的竞争政策是否合

---

① 王俊豪、王建明:《中国垄断性产业的行政垄断及其管制政策》,载《中国工业经济》2007年第12期,第37页。
② 张晨颖:《行政性垄断中经营者责任缺位的反思》,载《中外法学》2018年第6期,第1638—1643页。
③ H. W. R. Wade & C. F. Forsyth, *Administrative Law* (11th Ed), Oxford University Press, 2014, p.373.
④ John Ziegler, The Dangers of Municipal Concession Contracts: A New Vehicle to Improve Accountability and Transparency, 40 *Pub. Cont. L. J.*, 573 (2011).
⑤ 史际春、赵忠龙:《竞争政策:经验与文本的交织进化》,载《法学研究》2010年第5期,第104页。

理,是否运用行政权力限制、排除竞争的效果等问题具有较强的专业性,完全依靠法院司法审查难以达到预期的效果。因此,由行政机关进行内部控制,可以达到事前规制的效果。同时,对政府特许经营协议进行公平竞争审查,与垄断法的立法精神相符。[①] 2016 年 6 月 1 日,国务院发布《国务院关于在市场体系建设中建立公平竞争审查制度的意见》(以下简称《公平竞争审查意见》),建立了公平竞争审查制度。该制度旨在要求政府机关制定政策措施之初就开始发挥公平竞争审查事前预防和及时改正的作用,促使政府在政策的制定与执行中秉持竞争中立原则立场,成为推动我国竞争政策有效实施的主要制度依赖与政策工具。[②] 该意见在第三部分明确,政府的规范性文件与政策措施应当进行公平竞争审查。

政府特许经营协议公平竞争审查制度可从两方面构建。其一,公平竞争审查制度以自我审查为主,为保证该制度能发挥事前预防的功能,具体审查的机构应当是订立政府特许经营协议的上级机关或者专业的第三方机构。其二,具体审查的内容可借鉴《公平竞争审查意见》的规定,包括市场准入与退出标准、商品和要素自由流动标准、影响生产经营成本标准以及影响生产经营行为四个大方面。例如,对于公用事业中的财政补贴问题,由于国家没有给予补贴和如何补贴的统一规则,因此需要审查机构结合竞争效果等进行重点审查。

(二)公众参与程序

政府特许经营协议对协议双方当事人以及与公共服务利益相关的公众均产生拘束力,故而应设立公众参与程序。在涉及公共部门的立法过程中,应当重视所有法律参与主体的参与,这种参与权是最为重要的一种公民权利。[③] 公共服务领域是涉及公共利益的行业,对公众的切身利益影响巨大,而公众在公共服务政策形成中的参与权是依宪治国中的一项基本权利。设置公众参与程序一方面可以获得特许经营项目所在地公众的支持,另一方面也可以提高公共决策的科学性。

[①] See Sue Arrowsmith, *The Law of Public and Utilities Procurement Volume 2: Regulation in the EU and UK* (3rd Ed), Sweet & Maxwell, 2018.

[②] 参见孙晋:《新时代确立竞争政策基础性地位的现实意义及其法律实现——兼议〈反垄断法〉的修改》,载《政法论坛》2019 年第 2 期,第 5 页。

[③] 参见〔德〕尤尔根·哈贝马斯:《在事实与规范之间:关于法律和民主法治国的商谈理论》,童世骏译,生活·读书·新知三联书店 2003 年版,第 154—155 页。

公众参与程序的主要形式是听证程序。政府特许经营协议内容除了源于双方当事人的协商，还应吸纳公众的意见。其他国家的特许经营制度中亦有设置公众参与程序的立法例。例如，英国 2016 年《特许协议条例》（The Concession Contracts Regulations，2016）规定，参加听证的对象是潜在的特许权投标者，以及与特许经营项目有利害关系的利益相关者即公众。① 为了保证竞争政策的合理性与正当性，还应当根据特许项目的情况，邀请相关专家、非政府组织等专业机构的专业性人员等参与特许经营权授予条件、特许经营者选择标准、价格、质量等问题的决策。在特许经营制度中应当举行听证程序的情形至少包括两个方面：其一，在制定招标文件时，对于市场准入标准、特许经营权授予标准的设定。其二，在协议履行与终止阶段，对协议的价格、数量等内容进行变更或者终止项目的决定。

（三）信息公开程序

公共产品和服务因具有公共属性而存在信息不对称，为了保障公共利益以及投标人公平竞争，信息公开的意义重大。同时，政府特许经营协议既涉及公共利益又涉及公权力行使，属于信息公开的范围。例如，国务院 2019 年 10 月公布的《优化营商环境条例》第 3 条第 2 款即规定："各级人民政府及其部门应当坚持政务公开透明，以公开为常态、不公开为例外，全面推进决策、执行、管理、服务、结果公开。"因为程序的公开与透明可以保证责任的承担与防止腐败。② 公共服务信息公开的方式一般包括在政府部门的公报或者其官网上公开特许经营协议的订立、履行等信息，以便于公众监督。其中，对公众生产生活影响巨大的项目，还应当在媒体上公开项目的相关信息。

信息公开程序贯穿政府特许经营协议的全过程。其一，在特许经营权招投标阶段，政府部门应通过公告的方式，将招投标文件（包括准入标准、授予特许权的标准、项目基本信息等）予以公开。为了保证信息对称，政府部门应当向潜在的投标人完全、不区别对待地公开项目信息。③ 其二，在政府特许经营协议订立之后，政府部门应当将政府特许经营协议的内容公开。在政府特许经营协议履行阶段，若特许经营者未依照政府特许经营协议的规定履行，政府部

---

① See The Concession Contracts Regulations 2016，S. 8，S. 35，S. 37.
② See Nicholas Miranda，Concession Agreements：From Private Contract to Public Policy，117 (3) *Yale Law Journal*，547 (2007).
③ See The Concession Contracts Regulations 2016，S. 8 (3).

门对其进行警告、责令改正以及处罚等行为的,则应将处罚结果公开。

(四)政府特许经营协议司法审查

司法审查是控制行政权的重要途径,亦是对公法权力进行救济的主要方式。政府特许经营协议的订立、履行均涉及公权力行使,建立司法审查程序是控制公权力的必要制度。[1] 例如,英国司法审查的对象包括绝大多数规制机关,如反垄断机构等竞争政策执行机构。[2] 这些机构的监管行为是在执行公共政策,故应当承担公法上的责任,而司法审查即是保证追究规制机构责任的必要制度设置。在司法审查的方式上,英国2006年《立法与规制改革条例》(Legislative and Regulatory Reform Act, 2006) 明确了新的审查趋势,即应由法院在个案中对规制机关在监管过程中的透明性、义务履行、合理性以及一致性等行为进行审查,而非如传统上的仅概括性地审查监管职权与责任的相关性。[3] 具体到公共服务领域,尤其是在独占垄断经营的特许项目中,特许经营者的行为与政府部门的行为之间存在紧密联系,司法审查的对象亦可扩散于特许经营者,因为政府部门通过政府特许经营协议授予了特许经营者一部分公共权力。同时,英国的法院放宽了政府合同司法审查的启动标准,并形成了比较清晰的进路:将公法的一般原则适用于所有公权力运用的场合,而不论该权力的来源。[4]

司法审查的范围包括行政行为内容的合法性与程序的合法性。政府特许经营协议制定阶段的审查范围是,法院可以对政府特许经营协议内容进行合法性审查。因为"行政机关制定的规则可以直接被提起司法审查程序"[5]。例如,我国《行政诉讼法》第53条规定了法院有权对规范性文件附带审查。又如,2019年《最高人民法院关于审理行政协议案件若干问题的规定》亦确认了法院应对政府特许经营协议的订立、履行、变更等全部阶段进行合法性审查。在政府特许经营协议履行阶段,法院主要审查执行行为依据与程序的合法性。

---

[1] 参见陈学辉:《我国公路经营权契约规制论——以政府特许经营协议为中心》,载《上海财经大学学报(哲学社会科学版)》2018年第1期,第150页。

[2] See H. W. R. Wade & C. F. Forsyth, *Administrative Law* (11th Ed), Oxford University Press, 2014, p. 124.

[3] See Legislative and Regulatory Reform Act 2006, S. 21.

[4] 参见〔英〕默里·亨特:《英国的依宪治国与政府契约化》,载〔新西兰〕迈克尔·塔格特:《行政法的范围》,金自宁译,中国人民大学出版社2006年版,第47页。

[5] Peter Cane, *Controlling Administrative Power: An Historical Comparison*, Cambridge University Press, 2016, p. 297.

此外，我们应当警惕政府在以契约方式行使公权力过程中可能侵害公民的基本权利，以及思考公共利益保障等问题。诚如有学者观察到的，"执行权可能穿着私法的外衣，但是我们仍可以看到国家规制爬行的触角"[①]。政府特许经营协议的外观与私法契约极为相似，然而不管是协议的订立抑或履行，其内在浸淫的公权力始终透露着不羁的本性。通过分析政府特许经营协议的政治与经济价值，可为我们将政府特许经营协议全过程纳入公法体系提供理论正当性。将政府特许经营协议的订立视为竞争政策制定行为，将协议的履行视为一种执行行为，契合了特许经营制度的制度逻辑。遵循该逻辑，本书开题所提及的政府特许经营协议法律适用难题便可找到合理的解决进路——其根本着眼点在于控制政府特许经营协议中的公权力，保障公共利益，这也是我国政府"放管服"改革的重要内容，更是优化公用事业领域营商环境的重要因素。

第三节 政府特许经营协议的缔结与规制权控制

在缔结政府特许经营协议时，政府部门需要遵循一般的缔约规则，集中表现为对契约相对人的选择、缔结标准以及正当程序的适用。具体而言，政府部门作为合同的一方，可以通过设定准入门槛，选取有资质、有能力的契约相对人完成公用事业的运营；在何种条件下以及通过何种程序可以使合同成立；在缔约过程中，政府部门负有将相关信息公开的义务，以防止规制俘房，保障公共利益的实现。

一、合同准入标准的规制

政府特许经营协议在缔结前的一个重要的规制目标是保证选择到那些具备高质高效履约能力的契约相对人，这其实是保证公共利益的表现，因为"授予公共企业有限的特许经营权并非传统上认为的系一种规制的替代手段，而其本身即为政府规制存在的法律基础"[②]。长期的公用事业规制实践表明，英国政府更偏爱通过竞争性招标计划实现规制目的。[③] 这种规制最明显的特点在于，

---

① Carol Harlow & Richard Rawlings, *Law and Administration* (3rd Ed), Cambridge University Press, 2009, pp. 350-351.
② Daniel F. Spulber, *Regulation and Markets*, The MIT Press, 1989, p. 252.
③ 参见张卿：《行政许可：法和经济学》，北京大学出版社 2013 年版，第 209 页。

第五章
政府特许经营协议的规则设计

设定投标人准入标准以及签订合同的条件标准。

（一）投标人标准的设定

在签订公用事业政府特许经营协议时，政府部门应根据特定行业设定投标人标准。这既是保障公用事业实现最大公共利益的考量，也是公用事业规制目标——准入与退出的实现方式。诚如美国杰出大法官波斯纳所言，在招投标之前所设定的一定期限申请期内，政府部门应审查投标人的资质，然后将特许经营权授予给那些能保证获得最大化收益的投标人。[①] 虽然该标准并不具有当然的正当性，但毫无疑问的是，投标人必须具备以最低报价实现最大收益，并且能够保证高质量履行合同的能力。其中涉及投标人自身的客观条件，如公司的资本能力、信用状况以及专业资质等条件。同时，由于公用事业特许经营期限较长，特许经营者（中标人）与政府部门之间需要形成长期的合同关系，这就要求当事人之间具备相互信任、合作协调以及正规化。[②] 而投标者是否具备这种能力，需要设立专门的机构，在对投标者进行专业评估之后方能确定。笔者将在下文论述物有所值标准时一并讨论设立审查机构的问题，本部分主要讨论投标人的基本客观资质。

首先，投标人应保证足够的财务能力。政府特许经营协议属于一种长期合同，公用事业一般涉及基础设施的建设与运营等，资金投入量很大，这就要求投标人具有足够的财务能力。鉴于投标人具有怎样的资金能力才能满足投标的条件属于政府部门的裁量权范围，因此应为招投标设立更好的程序，并且统一对投标人资格的条件要求。[③] 这既能保障投标人中标后有能力高质量地完成公共服务提供的要求，也是防止政府部门在制定投标条件时滥用职权的制度保障。在实践中，不同行业的招投标对投标人设定的标准各异，但投标人的财务能力始终是一项重要的要求。例如，在美国私人供水公司的选择中，监管机构将供水公司的资产数量与财务能力作为一项重要的评判依据。[④] 由此，只有具备监管部门要求的财务能力的企业才具有竞标人的资格。

---

① See Daniel F. Spulber, *Regulation and Markets*, The MIT Press, 1989, p. 254.
② See Yseult Marique, *Public-Private Partnerships and the Law: Regulation, Institutions and Community*, Edward Elgar Publishing, 2014, pp. 104-106.
③ See Carol Harlow & Richard Rawlings, *Law and Administration* (3rd Ed), Cambridge University Press, 2009, pp. 357-358.
④ See David H. Getches, *Water Law in a Nutshell* (4th Ed), West Publishing Co., 2009, p. 450.

其次，投标人应具备专业能力。因为公用事业的范围广泛，政府部门在制定投标人准入标准时，应将其在特定项目中的专业能力作为重要的准入要素。具体而言，专业能力包含相关领域的从业资质、从业经历和期限以及业内评价等内容。这些专业能力投标人需要在申请中列明，作为投标的重要参考。在立法上，英国2007颁布的《PPP行政命令条例》第5条第（3）款中明确要求，PPP公司必须在提交的宣誓书中载明其财务能力、专业能力以及希望从事的行业领域等内容。[①] 这样立法的考量要素是，只有具备相应业务能力的公司才能在缔约后漫长的合同履行中很好地完成项目，减轻政府部门的负担。若无专业能力作为基础，即使中标人具有一定的财务能力，也可能导致合同履行的中断，威胁公共利益的实现。考察相关国家公用事业公私合作典型案例可以发现，在公用事业公私合作实践中，经过招投标程序，政府部门都为项目选取到具备很强的项目相关领域专业能力的私人主体。例如，在北京奥运会国家体育场的招投标中，契约相对人是三家具有非常杰出的投融资以及大型基础工程建设经验的大公司，它们不仅具有较强的财务能力，而且均具备建设体育场等大型工程的专业能力。[②]

最后，投标人应具有一定的信用等级。在购买者与提供者之间的公私合作中，一套有组织性的合同安排被认为是最为关键的要素，其中自然充满了合作与冲突的属性。[③] 这些可选择的合同条款，体现出了高度的信任与合作的特征。[④] 因为缺乏信任的合作关系显然是低效的。而相互信任的前提除了前述需要投标人具有一定的财务能力与专业能力之外，还需要投标人具有一定的信用等级。在较为完善的信用社会中，通过考察信用等级可以确定潜在的契约相对人的履约能力，因为人与人之间的信任存在于共同价值的认可、历史、文化以及社区关联度中。[⑤] 此外，笔者认为，在考察投标人是否具有可信赖特点时，还应考量投标人在相关行业中的经验，以及投标项目与其历史经验具有的吻合

[①] See The PPP Administration Order Rules 2007 (S.I. 2007 No. 3141), Section 5 (3).

[②] 它们分别是中国中信集团公司、北京城市建设集团有限公司以及美国金州控股集团有限公司，其出资比例分别是65%、30%、5%。参见欧亚PPP联络网编著：《欧亚基础设施建设公私合作（PPP）案例分析》，王守清主译，辽宁科学技术出版社2010年版，第201—202页。

[③] See Peter Vincent-Jones, *The New Public Contracting: Regulation, Responsiveness, Relationality*, Oxford University Press, 2006, p. 192.

[④] Ibid.

[⑤] See Yseult Marique, *Public-Private Partnerships and the Law: Regulation, Institutions and Community*, Edward Elgar Publishing, 2014, p. 33.

度等。一方面,投标人在中标后可以利用其此前累积的经验;另一方面,投标人也会在之后的合同履行中更加谨慎地履行义务,以维护其之前在业内取得的声誉,保持其信用等级。

(二)物有所值标准的设定

在契约相对人准入上,当有多个符合条件的投标人参与竞争时,政府部门应如何选择才能保证选择到最优的契约相对人?这既是出于保证公共利益的考量,也是保证实现项目经济效益的重要课题。无论在理论还是实践中,物有所值标准都是保障项目最优效率与公共利益平衡的重要制度。

"物有所值"(VFM)是验证一个项目合理性的重要标准,是指通过私人企业的改革与管理技术,极大地保证履行能力的提升和效率提升的一项指标。[①] VFM 适用于所有公共财政支出中要求经济效率的项目。但是,在各国的正式立法中,均没有对其作严格定义,即其属于行政裁量权的范畴。有的国家,如英国,通过行政命令与行政指导的方式,将其作为是否授予投标人特许经营权的一项要素。换言之,一个项目只有经过 VFM 评估之后,政府部门才可与私人企业缔约,这属于政府部门应当履行的法律义务。然而,VFM 的目的在于达到物有所值,即具有效率,而效率的衡量并不具有一套统一的、客观的评估体系。因此,需要采用一些客观的和体系性的指标构建这个评估体系。[②] 在英国的实践运用中,主要有两类评估方法:数量评估与质量评估。在数量评估中,主要考量的是政府部门选取各该契约相对人可以节约多少财政资金;在质量评估中,则既要求质量也要考虑合同的履行过程。[③]

从本质上,VFM 属于一种市场机制,需要由专门的机构完成。其作用在于保证公用事业能被有能力的投标人以最有效率的方式完成。而一个项目的运营方式到底是否是最有效率的,属于政府部门行政裁量权的范围。例如,在英国,这一程序是由政府商务办公室通过审查程序完成的,属于法律对政府行政裁量权进行控制的重要手段,将在后文中论及。同时,我们也应看到,通过VFM 评估,政府部门可以实现对私人资本的理性规制,从而在一定程度上保

---

① See Carol Harlow & Richard Rawlings, *Law and Administration* (3rd Ed), Cambridge University Press, 2009, p. 414.
② See Yseult Marique, *Public-Private Partnerships and the Law: Regulation, Institutions and Community*, Edward Elgar Publishing, 2014, p. 120.
③ Ibid.

证了公用事业的利益最大化,保障了公共利益。

二、缔约程序的规制

缔约程序,即政府特许经营协议应以何种方式签订,其中蕴含了众多的规制规范。① 其目的是保证建立竞争机制,即充分发挥市场机制的效能,将市场化的竞争机制安排到合同的全过程,以保证提高公用事业的运营效率。由于公用事业特许经营协议属于不完全合同,因此在选择通过何种程序缔约时,总体而言最重要的考量要素是交易成本。② 因为政府特许经营协议的协商也是不完全的,不仅在缔约时需要沟通与协商,在漫长的合同履行期间,也是需要不断地面对各种合同履行环境变化而继续沟通与协商。因此,政府特许经营协议的订立和履行均充满了协商的特征。同时,政府特许经营协议的缔结过程亦充满政府规制权的行使,正当程序是控制规制俘虏等规制失败的重要手段。在政府特许经营协议缔结过程中,至少会涉及五个程序:公开程序、甄别程序、竞争性对话以及两种协商程序。③ 其中,公开程序即后文论及的公示程序;甄别程序类似于传统的招标与投标程序,在前文缔约程序中已经论及。因此,本部分重点论述竞争性对话和两种协商程序。

(一)竞争性对话

"竞争性对话"(Competitive Dialogue)是在政府特许经营协议中适用的一种较新的程序。在该程序中,允许公共服务的购买方与提供方进行较大范围的协商,但仅适用于特定的很复杂的合同且为规制法律所明确规定的情形。④ 该程序最典型的特点在于要求投标人提前将其要求明确下来,无须与招标人进行沟通与协商。其程序大致如下:政府部门首先通过投标人提交的文件选择参与竞争性对话的候选人(一般少于五人)。其次,政府部门分别与这些投标人进行对话,回应投标人对项目具体细节的提问。再次,每个投标人将最后的投标文件提交给政府部门。最后,政府部门根据这些具体的文件,选择最后的中

---

① See A. C. L. Davies, *The Public Law of Government Contracts*, Oxford University Press, 2008, p. 137.
② See Jim Rossi, *Regulatory Bargaining and Public Law*, Cambridge University Press, 2005, pp. 34-40.
③ See A. C. L. Davies, *The Public Law of Government Contracts*, Oxford University Press, 2008, pp. 137-144.
④ Ibid., p. 140.

标人。①

竞争性对话的最大优势在于可以保证政府部门选择到项目最需要的运营模式。因为这个程序允许投标人根据项目本身的特点提出自己的建议,并提出专门的解决方法。因为传统的招投标程序一般是根据报价确定中标人,这种方式被认为重视价格而不够重视合同的履行质量。例如,威廉姆森提出,如果 A 的报价是一种高价格与高质量的结合,因比 B、C、D、E 等都有优势而中标,其他人报价虽然更低,但是所提供的质量也相应降低。问题是 A 的报价并不一直都是整个社会所需的。② 笔者认为,威廉姆森提出的观点正好与竞争性对话相契合,这种新出现的缔约程序可以在某些项目中适用。竞争性对话程序可以帮助政府部门以最适合的方式选取中标人,而非仅仅以价格因素作为标准。同时,我们也应当注意到,这个过程给了政府部门很大的选择权,即行政裁量权,因此需要通过必要的手段进行控制。比如,划定竞争性对话的合理范围,防止该程序的泛化适用;通过设定裁量基准以及行政指导的方式,由中央政府统一相关政府部门的选择标准等。

我国《基础设施和公用事业特许经营管理办法》第 16 条规定:"实施机构根据经审定的特许经营方案,应当通过招标、谈判等公开竞争方式选择特许经营者。"据此,我国仍然以招投标为一般程序,只有在例外情形下才能适用这种程序。但是,当前我国的立法并没有将何种情形下可以适用这种程序予以明确。可见,我国将这种程序的选择权视为政府部门自由裁量权的范围,其适用主要通过财政部、国家发改委对下级政府部门进行指导适用。

(二)协商程序

在英国的公用事业民营化实践中,还存在两种协商程序:一种是发布公告的,另一种是不发布公告的。③ 其中,发布公告的协商程序仅仅适用于四种情形:其一,其他程序因为各种原因都无法选取到合适的中标人的;其二,预估合同价格无法实现的情形;其三,无论如何精细化,通过其他程序也无法明确将公共服务具体化的;其四,该程序还可以适用于对公共事业合同要素的研究

---

① See PCR 2006,reg17-18.
② See Daniel F. Spulber,*Regulation and Markets*,The MIT Press,1989,p. 252.
③ See A. C. L. Davies,*The Public Law of Government Contracts*,Oxford University Press,2008,pp. 142-144.

与测试。① 发布公告的协商程序的流程是：政府部门发布项目公告，给予投标人足够的回应时间；政府部门至少选择三个以上符合条件的投标人，告知它们项目的基本信息；在分别与这些投标人进行协商之后，政府部门根据项目公告载明的合同目的选择最为合适的投标人，但是这个选择的过程必须公平与公正。② 不发布公告的协商程序，政府部门无须通过发布公告的方式向特定人发出投标邀请。③ 由于无须发布公告，这就赋予了政府部门很大的裁量权，政府部门可以根据其掌握的信息和偏向选择合适的投标人。也正因此，该程序的适用范围最为狭窄，只能只适用于三种情形：其一，其他程序均失败的；其二，其他程序从来没有适用过的项目；其三，出现一个明显适合项目的投标人。④ 由此可见，这种不发布公告的协商程序并没有引入竞争机制，一般用于不允许或不需要竞争的项目中。

综上所述，这两种程序的适用范围很窄，一般作为补充程序使用。在适用这些程序时，由于基本上不存在竞争性，极有可能出现政府部门滥用规制权，导致公共利益受损的情形，因此需要设立严格的审查程序，以监督合同的签订、履行过程。

三、合同信息公告规则的设定

政府特许经营协议的缔结涉及公共利益，因此需要将协议的内容公开。同时，政府缔约行为在某种意义上可以说是一种行政行为，也是一种极其不同的社会治理方式，根据合法原则的精神，应当将合同内容向社会公开，接受社会监督。⑤ 究其本质，政府通过契约方式对公用事业进行规制，因为规制为公权力的行使，故而需要将合同信息公之于众。不管是从将市场机制引入公共领域的角度，还是从推动政府廉政建设的角度而言，对于行政契约来说，只有公开，才能让公众及时地了解到政府部门缔约的各种条件和要求，从而积极地参

---

① See A. C. L. Davies, *The Public Law of Government Contracts*, Oxford University Press, 2008, p.142.
② See PCR 2006, reg17 (11) (12) (15) (20) (21).
③ See A. C. L. Davies, *The Public Law of Government Contracts*, Oxford University Press, 2008, p.142.
④ See PCR 2006, reg14.
⑤ See Carol Harlow & Richard Rawlings, *Law and Administration* (3rd Ed), Cambridge University Press, 2009, p.346.

第五章
政府特许经营协议的规则设计

与到契约的竞争之中。① 在规制性契约缔结过程中，由于契约事项均可能牵涉公共利益和利害关系人的权益，因此，在行政主体启动缔约程序之前，即应当将契约涉及的内容以公告的方式向社会公开，保证整个程序的透明度。虽然参与政府特许经营协议缔结的当事人不一定必然地成为当事人，但是依法告知属于合法行政的基本要求。②

政府特许经营协议的公告规则作为一项较为成熟的制度，已为各国立法所确认。③ 其基本的要求是，政府部门在合同签订、履行的全过程中应将合同信息及时公布，公布的具体内容包括：

首先，规制性契约的具体内容。行政主体应当公告拟缔结的规制性契约的目的、标的、相对人参加竞争的条件、缔约资格的审查等内容，以使对缔约感兴趣的人能够及时参与缔结契约的竞争。④ 行政主体在公告有关契约的情况时不得有所隐瞒，应当向不同的相对人提供同等的知情机会，从而防止行政主体与个别相对人恶意串通，引发规制俘虏。关于契约规制的合同文本，下文以美国得克萨斯州监狱的规范文本为例说明。⑤ 该规范文本规定了得克萨斯州刑事司法局的检查权、获得档案以及在任何时候进入相关设施的权力，并且得克萨斯州刑事司法局可以基于一系列理由中止契约，包括任何能够表明州监狱违反契约、条件、协议或者该局政策的材料。虽然所有的契约变更都必须经过双方同意，但该规范文本仍授权州刑事司法局在"司法机关的判决、和解协议、法律、条例、规则以及联邦和州法院、进行调整的行政机关判决或决定要求对合同进行变更或修正时"，可以单方变更契约条款。

其次，甄选契约相对人的程序、标准、过程以及结果。行政主体应当告知相对人拟采取的具体方式是招标、拍卖、竞争性谈判还是其他方式，同时还应当公开选择缔约的相对人的详细标准和将历经的具体程序，便于相对人根据有关条件和程序作好参与竞争的准备。甄选程序结束后，行政主体应当向公众公

---

① 参见王名扬：《美国行政法（下）》，北京大学出版社 2016 年版，第 742 页。
② 参见施建辉、步兵：《政府合同研究》，人民出版社 2008 年版，第 80 页。
③ See Yseult Marique, *Public-Private Partnerships and the Law：Regulation, Institutions and Community*, Edward Elgar Publishing, 2014, p.110.
④ Ibid.
⑤ See Texas Department of Criminal Justice, Purchasing and Leases Department, Contracts Branch, Request for Proposal：Private Prison, http：//www.tdcj.state.tx.us/finance/purch&lease/fin-purch-conad.htm，visited on 2023-12-1.

开最终选择的结果并说明理由,向被否决的相对人阐明其不适合承担此契约履行者之条件限制,以书面材料表明其另有履行此契约者之优势,允许被否决的参与人表明对行政主体所作决定的看法;听取被否决的投标人与行政主体另行指定的契约履行者之间的辩论等。①

再次,规制性契约的救济途径及期限。行政主体应当告知投标人在缔约过程中权益受害时享有寻求救济的权利,并告知救济的具体途径、方法、程序和权限,以便投标人及时通过既有程序维护其合法权益。在招投标等缔约过程中,没有中标的投标人可能认为政府部门选择中标人的条件不成立或者不合理,此时设立规制性契约救济程序是防止政府滥用权力的有效方式。② 因此,政府部门需要及时发布规制性契约救济程序的具体方式以及期限。

最后,第三人异议的相关事项。虽然政府特许经营关系仅存在于政府部门和投标人之间,但政府特许经营协议的缔结以及其后之履行却可能使第三人的合法权益受到损害。③ 这些第三人便是利益相关者。例如,高速公路或者机场建设可能需要进行居民拆迁,此时这些潜在的被拆迁对象就是利益相关者,相关居民可以高速公路或者机场项目的建设可能破坏当地生态环境等为由提出异议。因此,应当承认第三人的异议权,并由行政主体明确告知第三人提出异议的期限、方式和程序。第三人提出异议后,政府部门应该及时提出解决方案,取得第三人的书面同意。

综上所述,公告规则是政府特许经营协议中保障公众参与机制的必要制度设计。④ 该制度可使政府特许经营协议的缔结自始至终处于公开、透明状态,有利于接受公众的监督。另外,通过公告程序,可以对契约相对人的市场准入问题进行限定,保证相对人具有营运公用事业的基本能力,以实现公用事业维持原则。

四、合同准入阶段的审查保障:对行政裁量权的控制

如前所述,公用事业合同准入阶段涉及大量的行政裁量权。为了保证政府

---

① 参见施建辉、步兵:《政府合同研究》,人民出版社 2008 年版,第 85 页。
② See Peter Vincent-Jones, *The New Public Contracting: Regulation, Responsiveness, Relationality*, Oxford University Press, 2006, pp. 278-280.
③ See Tony Prosser, *The Regulatory Enterprise: Government, Regulation, and Legitimacy*, Oxford University Press, 2010, p. 201.
④ 参见施建辉:《行政契约缔结原则研究》,载《东南大学学报(哲学会科学版)》2006 年第 5 期,第 50 页。

第五章
政府特许经营协议的规则设计

部门准确地签订合同,在实践中,控制行政裁量权的行使主要通过中央政府发布行政指导的方式进行。① 下文将以英国和我国在行政合同领域的行政指导制度为例,说明行政指导对行政裁量权的控制功能。

行政指导并非严格意义上的法,因为其不是由立法机构或立法机构授权制定的。但是,从规范的实际功能角度重新审视法的内涵,可以发现其有很多实际益处,在这种视角下,行政指导即属于法的范畴。其一,从实证角度看,政府部门并非一个整体性的存在,在对一些政府部门的行为进行控制和约束中,另一些政府部门的行为发挥着明确的作用。指导行为是进行控制、约束的一方与被控制、被约束的一方之间的核心纽带。即行政指导类似于一种机制,通过该机制,规制部门可以表达其期望与要求标准。虽然政府部门在进行合同行为时可以发挥自我规制的作用,但是在实践中,在制定规则和必须接受规则控制的行政机关之间仍然存在清晰的界限。② 其二,基于发布机构的原因,行政指导被认为是具有拘束力的。例如,英国财政部相对于其他政府部门行使着更广泛的权力,因为其有权决定其他部门的预算。③ 这些权力通过对特定事项的很多细节上的控制体现出来,包括签订合同的行为。任何部门依据财政部的一般规则评估一项合同行为是否符合物有所值标准时,均应以最清晰可行的术语进行解释与证成。这项工作的难度意味着,在绝大多数情形下,这些部门将会简单地遵循给定的行政指导。这种做法将会通过政府部门内部的会计主管人制度予以强化。④

在立法论的框架下,行政指导仍然有足够的生存空间,主要体现在以下两个方面。第一,在英国,国务大臣由立法授权取得发布正式的行政指导或"通告"的权力。⑤ 这些权力被视为用于在更多细节上解释国家希望如何免除成文法上的责任。这种解释,相比较成文规范或授权立法,可以被以一种更非正式的方式体现出来,但其本身又具有实然上的拘束力。第二,社区部门(department for communities)和地方政府可以发布更加非正式的公示(publica-

---

① See Peter Vincent-Jones, *The New Public Contracting: Regulation, Responsiveness, Relationality*, Oxford University Press, 2006, p. 198.
② A. C. L. Davies, *The Public Law of Government Contracts*, Oxford University Press, 2008, p. 34.
③ Ibid.
④ Ibid.
⑤ Ibid., p. 35.

tions），以协助地方主管部门，如发布具有良好实践效果和革新方法的典型案例。这些规范性文件并不具有约束力，但是，地方主管部门被审计委员会严密审查并被提出政府建议，这将有助于它们得到一个更好的评估结果。①

软法经常用在这种语境中：寻求抓住行政指导中非正式但是具有约束力的属性。同时，我们也应当注意到，一方面，行政指导因为具有软法的属性，并没有法源基础；另一方面，行政指导又在实然层面具有拘束力，因而具有"法"的特征。因此，应当更加区分与重视行政指导在政府合同行为中的重要地位。

在英国，财政部与政府商务办公室（OGC）行政指导的主要目的在于保证中央政府通过其合同行为实现物有所值。关于政府合同，两机构发布了大量的相关信息：行政指导关注具体事项、典型的成功案例、广泛的政策性文件等。在实践中，行政指导主要表现为两种形式，即政府商务办公室通道审查程序（OGC's Gateway TM）以及合同示范文本。② 商务办公室通道审查程序（以下简称"通道审查程序"）帮助政府部门管理合同行为的全过程，即从采购公共产品和服务的最初决定到合同签订、履行的全过程。一般而言，通道审查程序分为五个步骤：第一，基于政府采购的标准对商业项目进行审查；第二，政府内部的官员为项目争取内部的支持，并在更具体的细节方面形成方案；第三，审查人员审查是否采用适合的采购程序，以及适合政府机构目标的招投标条件；第四，检查合同中标人在合同项目进入正式运作前所完成的工作；第五，检查项目的履行是否产生了承诺的利润，以及适应履行环境的任何变化。③ 这个程序的目的在于保证政府部门可以实现物有所值。对于政府部门而言，通道审查程序是一种重要的规制机制。虽然依据一定的标准对具体的项目进行审查是较难掌握的，但是通道审查程序确实给相关政府部门在要求契约相对人满足一定要求的事项上提供了一个明确的指引。如果经审查没有达到要求的标准，则会有一定的相关后果。例如，对审查的项目给出红色、琥珀色、

---

① A. C. L. Davies, *The Public Law of Government Contracts*, Oxford University Press, 2008, p. 35.

② Ibid., p. 37.

③ See Infrastructure and Projects Authority of UK, Gate Review Process, https://assets.publishing.service.gov.uk/media/60f01860e90e0764cb10bd8a/1174-APS-0-CCS0521656666-001_IPA_Gateway_Web.pdf, visited on 2023-12-1.

绿色的标识,分别代表需要整改、可通过但需要更为严格的审查以及通过的结果。①

合同示范文本的优势显而易见。其一,对于需要反复使用的合同当事人而言,它可以减少交易成本,即可以不需要每次都针对特定的项目重新制定一个全新的合同。特别是它针对依据法律出现的普遍性的难题,可以提供一套可选择性的争议解决方案。我国国家发改委发布的《政府和社会资本合作项目通用合同指南(2014年版)》就是一个典型的合同示范文本,其本身没有法的强制约束力,但对地方政府与民间资本在PPP项目合作中具有指引作用。其第十四章专门规定了争议解决方式,供当事人选择,并可写入合作合同中。其二,可以针对政府合同,专门规定属于政府一方的特定事项,如政府合同资金安排、政府信息公开等。例如,《政府和社会资本合作项目特许经营协议(编制)范本(2024年试行版)》第四章专门规定了项目投资计划及资金筹措,具体规定了特许经营项目的资金筹措方式、资金来源方式以及政府部门应当提供的资金支持的义务等内容。

总之,政府指导是政府规制的一项重要机制。政府指导在理解政府合同上具有极其重要的意义,因为其解释了如何实现物有所值这一最重要的事项,并且提供了实现物有所值的主要技术。因此,政府指导是关于政府合同的重要"法"的形式,可以控制合同过程中泛化的行政裁量权。

第四节 政府特许经营协议中当事人的权利与义务条款

政府特许经营协议一旦签订,政府部门与私人主体之间即形成了具有法律拘束力的合同关系,这种合同关系如同私法合同关系一样,以具体的合同权利与义务关系为表征。但是,这种合同关系还承载着政府部门的规制过程,即在一般的合同权利与义务基础上,政府部门还享有特定权力,以保证规制目的的实现。

一、特许经营者的职责

特许经营者的全部职责可归结为确保公用事业的正常运转。其内涵包括:

---

① A. C. L. Davies, *The Public Law of Government Contracts*, Oxford University Press, 2008, pp. 38-39.

(1) 确保公用事业的连续性。(2) 尊重消费者在公用事业面前一律平等的权责,负责向所有符合条件的消费者提供其所需要的产品,并执行特许权持有机关确定的价格。尽管如此,价格变更与根据商业管理的要求(有时是根据社会政策的要求)而变化,对情况不同的消费者可以区别对待。但是,所有处在规定情况下的消费者,均可争取享受对自己有利的价格条件。(3) 政府有权修改任何公用事业的制度,以使之适应共同利益的新要求,其中包括特许经营的公用事业。(4) 虽然政府解除了自己管理公用事业的负担,但却仍然要在消费者和舆论面前承担公用事业正常运行的责任。因此,政府从技术和财务方面对公用事业经营管理状况的监督是十分严格的,被授权的经营者必须服从监管。(5) 上述义务、职责具有个体性质,是考虑到个体的具体情况才授权其经营的,因此,未经批准,特许经营者既不能出让该授权,也不得转包。[①] 若有违反,则制裁措施包括合同规定的付款、代管和剥夺特许经营权等。

特许经营者的义务与一般的私法合同义务具有本质上的不同。在私法合同中,任何一方合同义务的对立面都是合同权利,可以说权利与义务基本是相对应的。[②] 然而,在政府特许经营协议中,特许经营者的义务更集中表现为对政府部门规制权的接受。因为政府部门对公用事业的规制权是一项明确的、广泛的权力,这些权力不仅为成文立法所确立,更属于普通法的范畴。[③] 政府部门行使的规制权即为特许经营者的义务,这些义务在订立合同时是可以预见的,并且可以用合同条款设立,体现于合同文本中。

二、特许经营者的权利

在与政府部门的长期关系中,特许经营者往往处于更需要获得法律保护的地位。因为政府部门基于公共利益的原因享有单方变更和解除合同的特权,所以需要将特许经营者的利益通过合同权利的方式确定下来。[④]

特许经营者在政府特许经营协议中的权利表现为两方面:管理公用事业的权利,取得报酬的权利。在正常情况下,特许经营者从自己代征、保管的税收

---

① 参见〔法〕让·里韦罗、让·瓦利纳:《法国行政法》,鲁仁译,商务印书馆 2008 年版,第 567 页。
② 参见崔建远、韩世远、于敏:《债法》,清华大学出版社 2010 年版,第 242 页。
③ See A. C. L. Davies, *The Public Law of Government Contracts*, Oxford University Press, 2008, p. 177.
④ Ibid., p. 176.

第五章
政府特许经营协议的规则设计

中取得报酬,作为提供服务的补偿。而决定税收总额的是价格,价目表又是特许经营协议内容的一部分。授予特许经营权的政府机关根据经济、社会动态掌控着价格,特许经营者无权迫使授予特许权的政府机关改变价格。在经济动荡时期,若特许经营者得不到回报,其管理经营状况就可能失去平衡。不过,上述这项传统原则现在已经弱化,政府部门为了增强特许经营者的管理责任心,有时允许它们支配价格(比如高速公路收费标准)。在特许经营双方协作过程中,合同中还经常约定,给予特许经营者以其他财政优惠,尤其是特许权授予者给特许经营者的借款利息总是最低的。政府部门为使得共同签约者顺利履约而将公权力的若干特权交由其支配,并在合同中确定报酬标准,作为共同签约者履行责任的回报。这里需要特别注意的是,报酬条款不受政府部门单方面修改权的约束;报酬可以预先订妥(固定价格),也可以根据一定的参照物不断变化(可调节价格),还可能受长期合同中变动条款的影响(可修改价格)。因为政府与私人主体合作的关键要素是要遵循契约财务平衡原则,这是行政契约的基本特征之一,也是政府特权的对立物。

此外,我们应当注意到,行政契约具有两个非常显著的特点:一方面,政府部门对其共同签约者拥有特权,这种特权可能源自契约条款,也可能源自一切行政契约所固有的普通准则;表现在正常功能履约的过程中,也表现在对不履约或错误履约的惩罚上。另一方面,这种根本性的不平等受到财政上的制约,因为政府部门的共同签约者在行政契约中能够享受私法上所没有的保障,即无论诉讼结果如何,也无论政府部门如何动用自己的特权,都必须保证该共同签约者获得的报酬达到最初预计的水平。[①] 因此,特许经营者在享有权利的同时,也应当预见到,政府部门可以在特定情形下拥有特权,进而侵入特许经营者的这些合同权利。

三、政府部门的特权

在政府特许经营权中,政府部门享有特权。首先,行政契约将履行契约的领导权、监督权都留给了政府部门。其次,政府部门有权单方面改变其共同签约者的责任,可使其责任增加或减少。即只要将共同利益摆在至上的地位,政

[①] 参见〔法〕让·里韦罗、让·瓦利纳:《法国行政法》,鲁仁译,商务印书馆2008年版,第568页。

府部门就有权按照与时俱进的共同利益的要求修改契约,而不能拘泥于契约内容不可变更的陈规。政府部门可以增加、改变、减少共同签约者的责任,这一准则早已在公用事业特许经营判例中有所反映。例如,在 1910 年 3 月 21 日法国有轨电车总公司案的判决中,一个扩建中的城市可以要求本市有轨电车交通的特许受托者敷设原契约未予规定的新线路。① 这一原则确实有普遍意义,但是也受到严格限制。一般认为,这一原则必须建立在公用事业适应新形势的基础上,只有这个理由才能证明这一原则的正确性。此外,应当明确政府部门单方面修改契约永远不能试图减少原先允诺给共同签约者的经济利益,这一原则使共同签约者有权获得其承担公共服务职责所应得的补偿。最后,对履约错误的制裁。如果政府部门违约,共同签约者不能依照判例法提出中止履行自己的义务,而仍须履行契约责任,仅仅可以向法院起诉,要求对其利益损失给予赔偿,或者在政府错误十分严重的情形下要求法官判决撤销契约。如果私人主体违约,则政府部门可以要求其弥补损失,恢复原状,并且继续履约;政府部门在契约之外亦享有充分的权力进行惩罚;这些制裁是政府部门的单方面决定,不需要经过法院的确认;如果政府部门的惩罚有失公正,共同签约者可以提请法院判决政府部门支付其补偿金。综上,这种制裁表现为三种:经济制裁、为确保履约而进行的惩罚以及不给予任何补偿的解约惩罚。②

为何需要赋予行政机关单方变更权呢?首先需要明确的是,行政机关签订行政契约就是履行职权,完全没有自由决定权。其次,政府部门常常不能自由选择共同签约者,其选择必须公开,鼓励有兴趣者展开竞争。最后,政府确定签约,可能对签约者的平等地位造成危害。传统的私法契约一般由双方自由讨论,共同拟定一致赞成的协议条件,但实践中多数情况下是由一方拟定,另一方表示整个接受或者拒绝,社会保险合同即是如此,于是便有了所谓的附和契约。但是,在缔结行政契约时,政府部门单方面制定契约条款是通行惯例,行政契约的全部准则都由政府部门加以规定,私人主体只能在报价时表示一下自己的主动性,其他契约事项皆不能同政府部门进行讨论,私人主体的自由仅仅在于对政府部门所提出条件的整体表示接受还是拒绝。规定上述条件的文件是招标细则,是契约文本的附件。

---

① 参见〔法〕让·里韦罗、让·瓦利纳:《法国行政法》,鲁仁译,商务印书馆 2008 年版,第 568 页。
② 同上书,第 568—571 页。

第五章
政府特许经营协议的规则设计

政府特许经营协议与私法契约不同。私法契约是两个自由的、独立自主的私法主体在法律允许的范围内接触，选择其一致同意的目标和方式。而政府部门的意志从来不是完全自由的，公共利益禁止它借助契约方式行使国家主权所固有的若干职责，比如，不得将治安权委托给私人主体去行使。一般来说，政府部门的契约活动会受到私人主体受不到的一些束缚。"适用于行政契约的大量准则，都要划定政府部门契约自由的界限。从根本上说，行政契约遵循的制度，既因政府部门享有的特权，也因政府部门受到的约束而与普通契约法相抵触，两者的根源均在于共同利益。"①

政府特许经营协议的条款变更权是政府基于公共利益考量所作的调整，即为维护公共利益政府可以单方调整契约内容。虽然一些国家及地区将特许经营协议归为行政契约，并规定行政契约的一般内容准用私法规范。但是，行政契约与私法契约之间最大的不同在于，政府一方可以基于维护公共利益的理由单方变更合同条款，其中的价格调整是最为典型和影响极深的条款内容变更，对公共利益和特许经营者的利益影响甚巨。这一点也是认定特许经营协议为行政契约的最大支撑，即在维护公共利益的基础上，政府一方可以变更协议条款，特许经营者则只能被动地接受变更之后的结果。而在民事合同中，公共利益仅是判定合同效力的标准，不能作为变更合同的依据。另外，正因为政府有此特权，为了防止暴政和专制，需要对政府一方基于公共利益变更特许经营协议的范围进行严格限定，其中即包含对公共利益的范围的界定。但是，公共利益这个概念又具有极大的不确定性。笔者认为，其中比较可行的方法，一是对其变更的程序进行严格规定，二是就是否符合"维护公共利益"的评判引入公众参与机制，这两种方法可以保证政府部门不滥用权力，维护特许经营者利益。

一般而言，行政契约的条款与政府权力行使相关，如行政处分行为和基于维护公共利益而行使的政府行为。前者如选择特许经营者的程序，属于行政契约的范围，适用公法的规范；后者如价格调整、质量要求等，均涉及公共利益。而涉及民事合同的条款集中于合同履行阶段，如特许经营权费用的款项支付、违约责任等条款。

---

① 参见〔法〕让·里韦罗、让·瓦利纳：《法国行政法》，鲁仁译，商务印书馆 2008 年版，第 556—557 页。

第五节　财务平衡原则：规制权与私权的缓和

鉴于政府特许经营协议具有形式上的不平等性，如何保障处于相对弱势的契约相对人的利益，是在规制制度设计时无法回避的问题。在该问题上，法国的立法建立了财务平衡原则，实现了政府规制权与私人主体权利的缓和。英美法系国家通过诸多判例及成文法进行了回应，虽然并没有一个明显的制度框架可供直接适用，但也能依稀看到法国法上财务平衡的影子。[①]

一、财务平衡原则的制度起源

财务平衡原则在法国公用事业法上具有极其重要的地位。财务平衡指的是："在明确的正式条款之外，授权经营者还可以利用合约收支平衡原则。"[②] 这项原则是一切行政性公用事业所共同遵守的，长期以来在特许经营制度中发挥着重要作用。事实上，只有这项原则可以将特许经营者的利益与不同的公用事业的固有要求协调起来。特许经营者显然不是为了折磨自己才管理公用事业的，而它们若倒闭、破产，则会危及公用事业的连续性。因此，既要使特许经营者的管理适应客观形势，又要求特许权授权机关保持对公用事业的支配权。

契约财务平衡原则是从两个法学理论中归纳出来的，一是契约外政府强制行为理论，二是不可预见理论。[③] 其中，不可预见理论主要考虑的是经济偶然事件。即在持续履行契约的某个时候，可能发生缔约双方始料不及的经济动荡，致使公法人的共同签约人不堪重负，破产倒闭。实际上，只要没有发生不可抗力，共同签约人不因破产而退出，契约还是可以执行的，只是共同签约人的经济利益会受到影响。共同签约人破产是不可抗力发生时严格履行契约的必然结果，会使公共服务的连续性受到破坏，进而侵害公共利益。而不可预见理论便是以确保这种公共服务的连续性为目的。按照这一理论，应当使缔约双方分担风险，公法人必须给共同签约人适当补贴，使之继续履行契约。

---

① See Peter Vincent-Jones, *The New Public Contracting: Regulation, Responsiveness, Relationality*, Oxford University Press, 2006, pp. 312-315, 329.
② 〔法〕让·里韦罗、让·瓦利纳：《法国行政法》，鲁仁译，商务印书馆2008年版，第480—484页。
③ 同上书，第572—573页。

第五章
政府特许经营协议的规则设计

确立财务平衡原则的原因是在规制权的行使与私权保障之间寻求一种平衡,作为二者冲突的缓和剂。这种缓和具体表现在以下两个方面:

第一,财务平衡原则承认政府部门是合同主体与规制主体的重叠。政府部门作为合同主体,应依据合同约定履行义务。但政府特许经营协议是不完全合同,并且具有公共利益属性,合同标的、履行环境等内容具有难以确定的特点。政府部门作为规制主体,其对公用事业的规制无法通过立法的方式予以确认,而往往是通过合同方式予以表达,即表现为调整合同的权力。① 不过,政府部门的调整如果给合同相对人造成损害,则应予以财务上的补偿。② 其中暗含的意思在于,政府部门的规制权是对合同相对人意思表示的排除,只要特许经营者继续履行合同,就必须接受政府部门的单方调整。

第二,财务平衡原则实现了对契约当事人利益的保护。"一个具有可履行性的合同的基础是,合同条款具有足够的公平性与和可接受性,双方之间的合同利益具有广泛的认可性。"③ 在政府部门行使规制权的情形下,给予特许经营者合理的补偿是合同能够顺利履行的必要条件。从政府规制权角度看,这其实是保证规制发生预期效果的辅助手段。如果因为政府规制权的行使导致合同相对人不愿意继续履行合同,从长远看对公用事业的发展无疑是没有好处的。特许经营者如果不愿意接受这种补偿,或者认为补偿条件不充分的,则可能放弃合同履行。而如果合同终止,则规制机构必须重新启动招投标程序,签订新一轮特许经营协议。理论上,政府部门还需要以另一种方式向现有特许经营者支付报酬,以促使其保持一定的积极性。但是,"在新的招投标过程中,现有的经营者一般被认为比新的经营者更有优势,因为其更有信息优势,因而其并未感受到竞争所带来的威胁"④。这意味着政府部门要为此增加更多的财政支出。因此,财务平衡原则可以合理地保障特许经营者的权益。

---

① See Carol Harlow & Richard Rawlings, *Law and Administration* (3rd Ed), Cambridge University Press, 2009, pp. 404-412.
② 这一原则已为大多数国家的立法所确认。参见我国《基础设施和公用事业特许经营管理办法》,德国、法国《行政程序法》,以及英美相关判例。
③ Peter Vincent-Jones, *The New Public Contracting: Regulation, Responsiveness, Relationality*, Oxford University Press, 2006, p. 332.
④ A. C. L. Davies, *The Public Law of Government Contracts*, Oxford University Press, 2008, p. 11.

二、不可预见理论的运用

财务平衡中最为重要的内容是不可预见理论，或者说是一种最为主要的形式，多来源于行政判例。

（一）不可预见理论的意涵

在大陆法系中，行政契约中的不可预见理论当然地适用于政府特许经营协议，该理论是从私法上的不可预见理论借鉴而来。关于不可预见理论，法国最高行政法院"考虑到情势变更并非为了解除契约相对人的义务，而是要课予行政机关财务上的协助义务，以确保契约相对人履行契约"[①]。该理论的适用其实还是基于合同的不完全性特点，是在合同履行环境发生变更时，政府部门基于公共利益的原因单方变更合同内容而导致合同相对人利益受损的一种必要救济方式。法国法中的不可预见理论是由波尔多照明公司案所确立的。[②] 在该案中，波尔多照明公司与波尔多市政府签订了政府特许经营协议，负责供应市区照明所需的煤气。但是，1914 年第一次世界大战爆发后，煤炭价格因为产区遭受敌军的占领以及海运的困难而比上一年度暴涨三倍有余，在此种情形下，波尔多照明公司便向市政府提出提高合同中确定的煤气价格，以填补因为原材料涨价而导致的亏损。最后，法院支持了照明公司的请求。其理由是，因为发生了导致契约难以履行的情形，这种情形是在缔约时无法预见的，是为了保证契约能继续履行的必要手段。由此可见，不可预见理论的目的在于确保公共服务的维持，为了避免无法预见的情形危及公共服务的持续性运作，而在财务上给予公共服务执行者的支援。

在英美法中，这亦是政府部门行使行政裁量权的结果，以便既维护公共利益，又保障合同相对人的利益。此时，从合同外部角度观察，需要在合同单独稳定性与弹性之间获得平衡。[③] 一般的做法是，在合同中确立抽象的不可预见理论规则，同时，再通过行政指导的方式发布可能适用该理论的具体情形。总之，不可预见理论在英美法中着重于保证合同的履行，保证公共部门与私人企

[①] 参见王必芳：《论法国行政契约的特点——从我国行政程序法行政契约章的立法设计谈起》，载《台北大学法律论丛》2017 年第 102 期，第 134 页。

[②] 同上，第 135 页。

[③] Yseult Marique, *Public-Private Partnerships and the Law: Regulation, Institutions and Community*, Edward Elgar Publishing, 2014, p. 134.

业之间能达成相互信任，并协调双方的利益冲突。①

（二）不可预见理论的适用情形

不可预见理论的适用必须满足三个条件：第一，鉴于战争、严重经济危机之类搅乱形势事件的反常性和特殊性，缔约双方都不可能合情合理地作出预测。第二，此类事件应当独立于缔约双方的意愿之外。第三，此类事件不可避免地扰乱了履行契约的条件。共同契约人无法获利，经营亏损；亏损的严重性和持续性超过共同签约人的合理预期。② 这些条件仅仅是必备条件，其他可以纳入不可预见性事件的还包括：政治事件或经济事件，自然现象，非缔约方的政府机关的介入，具有普遍意义的决定，如货币贬值、冻结物价等。如果发生前述几种情形，契约就不再具有约束力，而需要考虑特殊情形下的变通办法。例如，在法国司法实践中，法院认可不可预见事件发生期间特殊的法律关系。这时如果缔约双方不能通过协商达成一致，法官就要制定契约之外的当事人权利义务分配规则。不可预见理论的目的在于促使政府部门利用自己的职权，确保契约的财务平衡。一般而言，这种职权具体化为公法人支付给其共同签约人的不可预见补贴。"与契约外政府强制行为理论的要求不同，这里的补贴永远不会跟损失的总额即超契约负担相等。法官在计算了进入超契约时期以来增加的负担后，确定缔约双方应当承担的数额。"③ "在这种计算中，应当按照契约财务总体平衡原则，尤其认真地考虑公法人的共同签约人过去可能实现的利润。不可预见补贴代表着公法人承担的超契约负担份额。"④

从公用事业类型看，不可预见理论最经常适用的是那些特许经营协议无法准确描述的标的，在缔约时这些标的是否符合合同要求往往无法形成统一标准，需根据合同的履行环境确定，而这些合同履行情形是无法预见的。⑤ 例如"软公共服务"，如运输、清洁以及搬运等公共服务合同，其标的强烈依赖于合同履行环境，其价格受外界的变化影响甚巨。

---

① Yseult Marique, *Public-Private Partnerships and the Law: Regulation, Institutions and Community*, Edward Elgar Publishing, 2014, p. 136.
② See L. Neville Brown & John S. Bell, *French Administrative Law* (5th Ed), Oxford University Press, 1998, p. 195.
③ 〔法〕让·里韦罗、让·瓦利纳：《法国行政法》，鲁仁译，商务印书馆2008年版，第577页。
④ 同上。
⑤ Yseult Marique, *Public-Private Partnerships and the Law: Regulation, Institutions and Community*, Edward Elgar Publishing, 2014, p. 137.

第六节　政府特许经营协议的单方解除

政府特许经营协议解除是导致其终止的最为重要的方式。政府特许经营协议解除的情形可区分为多种，如协商解除协议、协议约定的解除以及单方解除。前两种在理论上和实务中不会造成太大问题，因此，本书主要讨论的是当事人单方解除的情形，尤其需要注意的是政府部门的单方解除。特许经营者提出的单方解除，必须是政府部门严重违约或者合同履行环境发生了根本变化，导致合同已经客观上无法履行或者已经没有履行必要的情形。而政府部门的单方解除权是基于公共利益，其权利来源必须是基于立法的规定。如果政府部门的法定解除权较为模糊，则需要双方当事人在协议中予以明确。

一、特许经营者提出的解除

从目前各国涉及政府特许经营协议的立法看，均无明确的关于特许经营者在何种情形下可以单方解除合同的规定。有诸多学者认为，在这种情形下，可以套用合同法中关于合同解除的规定。[1] 笔者深以为然。因为将私法工具运用于公法行为是新生事物，应优先适用公法规定；若公法没有相关规定，则可准用私法规范。这种观点亦基本为各国立法所确立，形成了政府合同适用公法优先，同时可补充适用私法规范的做法。[2] 由此，根据私法中关于合同解除的规定，当合同一方当事人严重违反合同，导致另一方合同主体无法实现合同目的时，后者享有法定的单方解除权。[3] 笔者认为，在政府特许经营协议中，特许经营者在出现上述情形时可以主张解除协议。例如，在我国一起典型的政府特许经营协议案件中，政府部门并未依照合同约定履行义务，导致公路开发建设无法继续进行的情形，特许经营者提起民事诉讼，依据私法中关于合同解除的

---

[1] See Carol Harlow & Richard Rawlings, *Law and Administration* (3rd Ed), Cambridge University Press, 2009, p.228. 另参见余凌云：《行政契约论（第二版）》，中国人民大学出版社 2006 年版，第 84—87 页；郑秀丽：《行政合同过程研究》，法律出版社 2016 年版，第 123 页。

[2] 例如，我国 2019 年《最高人民法院关于审理行政协议案件若干问题的规定》第 27 条第 2 款规定："人民法院审理行政协议案件，可以参照适用民事法律规范关于民事合同的相关规定。"又如，德国、法国的《行政程序法》亦有类似的规定。

[3] 参见韩世远：《合同法总论（第三版）》，法律出版社 2011 年版，第 502—504 页。

规定主张行使合同解除权，最高人民法院支持了特许经营者的解除合同诉请。①

法国学者对特许经营者的单方解除权进行了类型化研究。为了保障公用事业的连续性，随着政府特许经营协议履行的客观情况变化，"在特许契约履行中，政府部门有权重新界定服务标准和工作性质范围，以满足处在不断变化中的公共利益需求"②。显然，因为增加服务或者提高服务要求造成契约相对人成本增加的，相对人有权再要求经济上的补偿。此外，在契约之外，政府部门享有公权力，这种公权力的行使与契约是没有关联的，但如果其对契约相对人造成增加履约成本的影响，则"除了该公权力属于普遍适用而对所有公民产生相同影响之外，遭受损失的契约相对人有权提出金钱上的补偿或者增加对用户的收费"③。在无法完成这些工作时，特许经营者亦可提出终止合同。

赋予特许经营者单方解除权是公用事业公私合作中的一项重要制度，具有公、私法交融的特点。即在政府规制权的体系下，在规制关系之外，还存在一种政府部门与契约相对人平等对话以及政府部门诚实守信履行契约义务的关系。特许经营者单方解除权是存在于规制空隙中的一项独立权利，可以在一定程度上约束政府规制权的行使。

二、政府部门提出的解除

出于尽量维护契约稳定的考虑，德国行政法对行政契约的变更、解除条件作了较为严密的规定。其一，要求契约履行的实质条件发生了为双方当事人在缔约时所未曾预料的变化，这种变化可以是实施上的变化，如价格或费用标准的改变；可以是技术上、科学或者医学上的改变，也可以是法律上的变化，如新立法的出现，只要这些变化对契约的履行具有直接影响就行。其二，上述变化对当事人具有积极重大的意义，如果当事人在缔约时知道这些变化，就不会接受相同内容的契约。其三，这种实质性的变化会导致原先的契约无法继续履行，并且是当事人无法预判的。对此，若坚持双方当事人必须恪守原先的契

---

① 参见最高人民法院（2015）民一终字第 244 号民事裁定书。
② L. Neville Brown & John S. Bell, *French Administrative Law* (5th Ed), Oxford University Press, 1998, p. 196.
③ Ibid., pp. 197-198.

约,则意味着违背诚信原则。①

毫无疑问的是,行政主体基于公共利益的单方解除权具有行使政府公权力的明显特征,必须遵守正当程序以确保解除权行使的合法性,并且必须给予行政相对人合理的补偿。为了弥补行为规范欠缺或者过于概括抽象,必须引入有序的行政程序来规范和控制行政契约权的行使。这是因为行政程序对于防止政府"出卖公权力"或"利用公权力欺压契约相对人",为政府部门和行政相对人提供一个能够讨价还价的合理空间,保证由此形成的结果能够使各方的利益要求都达到最大的均衡状态,减少执行纷争,具有较高的价值。②

基于公共利益的单方解除权是公法权力的一种,是行政主体在行政契约中享有的行政特权。尽管有学者认为,解除行政契约时行政机关只是单纯地解除行政相对人的原始契约义务,并未增加其任何新负担;此举与调整权之变更债务内容显有不同。更详细地说,单方解除权表面上看似为变更权的一种,而且看似最为严厉的调整措施,但是它对原始契约关系造成的伤害远不如调整权那么平缓,完全是原始契约关系下自然延伸的一种权力。③ 鉴于政府部门对于行政契约的单方解除权具有类似民法上形成权的性质,即通过单方行使解除权可使行政契约法律关系消灭,因而必将与行政合同的实际履行原则发生冲突,极有可能对相对人一方的合法权益造成侵害。因此,在处理单方变更权与单方解除权的关系时,应当尽力争取通过协商变更契约的方式消除契约中可能对公益造成损害的内容,只有对契约内容进行变更已不可能或者无法达成一致,或者不解除行政契约便不能避免或消除对公共利益的损害时,方能解除契约。④

第七节 我国政府特许经营协议制度的完善

基于对我国现有关于政府特许经营协议的法律规范考察,笔者发现,不论是理论上还是实践中,我国公用事业规制都仍然主要遵循着传统的依靠命令与

---

① 参见翁岳生:《行政法与现代法治国家》,台北祥新印刷有限公司 1985 年版,第 222—223、247—248 页。
② 参见余凌云:《行政契约论(第二版)》,中国人民大学出版社 2006 年版,第 70 页。
③ 参见陈淳文:《论行政契约法上之单方变更权——以德、法法制之比较为中心》,载《台大法学论丛》2005 年第 2 期,第 229 页。
④ 参见步兵:《行政契约履行研究》,法律出版社 2011 年版,第 129—130 页。

控制的规制模式。在公用事业大规模民营化的潮流下，这些规定显然无法完全适应规制的新情况。故而，需要梳理我国政府特许经营协议相关法律制度的不足，进而有针对性地提出完善建议。

一、我国现有公用事业契约规制的立法规范及缺陷

（一）理论上对政府特许经营协议性质理解的偏离

与其他大陆法系国家比较，我国学界主流观点虽然认为政府特许经营协议属于行政契约，[①]这种观点也直接影响了近年行政契约立法。例如，我国《行政诉讼法》第12条第1款第11项将特许经营协议和土地房屋征收补偿协议等纳入行政诉讼范围，即该条款明确了特许经营协议属于行政合同（行政契约）；《最高人民法院关于审理行政协议案件若干问题的规定》第1—4条、第25条规定了行政协议的定义、种类、时效、管辖、法律适用、诉讼费及裁判意旨等内容。同时，《最高人民法院关于审理行政协议案件若干问题的规定》第27条第2款规定了行政协议可适用行政法规范，也可适用民事法律规范。从《特许经营管理办法》第20条和第40条的规定来看，立法者更强调价格变更权的合意属性，倾向通过私法方式调整价格变更权。

然而，政府特许经营又是一种特殊的行政许可，因为《行政许可法》第12条第2项关于"有限自然资源开发利用、公共资源配置以及直接关系公共利益的特定行业的市场准入等，需要赋予特定权利的事项"的规定其实就是政府特许。[②]而行政许可显然涉及政府公权力的处分，这种国家高权行为如何体现在特许经营协议中呢？笔者梳理了关于行政权力与政府特许经营协议关系的相关文献，发现绝大多数学者仍致力于论证政府特许经营协议的整体法律属性，未进一步深入分析政府特许经营协议中的具体条款，如价格变更条款的法律适用。仅少数学者提出了政府特许经营协议的变更权问题，如有学者指出，

[①] 参见邢鸿飞：《政府特许经营协议的行政性》，载《中国法学》2004年第6期；章志远《公用事业特许经营及其政府规制——兼论公私合作背景下行政法学研究之转变》，载《法商研究》2007年第2期。但是，也有部分学者将政府特许经营协议视为民事合同或公、私混合合同，如辛柏春认为BOT项目协议是类似于政府采购合同的特殊民事合同。参见辛柏春：《BOT项目协议的法律性质》，载《行政与法（吉林省行政学院学报）》2005年第5期。

[②] 参见张兴祥：《中国行政许可法的理论和实务》，北京大学出版社2003年版，第80页；王克稳：《经济行政法专题研究》，元照出版有限公司2012年版，第237页。

"行政主体可依法调整产品和服务价格"①。由于现有立法并未赋予公用事业项目实施机构单方变更权,因此,这里的行政主体依法调价应当是指价格主管部门的价格决定行为。还有观点认为,情势变更是政府部门行使单方变更权的前提,并基于我国政府部门单方变更裁量权过大、缺乏统一行政程序法等国情,提出政府特许经营协议司法审查的方向。②但是,该观点并不存在法源基础,《特许经营管理办法》第41条规定不可抗力仅导致政府特许经营协议解除,而非变更协议。

纵使将政府特许经营协议认定为行政契约,许多学者也认识到,政府特许经营协议中还同时包含私法规则。例如,有学者认为,政府特许经营协议关乎公共利益和公法义务,同时涉及平等主体之间的权利义务关系,兼具公法与私法的混合属性。③"实际上,由于行政合同本身就兼具行政法律关系的特征和合同的形式,因而出现混血特点是必然的。"④产生这种认识的原因是,我国行政契约理论产生较晚,在很长一段时间内,立法和司法实务均将政府特许经营协议视为私法合同,强调政府特许经营协议形成时的意思自治以及协议的达成方式。这种理论认识不但影响了《特许经营管理办法》的颁布,亦影响相关的规范性法律文件的制定。例如,国家发改委发布了《政府和社会资本合作项目通用合同指南(2014年版)》(以下简称《合同指南》),从编制原则、合同内容以及争议解决方式等规定看,该文件将所有PPP项目合同为私法契约。⑤《合同指南》第56条又分别规定了执行政府定价的价格及调整、项目合同约定的价格及调整两种方式,前者应遵守政府价格调整的规定;后者则规定当事人可约定调整周期、方法、程序等价格调整机制。即后者更尊重当事人的意思自治,适用合同法关于合同变更的规定。申言之,我国现有研究囿于政府特许经营协议的定性讨论,未对价格变更权属性等进行深入探讨,价格变更权属性等尚属法学研究未涉足的荒蛮之地,这片领域当前主要依靠规范性文件所建立的

---

① 李霞:《论特许经营合同的法律性质——以公私合作为背景》,载《行政法学研究》2015年第1期,第32页。
② 参见许鹏、乐巍:《行政协议单方变更权的司法审查》,载《人民司法(应用)》2016年第22期,第102—106页。
③ 参见邓敏贞:《论公用事业消费者的权利——基于公私合作背景的考察》,载《河北法学》2014年第4期,第64—65页。
④ 陈无风:《行政协议诉讼:现状与展望》,载《清华法学》2015年第4期,第100页。
⑤ 《合同指南》开宗明义地于"编制原则"之第1条规定:"1.强调合同各方的平等主体地位。合同各方均是平等主体,以市场机制为基础建立互惠合作关系,通过合同条款约定并保障权利义务。"

纲领性指导意见维持基本秩序，而这些规范性文件则受私法调整政府特许经营协议理论的影响。

综上所述，我国理论界对公用事业价格变更权等政府特许经营许可协议具体条款的研究尚处于初级阶段，既有研究成果倾向于将价格变更权定性为私法权利，与公用事业价格条款的规制性特征不符。这些理论认识导致立法上多以私法规则调整价格变更法律关系，而这可能导致公共利益受损。

（二）公用事业程序法的缺失

对行政契约签订过程中行政裁量权的控制缺失。"行政处分是指行政机关针对个案，依据公法所为之具有外向效力即规范性的行为。"① 在契约规制过程中存在大量的行政裁量权，这些裁量权属于行政处分的范畴。笔者通过比较境外相关立法，发现我国特许经营立法和理论研究尚处于起步阶段，存在立法层级低、理论认识偏离以及缺乏行政程序法规范导致行政裁量权未受控制等问题。特别表现在，我国当前立法并未赋予政府部门在公用事业契约规制中的单方变更权。一方面，无法实现政府部门对公用事业契约规制的目标。对此，可以借鉴其他国家及地区的立法经验，在《特许经营管理办法》或未来公用事业法中明确赋予项目实施机构可基于公共利益的需要享有包括价格变更权在内的单方变更权。另一方面，政府部门享有的单方价格变更权等属于公权力，因此，应当制定行政程序法，明确规定价格变更权等的行使条件、程序，严格约束政府权力，保障私人资本利益。没有行政程序法的约束，必然会导致政府部门单方变更权的不受控制。

（三）公众参与程序不完善

对政府特许经营协议价格等内容的监管是需要履行"讨价还价"程序的，这个程序在各国立法规定中即为听证程序。听证程序为各方利益主体提供了一个平台，对公共产品和服务的成本进行评估，对私人主体可能得到的回报进行衡量，最终确定公共产品和服务的价格以及变更方案。也就是说，虽然政府特许经营协议的主体为政府部门和特许经营者，但是其价格确定以及变更均需进行法定的程序才能完成。在我国，公众参与程序主要体现为听证程序。但是，我国的公用事业听证程序存在一些明显的不足和问题，包括听证主体力量对比

---

① 黄异：《行政法总论（增订5版）》，三民书局2006年版，第119—127页。

严重失调、程序设计不完善、信息透明度不高、事后监督和反馈机制缺失等，这些都制约着公众参与效果的实现。①

（四）司法审查程序不完善

虽然我国 2017 年修订的《行政诉讼法》已经将包括政府特许经营协议在内的行政协议纳入行政诉讼中，但是，由于我国没有司法对行政权控制与审查的传统，法院如何对行政合同争议进行司法审查也是一个新课题。基于这样的历史背景，我国司法实践中对于行政合同司法审查的具体操作比较混乱。这种混乱主要表现为起诉理由不一、受理渠道不畅、诉讼模式混乱、审查依据不一、审理标准及其原则各异、举证责任和证明标准各异以及判决方式不一等问题。②

二、完善路径建议

每一项制度之推行与继续，也必得有一种与之相当的道德意志与服务忠诚之贯注。否则徒法不能以自行，纵然法良意美，终是徒然。而且任何一制度，也必与其他制度发生交互影响。③ 在民营化背景下，我国公用事业契约规制行政法律制度体系需要进一步完善。民营化改革，使得私人主体承担了相当一部分社会公共职能。公用事业规制手段的柔性化和责任化，传统私法理念导入公用事业规制范式，以及诸如放松规制、成本—效益分析、市场导向的规制方式，直接导致了各国有关公用事业契约规制行政法理论研究范式的转型。民营化背景下的公用事业契约规制，除了强调原有的政府部门公用事业规制权威外，更加注重发掘社会规制力量以及正当程序的作用。如何向我国僵硬的公用事业契约规制体制中注入契约理念等私法因素，充分发挥社会规制力量，同时重视强化契约规制程序建设，是我国公用事业契约规制体制构建的核心推动力量。④ 基于前述我国公用事业契约规制中存在的理论上与立法上的种种问题，笔者力求有针对性地提出相关的完善意见。

---

① 参见周游：《担保行政——公用事业公法治理模式探析》，苏州大学 2011 年博士学位论文，第 142 页。
② 参见王旭军：《行政合同司法审查》，法律出版社 2013 年版，第 66—78 页。
③ 钱穆：《中国历代政治得失》，生活·读书·新知三联书店 2001 年版，第 55 页。
④ 参见郭朋：《民营化背景下公用事业规制研究》，苏州大学 2006 年博士学位论文，第 126 页。

（一）公用事业价格变更权的种类

我国《特许经营管理办法》第 20 条第 3 款第 8 项规定政府特许经营协议应当包含价格变更条款；第 40 条规定若政府特许经营协议内容需变更的，项目实施机构（政府部门）与社会资本应当在协商一致基础上签订补充协议。即政府特许经营协议双方当事人可以协商一致的方式约定价格变更权。此外，根据我国《价格法》第 18 条第 4 项、第 25 条，公用事业的价格水平应当根据经济运行情况，按照规定的定价权限和程序适时调整；消费者、经营者可提出价格调整建议。由此可知，价格主管部门有权调整价格。

公用事业价格变更权包括基于契约产生的变更权与政府部门的单方变更权。政府部门的单方变更权指的是价格主管部门主动的价格调整权。我国价格主管部门对价格的主动介入表现得更为刚性，同时需要依靠具体的公用事业管理部门和特许经营者的配合。为了使政府部门单方变更权更具灵活性，更好地维护公共利益，可以考虑将单方变更权赋予特许经营权授权主体，因为授权主体与公用事业运营的关系更为密切，更能及时捕捉价格变更的时机。

（二）价格变更权的行使条件

特许经营者提出价格变更的情形有两种：（1）在合同签订前和履行中，合同双方均可约定价格变更条款，如约定根据通货膨胀、原料成本等变动或按照一定期间调整价格。（2）发生情势变更时，特许经营者亦可提出价格变更请求。情势变更是指缔约时不可预见的事情发生，导致合同的基础动摇或丧失，继续维持合同原有的效力会违背诚实信用原则并导致显失公平，因此应允许变更合同内容或解除合同。一般而言，情势变更的适用有严格要求，仅限于战争和严重的经济危机等扰乱契约履行的情形，具有反常性和特殊性。[①] "司法实践中，情势变更较少被援用，因为在行政契约中一般都对诸如通货膨胀或者货币贬值等情况加以明确规定。"[②] 在适用情势变更时，法院一般会严格限缩解释。

如前文所述，从法国等境外立法例与学说来看，政府部门的单方变更权包

[①] 参见〔法〕让·里韦罗、让·瓦利纳：《法国行政法》，鲁仁译，商务印书馆 2008 年版，第 574—577 页。

[②] L. Neville Brown & John S. Bell, *French Administrative Law* (5th Ed), Oxford University Press, 1998, p. 208.

含基于公共利益的单方变更权、依据契约约定以及情势变更三种。首先,政府部门可基于公共利益单方调整契约内容,但必须给予相对人补偿。赋予主办机关单方变更权体现了公用事业的公益属性,为政府部门突破契约约束,实现公共利益提供了切入口。其次,与特许经营者行使价格变更权相同,在政府特许经营协议约定的价格变更权条件成就时,以及缔约后出现重大情势变更时,主办机关亦可请求价格变更。最后,根据法国行政契约不平等理论,行政契约被认为是在本质上不平等地位的两个主体之间的权利、义务安排。"尤其在特许经营协议中,为了实现不断变化的公共利益要求,政府部门有权重新界定公共服务的特征、价格以及需要完成的工作。"[1] 因此,当出现重大情势变更时,政府部门有权行使单方变更权。

在政府特许经营协议中,价格变更权的产生依据为政府特许经营协议,并依赖于政府特许经营协议主体的合意。依照《最高人民法院关于审理行政协议案件若干问题的规定》第 27 条第 2 款的规定,人民法院在审查项目实施机构单方变更政府特许经营协议时,可适用民法规范。由于我国没有关于项目实施机构单方变更价格的立法规范,项目实施机构的价格变更权便只能适用民法规范,但这会导致价格变更权行使条件收窄。换言之,我国合同法关于合同变更的规定亦可作为行政契约价格变更权的行使依据。例如,在公用事业的生产原料价格下降、用户突增等情形下,若政府部门无法与特许经营者就调低价格达成合意,则无权变更价格,这可能导致特许经营者获得远超预期的暴利,无法保障消费者利益。因此,我国应当借鉴法国的行政契约不可预见理论,明确规定政府部门的单方变更权。

(三)价格变更权的行使程序

由于我国未明确规定行政契约价格变更权的行使程序,价格变更权的行使条件为政府特许经营协议双方当事人达成一致,且《价格法》第 30 条规定了价格变更应当经价格主管部门决定,故可推导出我国行政契约价格变更权的行使程序为:协议双方当事人共同将价格变更申请提交价格主管部门,由价格主管部门决定是否准许。

---

[1] L. Neville Brown & John S. Bell, *French Administrative Law* (5th Ed), Oxford University Press, 1998, p. 202.

（四）争议解决方式

依照我国《特许经营管理办法》第54条的规定，特许经营者认为行政机关作出的具体行政行为侵犯其合法权益的，可进行行政复议或者行政诉讼。但立法没有明确项目实施机构在政府特许经营协议中的哪些行为属于行政行为，价格变更行为是否属于具体行政行为亦无从判断；《最高人民法院关于审理行政协议案件若干问题的规定》第27条第2款规定，人民法院审理行政协议案件，可以参照适用民事法律规范关于民事合同的相关规定，这导致争议解决方式不明确。

（五）契约规制过程的行政权约束

司法审查是各国传统上追究政府责任的主要制度，但在放松规制的背景下各国的司法审查制度都受到了挑战，并进行了相应的革新。具体来说，政府特许经营协议的条款形成后，应当及时向社会公布，公众如果认为合同条款可能侵犯公共利益或者政府部门的行政裁量权越权的，则可以提起异议程序，行使监督权。在异议程序中，实现对行政行为控制的重要方式是设立司法审查程序。因为政府特许经营协议条款在形成过程中充斥着大量的行政裁量权，行政复议或行政诉讼的救济途径无法有效地控制这些裁量权。而限制行政裁量权的最有效方式是鼓励各个利益集团进行竞争，司法审查可以要求行政机关在决策过程中考虑各相关者的合理利益，确保相关利害关系人在契约的履行过程中得到代表。[①] 因此，通过设置司法审查程序，由法院作为终局裁决机构，判定政府特许经营协议是否违反宪法和行政法规的规定，可以排除行政机关和特许经营者合谋侵害公共利益的情形。虽然司法审查不能替代对行政决定的正当性、合理性以及行政效率的行政或政治上的法律控制，但法院还是可以确保规制机构作出的决定与法律规定相符，使既有立法中的标准程序得到遵守。虽然我国《行政诉讼法》已经将公用事业特许经营协议纳入行政诉讼的审查范围，但是实践中对于行政诉讼的原告资格、受案标准、审查依据、证据规则、判决形式等一系列法律适用问题仍有很大争议。

[①] 参见〔美〕朱迪·弗里曼：《合作治理与新行政法》，毕洪海、陈标冲译，商务印书馆2010年版，第30页。

第六章
混合所有制公司章程的规制

在公用事业契约规制中，政府部门与私人主体不仅通过政府特许经营协议约定双方的权利和义务，还经常性地共同成立一个公共企业，实际运营公用事业。这就是混合所有制公共企业（公司），政府部门与私人主体共同作为企业的股东，共同运营公用事业。而在政府未参股的公共企业中，公用事业纯粹由私人主体执行，政府部门仅通过规制契约对私人主体从事涉及公共利益的公用事业行为进行监管，以履行国家担保责任。[①] 这里需要说明的是，并非所有公用事业公私合作均采用政府部门与私人主体共同组建混合所有制公司共同参与公用事业执行，这需要视具体行业和项目而定。但实践表明，越来越多的发达国家成立了这类公司，一般存在于不具有稳定的现金流、无法展开完全的竞争以及项目投资规模过于巨大的领域。[②] 因为对这类公司而言，政府参与其经营决策，可以更有效地实现监管以及履行国家担保责任。随着公用事业民营化范围广度和深度的不断增加，混合所有制公司成为国家公用事业繁荣、公民公共生活保障水平提高之重要力量。政府部门将具有规制性的规则安排于这类公司章程中，以实现对公司和私人主体的必要管控。

[①] 在功能民营化中，由于政府部门可能不直接提供公共服务，其责任便从公共服务的直接提供转变为对公共服务提供的国家担保责任。

[②] 参见李丹：《交易型 PPP 与制度型 PPP》，载《中国社会科学报》2018 年 3 月 16 日第 4 版。

第六章
混合所有制公司章程的规制

第一节 公司章程的契约属性

尽管在经济学领域，公司契约说已经成为一种主流学说，[①] 然而，在法学领域内，公司章程是否可以理解为一项契约，尚有争议。在继续本书的论证前，应当先解释公司章程的契约属性，其后才具有论证的逻辑前提。在当前的公司法研究领域，对公司章程的认识主要有三种学说，即自治法规说、契约说以及折中说。笔者在分析这三种学说的基础上，从规制法的视角出发，认为公司章程具有契约属性。

一、公司章程自治法规说

传统上，关于公司章程的性质，大陆法系占主流地位的是公司章程自治法规说。[②] 这也是日本、韩国等国家的通说。[③]该学说亦为我国公司法学界多数学者所支持。[④] 其基本观点是，公司章程属于一种自治性法律文件，是股东基于更好地运营公司而制定的对公司内部发生法律效力的规范性文件。公司章程自治法规说的最大优点是确认了公司、股东的独立性，最大特点是凸显了公司的自治属性。具体而言，该学说包括三个方面的含义：其一，相对于国家立法而言，公司是一种自治组织；其二，相对于社会而言，公司是自治主体；其三，公司、股东分别具有独立性。[⑤] 由于公司章程自治法规说可以较为圆满地阐述公司区别于国家、社会以及股东作为独立组织存在的特点，因而具有理论上的正当性。

然而，该学说亦有其不足之处。其症结在于，未能将公司章程行为与法律行为相结合，从深层次剖析公司章程的属性，仅仅笼统而抽象地强调公司章程对诸如公司本身及其股东、管理人等主体的效力。遗憾的是，该学说回避了

[①] 参见〔美〕奥利弗·E.威廉姆森：《资本主义经济制度：论企业签约与市场签约》，段毅才、王伟译，商务印书馆2003年版，第438页。
[②] 参见孙英：《公司章程效力研究》，法律出版社2013年版，第22页。
[③] 参见董慧凝：《公司章程自由及其法律限制》，法律出版社2007年版，第64页。
[④] 参见朱慈蕴：《公司章程两分法论——公司章程自治与他治理念的融合》，载《当代法学》2006年第5期，第11—12页。
[⑤] 参见吴飞飞：《公司自治与公司社会责任的公司法困境》，载《北京理工大学学报（社会科学版）》2013年第2期，第133—134页。

"章程因何以及如何发生效力的问题"①。亦即该理论无法回答在公司没有成立前投资人所进行的各种法律行为的定性问题,因为此时自治法规还未生效。②如果无法做到从法律行为理论出发,则无法推导出公司章程与享有章程制定、修改权限的股东之间的关系。因为这二者之间的关系是区分公司章程对内效力与对外效力的起始点。故而,笔者认为,因章程自治法规说未能结合既有法律行为理论分析公司行为,无法有力说明章程行为的属性,而存在重大缺陷。另外,该学说无法回应章程具有法律效力的原因。一如学者所指出的:在国家法律体系中,从严格意义上说,并不存在自治法规这种法律规范,因此,用以阐明章程法律属性并不严谨。③ 换言之,由于自治法规本身并不属于严格意义上的"法",其立论存在逻辑上的矛盾性,因而使得该学说存在重大逻辑缺陷。也因此,支持该学说的学者转而使用"自治规范"来替代"自治法规"的用语。基于上述理由,自治法规说并没有很好地回答公司章程的本质特点。

二、公司章程契约说

公司章程契约说又称"公司章程合同说",主要为英美国家学者所主张。该学说最初主张公司章程仅是股东之间订立的一份契约或者合同。后来,伴随着企业社会责任思潮与利益相关者理论的兴起,英美学者对该学说进行了修正,视其为公司、股东、管理者、其他利益相关者等多元主体之间订立的"系列契约"。④从其演变过程可以看出,公司章程合同说乃是公司合同理论在章程问题上的一种体现,其理论直接来源于公司合同理论。因为"在合同理论框架下,公司章程是公司合同的一部分,公司章程的性质当然地取决于公司的性质"⑤。一般认为,公司合同理论肇始于科斯的《企业的性质》一文,在该文中科斯将企业与市场视为资源配置的两种不同方式,企业之所以存在是因为"市场的运行是有成本的,通过形成一个组织,并允许某个权威(一个'企业

---

① 孙英:《公司章程效力研究》,法律出版社 2013 年版,第 23—24 页。
② 参见王爱军:《论公司章程的法律性质》,载《山东社会科学》2007 年第 7 期,第 144 页。
③ 参见伍坚:《章程排除公司法适用:理论与制度分析》,华东政法大学 2007 年博士学位论文,第 15 页。
④ 参见〔美〕麦克尼尔:《新社会契约论》,雷喜宁、潘勤译,中国政法大学出版社 1994 年版,第 10—13 页。
⑤ 董慧凝:《公司章程自由及其法律限制》,法律出版社 2007 年版,第 69—70 页。

家')来支配资源,就能节约某些市场运行成本"①。也即,企业这种资源配置方式出现的原因在于,利用市场价格机制是有成本的,企业通过内部科层制的安排,可以将需要在市场交易中逐个谈判订立的多个契约合并为一个"长期性关系契约",这大大节约了资源配置的谈判成本。因此,罗培新教授将公司合同理论视为"科斯定理的公司法版本"。②

科斯之后的伊斯特布鲁克法官与费希尔教授所著的《公司法的经济结构》一书,将公司合同理论研究推向一个高峰。③ 公司是股东等各参与方所订立的一种关系合同(契约),公司法则是一种开放式的不完全合同,意在为公司各参与方在订立长期性关系合同时提供一个范本,并填补当事方所订立合同的漏洞,以节约各参与方的试错成本。④ 因此,公司章程是可以与公司法相并列的一种规范文本。二者的区别在于,公司法是国家从立法层面为公司提供的一套标准合同,而公司章程则是公司各参与方自己订立的个别化合同。虽然近年来存在很多对公司合同理论进行反思的声音,但是并未从根本上动摇该理论在公司法上的运用,并且不可否认的是,公司合同理论仍存在重大影响力。⑤

三、公司章程折中说

公司章程折中说是在前述两种学说的基础上产生的,认为公司章程无法单纯用自治法规或者契约指代,这种情形在具体的司法实践中尤甚。⑥ 例如,钱玉林教授从三个层面解构公司章程:其一,具有合同属性的章程,主要规范公司与股东、股东与股东之间的权利义务关系;其二,具有自治规范属性的章程,主要调整公司内部机构与管理人具体职责等内容;其三,区分这两种属性

---

① 〔美〕罗纳德·H. 科斯:《企业、市场与法律》,盛洪、陈郁译,格致出版社、三联书店、上海人民出版社 2014 年版,第 7 页。
② 参见罗培新:《公司法强制性与任意性边界之厘定:一个法理分析框架》,载《中国法学》2007 年第 4 期,第 75—76 页。
③ 参见〔美〕弗兰克·伊斯特布鲁克、丹尼尔·费希尔:《公司法的经济结构(中译本第二版)》,罗培新、张建伟译,北京大学出版社 2014 年版,第 1—2 页。
④ 参见罗培新:《公司法的合同解释》,北京大学出版社 2004 年版,第 142—143 页。
⑤ 参见蒋大兴:《公司法中的合同空间——从契约法到组织法的逻辑》,载《法学》2017 年第 4 期,第 135—148 页;黄辉:《对公司法合同进路的反思》,载《法学》2017 年第 4 期,第 124—134 页等。
⑥ 有关公司章程折中说的论述,参见王爱军:《论公司章程的法律性质》,载《山东社会科学》2007 年第 7 期,第 143—145 页;钱玉林:《作为裁判法源的公司章程:立法表达与司法实践》,载《法商研究》2011 年第 1 期,第 95—99 页。

的章程的具体方法是，那些对所有股东均产生拘束力的规范属于自治法规属性的章程规范，而涉及特定股东之间权益分配的则应为契约属性的章程规范。[①] 公司章程折中说产生的基础是认识到前述两种学说的不足，对于指导司法实践、解决具体问题特别具有实用性和操作性，是一种具有全局性视野的新观点。其最大的特点在于，认识到公司内部关系中不仅存在着平等的交换关系，而且还存在具有科层属性的命令与控制关系。

持公司章程折中说者认为其正确地指出了自治法规说、契约说的不足之处，具有填补理论缺陷的积极意义。然而，笔者认为公司章程折中说也有不足之处：其一，公司章程是具有整体性的规范文件，其本质属性也应当是确定的，虽然在规范具体事项时的法律效力强度不同，但也应当属于观察角度的问题。若将其划分为不同属性的规范，则可能导致法律适用上的偏差。虽可实现更为灵活的处理结果，但是也会造成法律适用的不稳定，难以达成统一司法裁判尺度的效果。其二，在判断具体章程规范的属性时，单纯地以规范的适用主体是全部股东还是部分股东作为标准并非易事。因此，虽然折中说具有一定合理性，但是也具有一些缺陷，无法圆满揭示公司章程的本质属性。

四、规制法视野下公司章程的契约属性

在规制法领域，公司章程即公司股东之间、股东与其他相关主体之间所订立的合同，近乎成为一种共识。[②] 如果从国家对特定领域规制的角度看，当公司本身成为一种约束与控制手段时，政府部门与私人主体成立公司的行为虽然是一种私法手段，但是其中蕴含了规制内容，契约行为与契约治理等理念不谋而合。

首先，公司章程契约说可以与法律行为理论结合，相较于公司章程自治法规说而言，该学说更为准确地抓住了问题的本质。无论从公司章程的制定、修改等过程来看，还是从判断公司章程的效力而言，将公司章程行为与法律行为相结合，都可以很好地分析各种形态下章程的效力。正如有学者观察到的，公司章程契约说将章程行为视为一种合同或契约行为，已将对于公司章程的认识

[①] 参见钱玉林：《作为裁判法源的公司章程：立法表达与司法实践》，载《法商研究》2011年第1期，第98—99页。

[②] 参见〔德〕弗里茨·里特纳、迈因哈德·德雷埃尔：《欧洲与德国经济法》，张学哲译，法律出版社2016年版，第293页。

第六章
混合所有制公司章程的规制

提高到法律行为这个更为深入的理论层面,并使得其论证结论更具有理论上的发散力与解释力。①

其次,从形成方式来看,公司章程符合契约的达成方式,更与契约规制的方式相契合。契约主要通过沟通和协商的方式达成,其中有一个最为常见的状态——讨价还价的过程。而公司章程的订立过程亦深刻地体现了这一特点。在订立章程时,公司股东之间可以为了自身利益进行讨价还价。而契约规制的过程其实也是一个讨价还价的过程。在契约规制过程中,规制机构与被规制者之间的讨价还价有助于形成互惠的负担与利益。② 而在政府部门与私人企业共同成立公司的情形下,这一过程便集中体现于公司章程的制定与修改中。

最后,从政府公权力对公司的干预角度看,公司章程的契约属性并未排除政府部门的干预。黄辉教授提出,公司契约理论的一个重大缺陷在于其排斥国家干预,而从社会法的角度看,公司要担负社会责任,在特定情形下不能排斥国家的干预。③ 而从规制法的角度看,契约与规制本身并非一对天然相互排斥的事物。如前文所述,在规制法实践中,以契约为载体的合作治理已然成为规制法发展的新特点。

综上所述,虽然对公司契约理论的反思与评判不断,但该理论在公司法理论中仍然具有重要地位。而如果从规制法的角度观察,公司章程的契约属性明显,亦可对那些反思与评判进行正面回应。

第二节 混合所有制公司章程的规制性内容

混合所有制公司章程为何具有规制性,是晚近大陆法系国家热议的问题之一。如果混合所有制公司章程具有规制的属性,那么其中哪些内容属于规制性内容则是公私法界分的重点课题。下文以公用事业领域为例,具体分析这些规制性内容的范围与种类。

---

① 参见吴飞飞:《公司章程司法裁判问题研究》,西南政法大学 2015 年博士学位论文,第 46 页。
② See Jim Rossi, *Regulatory Bargaining and Public Law*, Cambridge University Press, 2005, p. 96.
③ 参见黄辉:《对公司法合同进路的反思》,载《法学》2017 年第 4 期,第 124—134 页。

一、混合所有制公司章程内容的规制性

公司章程具有规制特征的,可以从大陆法系公司行政法理论的产生来观察。依照民主法治国家的要求,政府部门对设立私法组织形态履行行政任务的公司具有介入、约束以及控制的义务,这属于宪法上的义务,公司行政法由此产生。① 公司行政法包含这样的观察角度,公司法不仅仅是一种私法,还是一种实现经济管制的法律,并且从行政组织私法化的角度看,更是民营化改革所形成的制度的重要组成部分。这种情况的产生是基于这样的一种理论假设:公共部门设立私法人的法律行为原则上适用有关特定组织的私法规范。这些规范通常给公司章程或者公司合同留下了充分的活动余地,政府主体可以借此施加适当的控制。② 公权力可以通过公司法上的规定对私法人给付的履行施加影响,然而这一方式可能带来公司目标与政治目标的低效率混合,这也是在追求其中一方的目标时,另一方目标的实现遭受失败的原因。③ 因此,有必要将公司作为一个重要的规制场域。

公司法如同行政法一般,可以促进私人决策行为的责任性。例如,在证券市场中,上市公司应依法披露信息,而且必须接受公众的审查,这样大量的公司信息必须对公众公开。在此意义上,公司信息几乎等同于很多行政机关的运作信息。④ 在以公司作为规制手段的情况下,从更为广阔的公用事业民营化环境中观察,不管是出售政府资产、放松管制,还是公共产品和服务外包,政府部门通常都会保留重要的权力。例如,行政机关仍然可以通过许可或在新设立的私人企业中保留股份,影响行业政策。又如,政府部门可能持有公司的"黄金股",赋予政府部门对重大决定的否决权,诸如阻止其不希望发生的兼并等。⑤ 这些现象已经广泛存在于各国的司法实践中,如美国国家旅客运输公司

---

① 参见詹镇荣:《民营化法与管制革新(第二版)》,元照出版有限公司 2011 年版,第 113—122 页。
② 参见〔德〕汉斯·J. 沃尔夫等:《行政法(第三卷)》,高家伟译,商务印书馆 2007 年版,第 442—450 页。
③ 参见〔德〕弗里茨·里特纳、迈因哈德·德雷埃尔:《欧洲与德国经济法》,张学哲译,法律出版社 2016 年版,第 294 页。
④ Jack M. Beermann, Administrative-Law-Like Obligations on Privat[ized] Entities, 49 UCLA L. Rev., 1722 (2002).
⑤ See Jody Freeman, Private Parties, Public Functions and the New Administrative Law, 52 Admin. L. Rev., 822 (2000).

第六章
混合所有制公司章程的规制

即是经由联邦法律授权,依据《哥伦比亚公司法》设立的混合所有制公司。在这个公司中,联邦政府任命了六名董事会成员,并且因为该公司持续不断地获得财政部的补贴,交通部还任命了两名成员,董事会的其他八名成员由私人股东任命。由此,政府部门实现了对该公司的控制,而这种控制公司行为的主要法律依据是该公司章程。因为该公司章程明确规定,公司的一部分资金来源于政府补贴,所以董事会中应有由政府任命的董事。当然,如果政府部门不想控制该公司行为,则可以将其持有的股权转让给公司的其他股东,并且撤走其任命的董事会成员,该公司也就变成一个纯粹的私人公司,不再接受政府部门的控制。①

政府部门将公司作为一种规制手段时,除了依据外部的法律外,主要通过参与公司章程的起草与修订实现对公司的控制。公司行政法的产生即可说明公司章程可以作为规制的媒介,因为政府部门的规制手段并非制定法律法规,而是借助私法的方式。这也意味着,该规制过程必须符合公司法的相关规定,而公司法中可以承载强制性规范的重要制度便是公司章程。②

二、规制性内容的表现形式

在契约规制中,政府部门在运用公司章程进行规制时,关于其规范范围,理论上讲可以从两个阶段进行考察。

(一)公司设立、变更和解散阶段

混合所有制公司设立时,应在章程中明确经营范围、管理人员组成方式等重要内容。其一,公司章程中必须明确公司的设立目的在于经营公用事业,公司的经营范围不能超出公用事业的范围。由于混合所有制公司的股东包括私人股东,在公私合作中应抑制私人股东逐利性的特点。③ 故而,应当将公司的经营范围明确限定在公用事业范围内,防止私人股东在公司运营中将公司资金转移用于具有更高回报率的项目中去。这也是基于公用事业维持原则的考量而采取的维持公司财务能力的保证措施。其二,公司章程应明确管理人员的组成方

---

① See Jack M. Beermann, Privatization and Political Accountability, 28 *Fordham Urb. L. J.*, 1548-1549 (2001).
② 参见贺少锋:《公司法强制性规范研究》,厦门大学出版社 2010 年版,第 173 页。
③ 参见胡改蓉:《PPP 模式中公私利益的冲突与协调》,载《法学》2015 年第 11 期,第 30—40 页。

式。依照公司法的规定，公司管理人员主要由股东选举产生。但是，在公用事业领域，由于公司经营行为中蕴含着公共利益，公司管理人员的组成方式并不能完全依据公司法的规定确定。这就体现了政府部门对混合所有制公司的规制。其中，由政府部门任命相应的管理人员可以实现对公司经营决策更好的控制。因此，需要在混合所有制公司章程中明确规定公司管理人员的产生方式。①

在公司需要进行变更时，如更换私人股东、委任管理人员、扩充公司规模等，政府部门应进行严格管制。管制的核心在于这些变更行为是否可能危及公司公用事业的正常经营。因此，在涉及此类问题时，应遵循一定的准则，这些准则的实施细则应于公司章程中载明。当然，这些章程规范的产生同样应当经过协商与谈判程序。

为保障公用事业的可持续性，在公司章程中应严格规定公司解散条件。②同样基于公用事业维持原则，公司股东决定解散公司时，不仅应当符合公司法关于公司解散的规定，还需要接受政府的规制。因此，公司章程中必须严格限定公司解散的具体条件。例如，美国《1945 年政府公司控制法案》（Government Corporation Control Act of 1945）规定，混合所有制公司必须将公司解散条件规定于公司章程中。③

（二）公司的经营管理阶段

在混合所有制公司运营中，为保障公用事业的持续性，对于以公司资产进行对外担保或者出售公司重大资产，应当设置限定条件。④作为契约规制的一项重要目标，实现公用事业维持应以公司具备一定的资金为前提，而公司经营者对公司资产的处分极有可能危及公用事业维持的资金基础。同时，由于公用事业具有公益性，公司经营者应履行普遍服务的义务，即无差别地对待消费者。而基于公用事业投资成本巨大，可能出现公共企业基于成本考量不愿意向

---

① See A. Michael Froomkin, Reinventing the Government Corporation, 1995 U. Ill. L. Rev., 574 (1995).
② 参见〔德〕汉斯·J. 沃尔夫等：《行政法（第三卷）》，高家伟译，商务印书馆 2007 年版，第 446 页。
③ See A. Michael Froomkin, Reinventing the Government Corporation, 1995 U. Ill. L. Rev., 574 (1995).
④ See Tony Prosser, The Regulatory Enterprise: Government, Regulation, and Legitimacy, Oxford University Press, 2010, p. 35.

第六章
混合所有制公司章程的规制

边远地区的居民提供公共产品和服务的情形。因此,有必要在章程中规定公共企业经营的普遍服务义务。具体可以参考德国法上的规定,通过在章程中规定定期审计的方式对公共企业的普遍服务义务进行监督。①

从实证主义角度观察,契约规制的范围主要是涉及公用事业维持方面,即政府在混合所有制公司章程中明确规定,公司的运作必须达成此目标。例如,美国私人供水公司为了获取排他性供水经营许可或者在某一领域内取得垄断性地位和政府财政补贴,应受到州供水委员会、州供水协会以及州政府的监管。这种监管不仅表现在要求供水公司必须在特定区域内提供服务,无差别地对待消费者,更为重要的是公司主要交易(包括大宗资产交易、兼并和解散等重要事项)必须取得监管者的同意。② 其原因在于,诸如大宗资产交易、兼并和解散等重要事项均关涉当地供水体系的安全,涉及公共利益。从英国的公用事业民营化实践看,在公共健康与医疗服务中,政府部门引入私人资本,共同成立一定数量(一小部分)混合所有制公司,由混合所有制公司实际运营这些公用事业。在主要的公共服务领域中,这样的混合所有制的组织化安排,被认为是一种公司化与契约化并存的规制方式。这些组织化的实体享有公司章程或者合同赋予的权力。政府部门通过在公司章程中规定其介入权,实现政府规制目的与公共企业在传统市场中享有的自由与自治权的平衡,在公用事业放松管制的情形下发挥着重要作用。③

第三节 公司章程规制条款的实现途径

混合所有制公共企业中同时有公股东和私股东两种不同性质的股东,两者在公司日常经营决策中应如何进行公司治理,当前并无专门性的立法规定。因混合所有制公共企业的结构形式为公司,故需要依照公司法的规定制定一套行之有效的公司内部治理制度,以保证公共利益和社会资本利益的平衡。总体上,笔者认为,对混合所有制公共企业的监管应当从公司内部监管和外部监管

---

① 参见〔德〕汉斯·J. 沃尔夫等:《行政法(第三卷)》,高家伟译,商务印书馆 2007 年版,第 448 页。
② See David H. Getches, *Water Law in a Nutshell* (4th Ed), West Publishing Co., 2009, pp. 453-454.
③ See Peter Vincent-Jones, *The New Public Contracting: Regulation, Responsiveness, Relationality*, Oxford University Press, 2006, pp. 179-180.

两方面同时展开。公司章程规制条款的有效实施既依赖于公司内部治理结构，同时也更需要形成一套行之有效的股东表决权机制。

一、围绕公司设计内部治理结构

混合所有制公共企业涉及诸多垄断或者准垄断行业，掌握着大量的自然垄断资源，因此需要在立法上构建一套监督管理体系以监督其正常的经营活动。这些监管主要通过混合所有制公共企业的章程予以实现。混合所有制公共企业章程的制定具有极其重要的意义，政府出资方代表应当主持或者作为章程的主要起草者，将具有监管性质的条款写进章程中。具体来说，可以在公司章程中对公司的经营范围、公司的最低资本额、内部机构的组成与决议方式、公权力行使的种类和范围、财产管理、会计、经营模式以及重要事项的控制权等内容进行规定。[①] 政府部门对混合所有制公共企业的监管是防止国家公权力虚化的必要措施。

关于公司的内部监管，各国公司法一般通过独立董事制度和监事会制度来实现对公司的有效监管。许多发达国家及地区的理论和经验显示，为了确保公司高效地从事经营活动，应在法律中明确规定公司董事会在公司经营管理中的独立地位和中心地位。[②] 在混合所有制公共企业中更应当提高董事会的独立性与中心地位，特别是独立董事制度设立，可以起到很好的监督作用。因为独立董事与公司的经营管理层之间不存在利害关系，对董事和经理的制约不会受到其他因素的干扰，可以大胆和独立地对公司的日常经营活动进行监督。此外，监事会的主要职能是对公司的业务和财务进行监督。[③]在我国当前的 PPP 项目实务中，对混合所有制公共企业经营决策权、人事权、财务管理权、收益分配权等的监管主要是通过公司的内部机构——监事会实现的，公司监事会一般由政府出资方代表组成。在最为重要的资金监管方面，政府出资方代表应当监督社会资本对项目公司资金的专款专用，确保项目顺利进行。监事会应当对资金进行事前、事中和事后的监管，有权要求项目资金使用人对资金使用情况进行说明以及定期提供财务报表。

---

① 詹镇荣：《民营化法与管制革新（第二版）》，元照出版有限公司2011年版，第252页。
② 赵渊：《"董事会中心说"与"股东会中心说"：现代美国公司治理学说之辨》，载《比较法研究》2009年第4期，第56页。
③ 施天涛：《公司法论（第二版）》，法律出版社2006年版，第155页。

第六章
混合所有制公司章程的规制

二、股东会表决机制

因现有法律和法规并未对混合所有制公共企业的表决机制进行专门性的规定，因此，混合所有制公共企业应适用公司法关于公司表决机制的规定。如前所述，我国政府部门在混合所有制公共企业中所占的股权比例不能超过50%，并且不能对公司的决策和经营具有掌控力。从PPP项目的实践来看，政府出资的比例一般控制在10%—40%之间，这就要求政府部门结合财政资金、项目总体规模以及项目自偿率等要素，决定应当以何种比例参股PPP项目公司。[1] 无论如何设置股权比例，现有立法精神的精髓在于：使公共企业成为具有独立经营权的私法主体，实现真正意义上的政府与社会资本合作，将原本属于政府的公共职能转移于社会资本。具体的制度设计便是控制政府参股比例，将公司的经营决策权交给社会资本。在公共服务公司化运营中，应当发挥公司组织的最根本特征。"人们一直以为所有权与经营权相分离是公司组织的本质特征，其实不然，股权私有才是现代公司制度的基石；公（国）有股东管不好公司。"[2] 公私合作的灵魂就在于发挥社会资本的效率优势，以公司的形式进行经营公用事业。正是基于此点考虑，才要求政府部门不能干预公司的经营，即通过限制股权比例的方式排除其直接干预。我国公司法规定，除了公司章程的特别规定外，公司事务的表决是依据股权比例进行的。对于一般的经营性事务，占公司1/2股权的股东同意就可通过股东会决议。然而，混合所有制公共企业毕竟与一般的公司不同，其经营范围是事关公共利益的公共服务领域和行业，政府部门所持有的公股代表着公共利益，这就要求公股东应当发挥应有的作用。一般认为，公股东应当在涉及公司经营决策的重大事宜中发挥监督和引导的职能。[3]

申言之，公司的一般经营决策权主要依照一股一权的比例进行表决，而涉及重大事宜的，则应采用政府部门一票否决权。虽然政府部门一票否决权违反了公司法关于表决权的一般规定，但是可以通过混合所有制公司章程进行规定。例如，我国《公司法》第65条规定，有限责任公司的股东按照出资比例

---

[1] 参见康峰等：《PPP股权比例设置条款研究》，搜狐网，2019年7月16日，https://www.sohu.com/a/327229768_726670，2023年10月18日访问。
[2] 朱锦清：《国有企业改革的法律调整》，清华大学出版社2013年版，第160页。
[3] 同上书，第174页。

行使表决权,但是公司章程另有规定的除外。也就是说,国有股的出资人应当在公司章程制定时,将涉及公司重大事宜的表决机制确定为一票否决权。这一做法与《企业国有资产法》的相关规定是相符的。该法第 12 条第 2 款规定:"履行出资人职责的机构依照法律、行政法规的规定,制定或者参与制定国家出资企业的章程";第 30 条规定:"国家出资企业合并、分立、改制、上市,增加或者减少注册资本,发行债券,进行重大投资,为他人提供大额担保,转让重大财产,进行大额捐赠,分配利润,以及解散、申请破产等重大事项,应当遵守法律、行政法规以及企业章程的规定,不得损害出资人和债权人的权益。"据此,这些重大事项应当在公司章程中予以体现,其中表决权是章程的重要内容之一。对于混合所有制公共企业上述重大事项的表决,公股东拥有一票否决权的理由在于,这些事项均涉及公共利益,而政府部门是公共利益的代表,为了防止混合所有制公共企业私人股东对公共利益的损害,应当赋予公股东否决权。

因此,混合所有制公共企业的表决制度具有重大意义,其核心问题在于对不同的表决内容进行类型化,即哪些事项适用一般表决权,哪些事项适用特殊表决权机制。笔者认为可以进行三分法:涉及公司日常经营活动的一般事项,依照股权比例表决,代表 1/2 以上具有表决权的股东同意即视为通过;公司的特别事项(如修改公司章程、增加或者减少注册资本以及公司合并、分立、解散、清算或者变更公司形式、延长经营期限、制定和修改项目公司章程、对外担保、股权质押等)则需要代表 2/3 以上具有表决权的股东同意方视为通过;特别重大事项(涉及民生保障、社会稳定且影响公众利益、公共安全、项目公司股权变动等)则应由全体股东一致通过,即政府部门具有一票否决权。由于 PPP 项目多为基础设施和公用事业,大多关系公共安全与公众利益,诸如公共服务的价格调整、社会资本交易股权或者退出股权等事项,均可能侵害公众利益。因此,为了保证公共安全与公众利益,政府方出资代表应当对社会资本进行积极引导,即赋予公股东在涉及民生保障、社会稳定且影响公众利益、公共安全等事项上享有一票否决权。

三、在章程中明确公司外部监管的范围

在公司监管中,除了发挥独立董事和监事会的监督作用之外,还应当发挥国有资产管理部门和社会监督作用,实行内部监督和外部监督相结合,提高监

督效率。① 然而，正如前文所述，外部监管的范围主要依据既有的立法规定，而这种控制与命令方式无法做到将监管的具体事项细化，这就需要公司章程予以明确。

公司外部监管的主要监管主体是国有资产管理部门，作为国有资产的所有权者，国有资产管理部门有权通过审计、检查等方式对混合所有制公司进行监督。例如，可以委托会计师事务所对公司的年度财务会计报告进行审计，维护出资人权益；可以通过定期或者不定期地对混合所有制公共企业房产、账册以及相关文件和资料进行现场检查，保证公司依法经营。在社会监督方面，主要通过信息公开和听证制度进行保障。在信息化社会，混合所有制公共企业掌握了大量的信息，这些信息中，诸如公司的财务状况、经营决策、决定等内容，均与公共利益相关，应当保证公众的知情权，即需要依照法定程序向社会公开，并接受社会的监督。另外，当公司的经营决策直接涉及公众利益时，如价格调整、经营范围的变化等内容，在进行这些行为之前应当举证听证会，听取公众的意见，只有在听证会召开之后，这些经营活动才能继续进行。

第四节 混合所有制公司双层股权结构：章程规制的核心

从公用事业规制法角度看，混合所有制公司章程中最为重要的内容是设立双重股权结构。如果政府部门持有相对较多的表决权，那么，即使在面对股权稀释的情形下，依然可以实现对公司的控制。然而，有的国家的公司法并不允许公司双重股权结构的存在。此时，公司章程在一定程度上可以打破公司法对普通股投票权的强制性规定，将这种股权表决权方式依照股东协商自由的原则，纳入混合所有制公司章程的范围。②

一、双层股权结构：增强国有股权控制力的制度设计

本质上，双层股权结构是打破同股同权原则的一种制度创新，可以实现不占股权优势的股东取得对公司的控制权。在混合所有制公司中，政府部门享有对公司的控制权是其进行规制的必要条件。如果依照传统的股权表决方式对混

---

① 参见白江：《公司治理前沿法律问题研究》，法律出版社 2015 年版，第 295—296 页。
② 公司章程具有"选出"公司法强制性规定的功能。详细观点参见罗培新：《公司法的合同解释》，北京大学出版社 2004 年版，第 144—167 页。

合所有制公司进行治理，则显然要求投入更多的国有资本，而在进行大规模的公私合作之后，这势必降低政府部门对公用事业的控制力。

(一) 双层股权结构的产生与价值

双层股权结构指的是，在一个公司中，股份被分为具有不同投票权能的股权结构，其中一类股东仅享有一般表决权，而另一类股东享有特殊表决权。[①] 双层股权结构是在应对股权稀释情形下，最为常见的一种股东保留对公司控制权的工具。双层股权结构制度肇始于美国，虽然历经公众、司法的质疑，但是其明显的优势在于，保证公司创始人或其他控制股东在面对敌意并购等情形时保留对公司的控制权，因此在各主要发达国家得到广泛支持和运用。[②] 其中最为关键的原因在于，传统的同股同权原则并未考虑公司股东之间的实际情形，即每个股东持有股权的原因可能千差万别，而同股同权强制性地将股权所附着的收益与表决权人为地结合在一起。

双层股权结构的制度贡献表现在：其一，双层股权中的特殊表决权股权是特定股东享有的对公司溢价期待利益的肯定，该特殊表决权具有比普通表决权更高的商业价值，而赋予特定股权这种价值体现了公司的激励机制，是加快公司发展的重要保证。其二，双层投票权能实现了股权的有效代理机制。换言之，一般表决权股东基于对享有特殊表决权股东的信任，心甘情愿地接受这种不平等表决权分配。其三，双层股权结构是可以防止小股东被其他投资者榨取投资收益的重要制度，从更大的视域看，该制度从根本上保护了公司的中小投资者。其四，双层股权结构可以体现特定股东与一般股东的合作过程，是公司契约自由的体现，使得股东之间可以自由协商双方的合作方式。其五，双层股权结构是对公司财产权的一种全新安排方式，是对个人处分权的尊重。因为在一个公司中，不同股东存在个体差异，可能存在投资收益率相同但决策权能有差异的情形。这也是一种明示的合同与默示合同相结合的方式。[③]

(二) 双层股权结构与混合所有制公司的契合

在公司章程中约定双层股权结构，是契合混合所有制公司特点的安排。因

---

① 参见马一：《股权稀释过程中公司控制权保持：法律途径与边界——以双层股权结构和马云"中国合伙人制"为研究对象》，载《中外法学》2014年第3期，第715页。
② 同上书，第718页。
③ 同上书，第725页。

为在混合所有制公司中,国有股权和私人股权二者之间的差异是明显的,只有发挥各自的长处,才有可能实现长期的、有效的合作。具体体现在以下两个方面:

一方面,双层股权结构将股权所附着的财产权与表决权分离,公司的股权比例与对公司的控制权被有效松绑。由此,国有资本虽然在股权比例上并没有优势,却可以从表决权入手,实现对公司更为有效的控制。[1] 如此一来,国有股东即使主动减少其在某一混合所有制公司所持有的股权比例,也仍可以对公司的经营活动产生足够和必要的影响。这就意味着,政府部门可以节省下财政资金投往更多领域和更多的企业,进而实现政府部门对公用事业的全盘、有效规制。

另一方面,双层股权结构可以实现政府部门规制目标与公司经营目标的平衡。其一,双层股权结构实现了股权财产权与表决权的分离,允许国有股权在特定事项上的多数表决权。换言之,政府部门可与私人股东约定,在公司重大事项表决上,其持有的每股股权享有数倍于私人资本股权的表决权,从而确保政府部门规制目标的有效实现。其二,双层股权结构仅是对股权表决权的特殊处理,这种表决权分配机制不涉及股权中的财产性权益。质言之,私人股权不会因为对公司某些事项表决权的削弱而导致利益的减损,也不会因此承担经营不善的责任。公司的经营目标在于获得必要的利润,双层股权结构安排不会影响私人资本实现其参与混合所有制公司的盈利目标。

二、双层股权结构在混合所有制公司中的运用

2015 年《中共中央、国务院关于深化国有企业改革的指导意见》《国务院关于国有企业发展混合所有制经济的意见》明确提出,在特定领域可以探索建立国有特殊管理股权制度。[2] 2023 年修订的《公司法》明确规定,无论是有限

---

[1] 参见冯果、杨梦:《国企二次改革与双层股权结构的运用》,载《法律科学(西北政法大学学报)》2014 年第 6 期,第 150—157 页。

[2]《中共中央、国务院关于深化国有企业改革的指导意见》第三部分之(七)规定,"允许将部分国有资本转化为优先股,在少数特定领域探索建立国家特殊管理股制度";《国务院关于国有企业发展混合所有制经济的意见》第四部分之(十四)规定,"在少数特定领域探索建立国家特殊管理股制度,依照相关法律法规和公司章程规定,行使特定事项否决权,保证国有资本在特定领域的控制力"。

责任公司还是股份有限公司，均可以在章程中规定特殊表决权机制。[1] 尽管这些法律文件中并未明确特殊管理股权制度具体指哪种制度，但是，一般认为其主要指的是双层股权结构，因为上述法律文件中明确了特殊管理股可以在公司章程中规定，行使特定事项的否决权，并保持国有资本的控制力。从这些关键字眼中便可推导出，在我国无论《公司法》还是国有企业相关规范性法律文件，均允许混合所有制公司采用双层股权结构。

双层股权结构的基本操作模式为，将股权分为普通表决权股和特殊表决权股两类。其中，普通表决权股依然遵循同股同权原则，即其每股仅有一票表决权，而特殊表决权则拥有数倍于普通表决权的表决权。[2] 具体适用在混合所有制公司中，即在公司章程中明确规定国有股权享有特殊表决权，私人股权享有一般表决权。值得强调的是，双层股权结构虽然具有前述优点，但其并非公司股权治理的常态制度，并且其适用应遵守一些常规准则，即有适用边界。因此，在采用双层股权结构时，应当注意其适用范围、权能边界以及平衡特别股与一般股的冲突等。在混合所有制公司建立双层股权结构制度设计时，应特别注意这些事项。

（一）混合所有制公司双层股权结构适用范围的特定性

双层股权结构具有适用范围的特定性。根据学者的实证分析，采用双层股权结构的公司基本集中于特定行业领域。例如，美国采用双重股权结构的公司主要涉及文体传媒、互联网与科技公司以及娱乐、通信、钢铁等行业。[3] 由此可以发现，这些行业的特点表现为公司经营依赖专业的管理人员或者是具有浓重垄断行业性质的行业。因此，混合所有制公司在选择双层股权结构时需要考虑行业的特点。这也是前述国务院文件中指出的，仅在特定领域采用双层股权结构的原因。

笔者认为，在我国自然垄断行业存在着大量的混合所有制公共企业，但并非所有混合所有制公共企业均适合这种新的股权结构形式。如前文第四章所

---

[1] 我国 2023 年《公司法》第 65 条规定："股东会会议由股东按照出资比例行使表决权；但是，公司章程另有规定的除外。"第 116 条第 1 款规定："股东出席股东会会议，所持每一股份有一表决权，类别股股东除外。公司持有的本公司股份没有表决权。"

[2] 参见冯果、杨梦：《国企二次改革与双层股权结构的运用》，载《法律科学（西北政法大学学报）》2014 年第 6 期，第 150—157 页。

[3] 参见商鹏：《双重股权结构的制度价值阐释与本土化路径探讨——以阿里巴巴集团的"合伙人制度"为切入点》，载《河北法学》2016 年第 5 期，第 171 页。

述，自然垄断行业分为强自然垄断行业、弱自然垄断行业以及竞争性行业，只有强自然垄断行业才有必要受到高密度的规制。例如，在铁路交通、稀缺能源以及涉及管网等具有明显资本弱增性的领域，政府往往需要采取更多的监管措施。此时，即使政府在混合所有制公司中持股不占多数，亦需要对公司的经营决策进行严格控制。而双层股权结构便是很好的实现这一目的的手段。

（二）严格控制特殊表决权的内容

其一，关于表决权倍数。在混合所有制公司中，当私人资本为了追求利益，存在违背公共服务的可获得性、非歧视性以及可承受性时，国有资本就应利用其特殊表决权优势，抵抗私人资本对公共利益的侵蚀。① 至于具体的表现形式，则可根据上述特殊表决权的特征在公司章程中进行细致列举。特殊表决权的行使基础在于公共服务的公共利益属性，同时这种表决权的控制力亦有一定的边界，为避免政府滥用特别表决权，造成一股独大的极端情形，需要对其表决权进行限制。② 这种限制主要通过控制表决权倍数实现。因此，在以后的立法中，应当对特别股表决权的倍数进行必要限制，保持一个较为合理的比例，一方面保证政府股权的合理控制力，另一方面可以发挥私人股东在公司经营过程中的积极作用。此外，控制表决权的倍数，可以将国有资本的意志限定在特定范围内，提升企业经营治理的效能。③

其二，关于特别表决权参与决策范围限制。有学者指出，双层股权结构不是一种常规的股权机构设计，如果没有很好地限制特别表决权的决策范围，则会使得这些股权的控制力不受约束，导致政府对公司的渗透力泛化，最终并不能很好地解决现有难题，而是相反。④ 结合前述相关讨论，特别表决权的决策范围应限于公司经营过程中的重大事项，如公司重大资产转让、出租、抵押和出售，因为这些事项关系公司是否能够顺利完成公共服务的提供；公司高级管理人员的任免，因为高级管理人员的素质和可信赖度对公司的长久发展至关重

---

① 参见陈婉玲：《基础设施产业 PPP 模式独立监管研究》，载《上海财经大学学报》2015 年第 6 期，第 47—56 页。

② 在美国的证券业实践中，上市公司中会出现特别股投票权是普通股投票权权重的 150 倍的极端情形。参见蒋小敏：《美国双层股权结构：发展与争论》，载《证券市场导报》2015 年第 9 期，第 70—78 页。

③ 参见冯果、杨梦：《国企二次改革与双层股权结构的运用》，载《法律科学（西北政法大学学报）》2014 年第 6 期，第 150—157 页。

④ 同上。

要;公司对特许经营协议的变更;等等。

其三,关于特别股转让限制。赋予国有资本特殊表决权,主要目的在于防止阻断公司正常经营,以及防止其他资本的敌意并购,从而防止公用事业发生中断,损害公共利益。换言之,特别股表决权的着眼点在于实现预期的防御效果,而不是一种积极的股权进攻手段。[①] 因此,在采用双重股权结构时,都要求这种特别股不具有流通性,因为特别股具有一定的依附属性。因为国有股权的股东身份特殊,才有采用双层股权结构的必要性。故而,在混合所有制公司中,特别股股东不得将其股权转让给其他股东,更不得对外转让给非政府部门的私人股东。这也是保障双重股权结构可以最大化地发挥其应有价值的必要条件。

(三)规定公司的对外披露义务

在双层股权结构之下,由于政府股东持有特别股表决权,可能引发不知情的交易相对人利益受损的情形。在研究化解双重股权结构可能造成的法律风险的方法时,强制要求混合所有制公共企业披露必要信息是一个行之有效的方法,即公司应当将与双重股权结构相关的信息向社会公众公开。[②] 但需要注意的是,强制信息披露制度不同于一般的证券法上的披露制度,而是要求采用双层股权结构的公司将双重股权结构的重要信息主动地释明。例如,英国《公司治理联合准则》原则部分规定了"遵守反之则解释"条款,以确定释明义务的具体内容。[③] 这就要求相关公司解释其违反同股同权的理由、特别股的具体权能等内容。通过类型化的归纳,相关公司应当释明的内容至少包含如下类型:其一,采取双重股权结构的原因及目的;其二,这些原因、目的与双重股权结构的关联度;其三,双重股权结构的具体内容;其四,风险自控能力释明。据此,要求混合所有制公共企业披露上述信息的本质目的是防止国有股东假借规制之名肆意侵害私人资本的合法利益。

---

① 参见梁上上:《股东表决权:公司所有与公司控制的连接点》,载《中国法学》2005年第3期,第108—119页。

② 陈若英:《论双层股权结构的公司实践及制度配套——兼论我国的监管应对》,载《证券市场导报》2014年第3期,第7页。

③ 参见吴飞飞:《公司章程"排除"公司法:立法表达与司法检视》,载《北方法学》2014第4期,第157页。

结　语

在公用事业民营化的趋势下，以命令与控制为特征的传统监管方式逐渐显现出其劣势，既有监管体系无法达到规制效果。基于我国当前对公用事业监管的不足，本书提出了将契约规制引入既有规制体系的新进路。这是一种新的尝试和挑战。公用事业契约规制的核心在于，如何将规制目标的各要素融合进规制者与被规制者之间签订的契约中，这不仅涉及规制权的分配、被规制者的合理利益保障，还涉及与公用事业直接相关的公共利益实现问题。换言之，本书研究重点在于如何设计一套精良的合同化政策，以一种明确、公正的方式解决这些问题。笔者通过比较研究得出，提高公用事业的经济效率、制定合理的价格机制以及保障持续的公共服务提供机制是这种合同化政策的目标，而这可通过政府特许经营协议的强制性条款以及混合所有制公共企业公司章程的形式具体化。在此过程中，应当注意甄别强制性条款与强制性立法规范、契约其他任意条款的边界，平衡各方利益。然而，契约规制本身也存在规制权弱化、难以保证规制过程公众参与等争议。同时，如何协调契约规制中的强制性条款与既有强制性立法规范，使二者有机融合，也是未来需要深入讨论的课题。笔者唯希望通过这种新的尝试，引发对传统监管方式的反思，进而深刻地意识到，将契约规制方式运用于公用事业是新时代的必然要求。

契约规制是大陆法系与英美法系国家均普遍使用的一种新的规制方式。在两大法系相互交融与影响的趋势下，相互借鉴先进理论与实践成为潮流。虽然两大法系在法律渊源与制度构建理念上存在巨大差异，但在公用事业契约规制的精神意旨上却有相通之处，因此，契约规制需要结合不同法系国家的理论与立法。英美法域中，公用事业规制的形式均是通过政府契约的方式实现，故而在研究中需要运用社科法学的研究方法，在制度构建中需要借鉴政治学、经济学等学科知识，将规制中的主要内容在法律上予以表达。大陆法域中，研究公用事业契约规制则更加注重法教义学的方法，这种倾向尤其强烈表现在法律适用以及规制程序中。如苏永钦教授所言，大陆法系国家需要在法教义学的指引下，构建严谨的法律体系与精密的规则，同时，适时适当地在这个强大的体系中切开一个口子，吸收其他社会科学的知识，以提高法律制度的合理性及正当性。笔者正是遵循这样的研究思路，在两套不同的"操作手册"间寻求共同价值。

然而，契约中强制性条款和任意性条款之间并无泾渭分明的界限，更无法作抽象性的归纳。因此，需要通过分析具体的规制性契约类型进行甄别，并在此基础上讨论规制标准的设定、规制内容和范围的划定以及被规制对象的利益保护等课题。本书以欧盟法上关于公用事业公私合作的类型化区分为标准，即区分契约型的公私合作与组织型的公私合作两种类型。各种规制性契约在规制实践中发生的作用又具有较大差异，因此，笔者有针对性地将政府特许经营协议与混合所有制公司章程这两个最为典型的规制性契约作为研究对象，具体化地讨论了这两种契约中规制性内容的划定标准，并围绕这些内容进行制度构建。

囿于笔者学识有限，在运用社科法学的研究方法进行制度构建论证与运用法教义学的研究方法进行法解释时，时常感觉有心无力。从论证效果来看，也仅作了一些较为粗浅的研究，在触及具体制度构建时，便感觉力不从心，所获取的结论亦甚为平庸。唯希望笔者的努力尝试，可以得到前辈与专家的指正，并可以为后续的研究作些许铺垫。

主要参考文献

一、中文著作类

1. 〔英〕A. C. L. 戴维斯：《社会责任：合同治理的公法探析》，杨明译，中国人民大学出版社 2015 年版。

2. 〔英〕A. W. 布拉德利、K. D. 尤因：《宪法与行政法·上册（第 14 版）》，程洁译，商务印书馆 2008 年版。

3. 〔美〕J. 格里高利·西达克、丹尼尔·F. 史普博：《美国公用事业的竞争转型：放松管制与管制契约》，宋华琳、李鸽等译，上海人民出版社 2012 年版。

4. 〔美〕W. 基普·维斯库斯等：《反垄断与管制经济学（第四版）》，陈甬军等译，中国人民大学出版社 2010 年版。

5. 〔英〕安东尼·奥格斯：《规制：法律形式与经济学理论》，骆梅英译，中国人民大学出版社 2008 年版。

6. 〔美〕奥利弗·E. 威廉姆森：《资本主义经济制度：论企业签约与市场签约》，段毅才、王伟译，商务印书馆 2003 年版。

7. 〔德〕奥托·迈耶：《德国行政法》，刘飞译，商务印书馆 2013 年版。

8. 〔美〕保罗·萨缪尔森、威廉·诺德豪斯：《经济学·上册（第十九版）》，萧琛等译，商务印书馆 2012 年版。

9. 陈慈阳：《环境法总论》，元照出版有限公司 2013 年版。

10. 陈敏：《行政法总论》，新学林出版股份有限公司 2011 年版。

11. 陈樱琴：《经济法理论与新趋势（修订版）》，翰芦图书出版有限公司 2000 年版。

12. 程明修：《行政法之行为与法律关系理论》，新学林出版股份有限公司 2005 年版。

13. 〔英〕达霖·格里姆赛、〔澳〕莫文·K. 刘易斯：《PPP 革命：公共服务中的政府和社会资本合作》，济邦咨询公司译，中国人民大学出版社 2016 年版。

14. 〔英〕戴雪：《公共舆论的力量：19 世纪英国的法律与公共舆论》，戴鹏飞译，上海人民出版社 2014 年版。

15. 〔美〕丹尼尔·F. 史普博:《管制与市场》, 余晖、何帆等译, 格致出版社、上海人民出版社 2017 年版。

16. 〔英〕道恩·奥利弗:《共同价值与公私划分》, 时磊译, 中国人民大学出版社 2017 年版。

17. 〔德〕弗里茨·里特纳、迈因哈德·德雷埃尔:《欧洲与德国经济法》, 张学哲译, 法律出版社 2016 年版。

18. 〔德〕哈贝马斯:《在事实与规范之间:关于法律和民主法治国的商谈理论》, 童世骏译, 生活·读书·新知三联书店 2003 年版。

19. 〔德〕汉斯·J. 沃尔夫等:《行政法(第二卷)》, 高家伟译, 商务印书馆 2002 年版。

20. 〔德〕汉斯·J. 沃尔夫等:《行政法(第三卷)》, 高家伟译, 商务印书馆 2007 年版。

21. 〔德〕汉斯·J. 沃尔夫等:《行政法(第一卷)》, 高家伟译, 商务印书馆 2002 年版。

22. 黄异:《行政法总论(增订 5 版)》, 三民书局 2006 年版。

23. 〔奥〕凯尔森:《法与国家的一般理论》, 沈宗灵译, 商务印书馆 2013 年版。

24. 〔美〕凯斯·R. 桑斯坦:《权利革命之后:重塑规制国》, 钟瑞华译, 中国人民大学出版社 2008 年版。

25. 〔英〕科林·斯科特:《规制、治理与法律:前沿问题研究》, 安永康译, 清华大学出版社 2018 年版。

26. 〔美〕莱斯特·M. 萨拉蒙:《政府工具:新治理指南》, 肖娜等译, 北京大学出版社 2016 年版。

27. 李建良:《2012 行政管制与行政争讼:行政契约之发展现况与展望》, 新学林出版股份有限公司 2016 年版。

28. 〔美〕理查德·B. 斯图尔特:《美国行政法的重构》, 沈岿译, 商务印书馆 2002 年版。

29. 廖义男:《公共建设与行政法理:行政法论集》, 三民书局 1995 年版。

30. 〔德〕罗尔夫·施托贝尔:《经济宪法与经济行政法》, 谢立斌译, 商务印书馆 2008 年版。

31. 〔美〕罗纳德·H. 科斯:《企业、市场与法律》, 盛洪、陈郁译, 格致出版社、上海三联书店、上海人民出版社 2014 年版。

32. 〔美〕马克·艾伦·艾斯纳:《规制政治的转轨(第二版)》, 尹灿译, 中国人民大学出版社 2015 年版。

33. 〔英〕迈克·费恩塔克：《规制中的公共利益》，戴昕译，中国人民大学出版社 2014 年版。

34. 〔美〕麦克尼尔：《新社会契约论》，雷喜宁、潘勤译，中国政法大学出版社 1994 年版。

35. 〔日〕米丸恒治：《私人行政——法的统制的比较研究》，洪英等译，中国人民大学出版社 2010 年版。

36. 〔澳〕欧文·E. 休斯：《公共管理导论（第四版）》，张成福、马子博等译，中国人民大学出版社 2015 年版。

37. 〔法〕让·里韦罗、让·瓦利纳：《法国行政法》，鲁仁译，商务印书馆 2008 年版。

38. 〔美〕史蒂芬·布雷耶：《规制及其改革》，李洪雷等译，北京大学出版社 2008 年版。

39. 苏永钦：《寻找新民法》，北京大学出版社 2012 年版。

40. 苏永钦：《走入新世纪的私法自治》，中国政法大学出版社 2002 年版。

41. 王俊豪：《政府管制经济学导论：基本理论及其在政府管制实践中的应用》，商务印书馆 2001 年版。

42. 王名扬：《美国行政法（上、下）》，北京大学出版社 2016 年版。

43. 〔美〕维托·坦茨：《政府与市场：变革中的政府职能》，王宇等译，商务印书馆 2016 年版。

44. 〔德〕乌茨·施利斯基：《经济公法（第 2 版）》，喻文光译，法律出版社 2003 年版。

45. 萧公权：《政治多元论：当代政治理论研究》，周林刚译，中国人民大学出版社 2014 年版。

46. 〔英〕休·柯林斯：《规制合同》，郭小莉译，中国人民大学出版社 2014 年版。

47. 余晖：《管制与自律》，浙江大学出版社 2008 年版。

48. 〔美〕约翰·D. 多纳休、理查德·J. 泽克豪泽：《合作：激变时代的合作治理》，徐维译，中国政法大学出版社 2015 年版。

49. 〔美〕约翰·罗尔斯：《正义论》，何怀宏等译，中国社会科学出版社 1988 年版。

50. 詹镇荣：《民营化与管制革新》，元照出版有限公司 2011 年版。

51. 〔美〕朱迪·弗里曼：《合作治理与新行政法》，毕洪海、陈标冲译，商务印书馆 2010 年版。

二、中文期刊类

1. 〔美〕阿尔弗雷德·C. 阿曼：《新世纪的行政法》，载〔新西兰〕迈克尔·塔格特：

《行政法的范围》，金自宁译，中国人民大学出版社2006年版。

2.〔美〕爱德华·L.鲁宾：《行政程序法行政化的时代》，蒋红珍译，载罗豪才、毕洪海编：《行政法的新视野》，商务印书馆2011年版。

3.〔美〕奥利·洛贝尔：《新新政：当代法律思想中管制的衰落与治理的兴起》，成协中译，载罗豪才、毕洪海编：《行政法的新视野》，商务印书馆2011年版。

4.陈淳文：《论行政契约法上之单方变更权——以德、法法制之比较为中心》，载《台大法学论丛》2005年第2期。

5.陈无风：《行政协议诉讼：现状与展望》，载《清华法学》2015年第4期。

6.陈学辉：《我国公路经营权契约规制论——以政府特许经营协议为中心》，载《上海财经大学学报（哲学社会科学版）》2018年第1期。

7.陈学辉：《政府参股PPP项目公司法律地位：理论反思与标准建构》，载《行政法学研究》2017年第5期。

8.〔英〕道恩·奥利弗：《公法与私法的潜在价值》，载〔新西兰〕迈克尔·塔格特：《行政法的范围》，金自宁译，中国人民大学出版社2006年版。

9.冯果、杨梦：《国企二次改革与双层股权结构的运用》，载《法律科学（西北政法大学学报）》2014年第6期。

10.高秦伟：《社会自我规制与行政法的任务》，载《中国法学》2015年第5期。

11.高秦伟：《私人主体的行政法义务？》，载《中国法学》2011年第1期。

12.郭美荣、李瑾、马晨：《数字乡村背景下农村基本公共服务发展现状与提升策略》，载《中国软科学》2021年第7期。

13.胡改蓉：《论公共企业的法律属性》，载《中国法学》2017年第3期。

14.胡税根：《论新时期我国政府规制的改革》，载《政治学研究》2001年第4期。

15.胡税根、黄天柱：《政府规制失灵与对策研究》，载《政治学研究》2004年第2期。

16.黄辉：《对公司法合同进路的反思》，载《法学》2017年第4期。

17.李霞：《论特许经营合同的法律性质——以公私合作为背景》，载《行政法学研究》2015年第1期。

18.李霞：《域外行政合同研究述评：从行政法的角度》，载《国外社会科学》2014年第6期。

19.梁上上：《股东表决权：公司所有与公司控制的连接点》，载《中国法学》2005年第3期。

20.林明锵：《促进民间参与公共建设法治与检讨——从地方自治团体有效管制观点出发》，载《月旦法学杂志》2014年第234期。

21.刘迎霜：《公司契约理论对公司法的解读》，载《当代法学》2009年第1期。

22. 罗培新：《公司法强制性与任意性边界之厘定：一个法理分析框架》，载《中国法学》2007年第4期。

23. 〔澳〕马克·阿伦森：《一个公法学人对私有化和外包的回应》，载〔新西兰〕迈克尔·塔格特：《行政法的范围》，金自宁译，中国人民大学出版社2006年版。

24. 〔新西兰〕迈克尔·塔格特：《行政法的范围确定了吗?》，载〔新西兰〕迈克尔·塔格特：《行政法的范围》，金自宁译，中国人民大学出版社2006年版。

25. 〔英〕默里·亨特：《英国的宪政与政府契约化》，载〔新西兰〕迈克尔·塔格特：《行政法的范围》，金自宁译，中国人民大学出版社2006年版。

26. 秦颖：《论公共产品的本质——兼论公共产品理论的局限性》，载《经济学家》2006年第3期。

27. 宋华琳：《论政府规制中的合作治理》，载《政治与法律》2016年第8期。

28. 苏永钦：《私法自治与公平法的管制——公平法第二十四条的功用与滥用》，载《月旦法学杂志》2001年第70期。

29. 王俊豪：《垄断性产业市场结构重组后的分类管制与协调政策——以中国电信、电力产业为例》，载《中国工业经济》2005年第11期。

30. 王俊豪：《论自然垄断产业的有效竞争》，载《经济研究》1998年第8期。

31. 吴飞飞：《公司章程"排除"公司法：立法表达与司法检视》，载《北方法学》2014年第4期。

32. 邢鸿飞：《政府特许经营协议的行政性》，载《中国法学》2004年第6期。

33. 徐琳：《法国公私合作（PPP模式）法律问题研究》，载《行政法学研究》2016年第3期。

34. 许宗力：《双方行政行为——以非正式协商、协定与行政契约为中心》，载廖义男教授祝寿论文集编辑委员会：《新世纪经济法制之建构与挑战——廖义男教授六秩诞辰祝寿论文集》，元照出版有限公司2002年版。

35. 〔英〕约翰·W. F. 艾利森：《独立行政法的理论与制度基础》，载〔新西兰〕迈克尔·塔格特：《行政法的范围》，金自宁译，中国人民大学出版社2006年版。

36. 张红凤、杨慧：《规制经济学沿革的内在逻辑及发展方向》，载《中国社会科学》2011年第6期。

37. 张桐锐：《合作国家》，载翁岳生教授祝寿论文编辑委员会编：《当代公法新论：翁岳生教授七秩诞辰祝寿论文集（中）》，元照出版有限公司2002年版。

38. 章志远《公用事业特许经营及其政府规制——兼论公私合作背景下行政法学研究之转变》，载《法商研究》2007年第2期。

39. 赵宏：《德国公私合作的制度发展与经验启示》，载《行政法学研究》2017年第

6 期。

40. 朱鸿伟:《公共产品含义新探》,载《中国行政管理》2011 年第 8 期。

三、外文著作类

1. A. C. L. Davies, *The Public Law of Government Contracts*, Oxford University Press, 2008.

2. A. C. L. Davies, *Accountability: A Public Law Analysis of Government by Contract*, Oxford University Press, 2001.

3. Carol Harlow & Richard Rawlings, *Law and Administration* (3rd Ed), Cambridge University Press, 2009.

4. Catherine M. Donnelly, *Delegation of Governmental Power to Private Parties: A Comparative Perspective*, Oxford University Press, 2007.

5. Daniel F. Spulber, *Regulation and Markets*, The MIT Press, 1989.

6. David H. Getches, *Water Law in a Nutshell* (4th Ed), West Publishing Co., 2009.

7. Donald F. Kettl, *The Global Public Management Revolution: A Report on the Transformation of Governance* (2nd Ed), Bookings Institution Press, 2005.

8. Hugh Collins, *Regulating Contracts*, Oxford University Press, 1999.

9. H. W. R. Wade & C. F. Forsyth, *Administrative Law* (11th Ed), Oxford University Press, 2014.

10. Jim Rossi, *Regulatory Bargaining and Public Law*, Cambridge University Press, 2005.

11. Jody Freeman & Mmartha Minnow (eds.), *Government by Contract: Outsourcing and American Democracy*, Harvard University Press, 2009.

12. J. Gregory Sidak & Daniel F. Spulberg, *Deregulatory Taking and the Regulatory Contract: The Competitive Transformation of Network Industries in the United States*, Cambridge University Press, 1997.

13. L. Neville Brown & John S. Bell, *French Administrative Law* (5th Ed), Oxford University Press, 1998.

14. Peter Hogg, *et al.*, *Liability of the Crown* (4th Ed), Carswell, 2011.

15. Peter Cane, *Administrative Law* (5th Ed), Oxford University Press, 2011.

16. Peter Cane, *Controlling Administrative Power: An Historical Comparison*, Cambridge University Press, 2016.

17. Peter Vincent-Jones, *The New Public Contracting: Regulation, Responsiveness,*

Relationality, Oxford University Press, 2006.

18. Tony Prosser, *Law and the Regulators*, Clarendon Press, 1997.

19. Tony Prosser, *The Regulatory Enterprise: Government, Regulation, and Legitimacy*, Oxford University Press, 2010.

20. William F. Fox, *Understanding Administrative Law* (5th Ed), Matthew Bender & Com., 2008.

21. Yseult Marique, *Public-Private Partnerships and the Law: Regulation, Institution and Community*, Edward Elgar Publishing, 2014.

四、外文期刊类

1. Alfred C. Aman, Globalization, Democracy, and the Need for a New Administrative Law, 49 *UCLA L. Rev.*, 1687 (2002).

2. Cento Veljanovski, Economic Approaches to Regulation, in Robert Baldwin, Martin Cave & Martin Lodge (eds.), *The Oxford Handbook of Regulation*, Oxford University Press, 2010.

3. Dominique Custos & John Reitz, Public-Private Partnerships, 58 *Am. J. Comp. L.*, 555 (2010).

4. Edward L. Flippen & Kodwo Ghartey-Tagoe, Annual Survey of Virginia Law: Public Utility Law, 31 (4) *U. Rich. L. Rev.*, 1173 (1997).

5. Elinor Ostrom, A Behavioral Approach to the Rational Choice Theory of Collective Action, 92 (1) *Am. PoL. Sci. Rev.*, 1 (1998).

6. Gary S. Lawson, The Rise and Rise of the Administrative State, 107 *Harv. L. Rev.*, 1231 (1994).

7. George L. Priest, The Origins of Utility Regulation and the "Theories of Regulation" Debate, 36 (1) *J. L. & Econ.*, 289 (1993).

8. Harold Demsetz, Why Regulate Utilities?, 11 (1) *J. L. & Econ.*, 55 (1968).

9. Inara Scott, Applying Stakeholder Theory to Utility Regulation, 42 *Ecology L. Currents.*, 1 (2015).

10. Jack M. Beermann, Administrative-Law-Like Obligations on Private[ized] Entities, 49 *UCLA L. Rev.*, 1717 (2002).

11. Jack M. Beermann, Privatization and Political Accountability, 28 *Fordham Urb. L. J.*, 1507 (2001).

12. Jody Freeman & Jim Rossi, Agency Coordination in Shared Regulatory Space, 125

Harv. L. Rev., 1131 (2012).

13. Jody Freeman & Laura I. Langbein, Regulatory Negotiation and the Legitimacy Benefit, 9 *N. Y. U. Envtl. L. J.*, 60 (2000).

14. Jody Freeman, Collaborative Governance in the Administrative State, 45 *UCLA L. Rev.*, 28 (1997).

15. Jody Freeman, Extending Public Law Norms through Privatization, 116 *Harv. L. Rev.* 1285 (2003).

16. Jody Freeman, Private Parties, Public Functions and the New Administrative Law, 52 *Admin. L. Rev.*, 813 (2000).

17. Jody Freeman, The Contracting State, 28 (1) *Fla. St. U. L. Rev.* 155 (2000).

18. Jody Freeman, The Private Role in Public Governance, 75 *N. Y. U. L. Rev.*, 543 (2000).

19. Jonas J. Monast, Maximizing Utility in Electric Utility Regulation, 43 (1) *Fla. St. U. L. Rev.*, 135 (2017).

20. Julia Black, Constitutionalising Self-Regulation, 59 *Mod. L. Rev.*, 24 (1996).

21. Julia Black, Decentring Regulation: Understanding the Role of Regulation and Self-Regulation in a "Post-Regulatory" World, 54 (1) Current Legal Problem, 103 (2001).

22. Julia Black, Regulatory Conversations, 29 (1) *J. L. & Soc'y*, 163 (2002).

23. J. Den Hertog, General Theories of Regulation, in B. Bouckaert & G. De Geest (eds.), 3 *Encyclopaedia of Law and Economics*, Edward Elgar Publishing, 223 (2000).

24. J. M. Chen, The Nature of the Public Utility: Infrastructure, the Market, and the Law, 98 *Nw. U. L. Rev.*, 1617 (2004).

25. Keith Werhan, Delegalizing Administrative Law, 1996 *U. Ill. L. Rev.*, 423 (1996).

26. Martha Minow, Alternatives to the State Action Doctrine in the Era of Privatization, Mandatory Arbitration, and the Internet: Directing Law to Serve Human Needs, 52 *Harv. C. R. -C. L. L. Rev.*, 145 (2017).

27. Michael G. Faure, Environmental Contracts: A Flemish Law and Economics Perspective, in Eric W. Orts & Kurt Deketelaere (eds.), *Environmental Contracts: Comparative Approaches to Regulatory Innovation in the United States and Europe*, Kluwer Law International, 2001.

28. Oliver Hart & John Moore, Foundations of Incomplete Contracts, 66 (1) *The Review of Economic Studies*, 115 (1999).

29. Oliver Hart, Andrei Shleifer & Robert W. Vishny, The Proper Scope of Government: Theory and an Application to Prisons, 112 (4) *Q. J. Econ.*, 1127 (1997).

30. Oliver Hart, Incomplete Contracts and Public Ownerships: Remarks and an Application to Public-private Partnership, 113 *Economic Journal*, 69-76 (2003).

31. Peter Vincent-Jones, Contractual Governance: Institutional and Organisational Analysis, 20 (3) *Oxford Journal of Legal Studies*, 317 (2000).

32. Rafael Dominguez Olivera, Modification of Public Contracts: Transposition and Interpretation of the New EU Directives, 10 (1) *Eur. Procurement & Pub. Private Partnership L. Rev.*, 35 (2015).

33. Robert Baldwin, Martin Cave & Martin Lodge, Introduction: Regulation—the Field and the Developing Agenda, in Robert Baldwin, Martin Cave & Martin Lodge (eds.), *The Oxford Handbook of Regulation*, Oxford University Press, 2010.

34. Steven J. Kelman, Contracting, in Lester M. Salamon & Odus V. Elliott (eds.), *The Tools of Government: A Guide to the New Governance*, Oxford University Press, 2002.

35. Susan Rose-Ackerman, Consensus Versus Incentives: A Skeptical Look at Regulatory Negotiation, 43 *Duke L. J.*, 1206 (1994).

36. Tanina Rostain, Self-Regulation Authority, Markets, and the Ideology of Professionalism, in Robert Baldwin, Martin Cave & Martin Lodge (eds.), *The Oxford Handbook of Regulation*, Oxford University Press, 2010.

37. Thomas J. Gilliam, Jr., Note, Contracting with the United States in Its Role as Regulator: Striking a Bargain with an Equitable Sovereign or Capricious Siren?, 18 *Miss. C. L. Rev.*, 247 (1998).

38. Tony Prosser, Public Service Law: Privatization's Unexpected Offspring, 63 *Law & Contemp. Probs.*, 63 (2000).

39. Tony Prosser, Theorising Utility Regulation, 62 (2) *Mod. L. Rev.*, 196 (1999).

40. William F. Fox, Jr., Transforming an Industry by Agency Rulemaking: Regulation of Natural Gas by the Federal Energy Regulatory Commission, 23 (1) *Land & Water L. Rev.*, 113 (1988).